教育部职业教育与成人教育司推荐教材
国家旅游局人事劳动教育司推荐教材
高等职业教育饭店服务与管理专业教学用书

U0793642

客房部运行与管理

支海成 主编

（第 2 版）

TOURISM

旅游教育出版社
·北　京·

审定专家

胡建华

刘启亮

出版说明

为配合职业教育体制改革，受国家旅游局人事劳动教育司委托，我社组织业内专家，根据高等职业教育要求和旅游行业的特点，精心编写出版了这套旅游高等职业教育系列教材。该系列教材在编写中，充分注意高等职业教育的特点，使其既有一定的理论深度，又充分注意学生实际职业能力的培养，确保该教材既高于同类中专教材，又不同于一般本科教材，符合旅游高等职业教育的教学要求和人才培养目标。该系列教材自2000年7月出版以来，以其准确的定位和科学的编排受到广大师生的普遍好评，成为业内影响最广，备受欢迎的专业化教材。

此次再版，在充分听取广大读者意见的基础上，根据国家最新的职业教育改革精神，征求了教育部旅游职业教育教学指导委员会有关专家委员的意见，并在杜江等业内专家主持下，确定了修订原则和修订方案，目的是在保持原教材特色的基础上，进一步完善该系列教材，使其更加贴近教学实际。

新版高职教材在保持原教材优势的基础上，以方便教师教学和学生学习为宗旨，增设了课前导读、教学目标、案例分析、本章小结等模块，旨在教师和学生之间搭建一个互动的平台，使教师能够更好地和学生沟通。文中示例、公式一律突出显示，目的是让读者花最少的时间掌握最有用的信息。与原版教材相比，本版教材在编排上主要具有以下显著特征：

精简优化了内容。在初版中，有些教材花大量篇幅介绍某些工种的岗位职责及主要任务，既占课时，又不便于教师教学。再版时，将这部分内容置于附录中，既便于教师灵活运用，又有利于学生分清主次。同时，针对旅游学科实践性强的特点，修订后的教材特别注意增补了一些案例，目的是强化案例教学的作用。在案例的处理上，有些案例有评析，可以帮助学生进一步掌握每章重点；有些案例没有评析，既给教师布置作业留下了余地，也可供学生自学使用。

更新增补了资料。根据旅游业最新发展情况，此次修订增补了最新行业法规，补充了入世后的相关内容，更新了旧的材料和数据，使本版教材能充分反映行业的最新发展和业内最新的研究成果。

权威专家严格把关。本教材的作者均为业内专家，有着丰富的教学经验及旅游企业的管理经验，能将教材中的"学"与"用"这两个矛盾很好地统一起来。在此基础上，经杜江等业内权威专家把关和专业编辑审读加工，确保了本教材的权威性和专业性。我们深信：只有专业的，才是最好的！

贴近教学的全新编排。增课前导读，帮助读者更好地理解各章内容；拟教学目标，帮助教师更好地与学生沟通；补有用信息，案例分析、思考与练习，让学生尽快消化所学知识；改目录风格，人性化的设计，面面俱到，全书内容一览无余。

为深入贯彻《中共中央国务院关于大力推进职业教育改革与发展的决定》中关于职业教育课程和教材建设的总体要求，进一步落实教育部等七部门《关于进一步加强职业教育工作的若干意见》，全面实施教育部《2003—2007 年教育振兴行动计划》，按照教育部职业教育与成人教育司《关于制定 2004—2007 年职业教育教材开发编写计划》通知精神，我社对《旅游高等职业教育系列教材》进行了重新梳理，并向教育部职业教育与成人教育司申报了《2004—2007 年职业教育教材开发编写计划》，旨在积极推进教材改革，开发和编写具有职业教育特色的高等职业教育教材。

申报教材将以学生为中心、以能力为本位、以就业为导向，全面推进素质教育，重点培养学生的职业能力、社会适应能力和主动获取知识的能力，为旅游业的繁荣和发展输送学以致用、爱岗敬业、脚踏实地的高技能人才。

申报教材将更加充分体现如下职业教育理念：

1. 职业教育性。渗透职业道德和职业意识教育；体现就业导向，有助于学生树立正确的择业观；培养学生爱岗敬业、团队精神和创业精神；树立安全意识和环保意识。

2. 内容先进性。注意用新观点、新思想来审视、阐述经典内容；适应经济社会发展和科技进步的需要，及时更新教学内容，反映新知识、新技术、新工艺、新方法。

3. 教学适用性。教学内容符合专业培养目标和课程教学基本要求；取材合理，分量合适，符合“少而精”原则；深浅适度，符合学生的实际水平；与相邻课程相互衔接，避免不必要的交叉重复。

4. 知识实用性。体现以职业能力为本位，以应用为核心，以“必需、够用”为度；紧密联系生活、生产实际；加强教学针对性，与相应的职业资格标准相互衔接。

5. 结构合理性。教材的体系设计合理，循序渐进，符合学生心理特征和认知、技能养成规律；结构、体例新颖，有利于体现教师的主导性和学生的主体性；适应先进的教学方法和手段的运用。

6. 使用灵活性。体现教学内容弹性化，教学要求层次化，教材结构模块化；有利于按需施教，因材施教。

目前，《旅游高等职业教育系列教材》已列入教育部职成司《2004—2007 年职业教育教材开发编写计划目录》，并成为教育部职业教育与成人教育司推荐教材，实现了行业教育与职业教育的平稳对接。

作为全国唯一的旅游教育专业出版社，有着丰富的旅游教育专业教材的编辑出版经验和庞大的专业作者队伍，我们有责任把最专业权威的教材奉献给广大读者，这也是我社教材受到广大读者认可的重要原因。

新版高职教材即将面市，我们想借这套教材的出版，探索一种全新的教材编写、出版模式，把一本本赏心悦目、专业实用的教材奉献给大家，使其真正成为您的贴心朋友。

旅游教育出版社

前 言

随着旅游业的飞速发展,旅游职业教育和旅游饭店都面临着前所未有的发展机遇和严峻挑战。作为旅游业的人才培养基地,各级各类旅游院校在教材建设方面取得了很大成绩,基本上做到了各个专业、各门学科都有相应的教材。但是,部分教材在理念、标准和方法等方面已经显得陈旧过时,因此,编写适应现代旅游职业教育及旅游行业需要的教材就成了当务之急。

经过二十多年的发展,目前我国的旅游饭店基本上达到了现代化管理的水平,旅游饭店业已经全面进入了激烈的市场竞争时代。如何抓住机遇、迎接挑战,如何创造优势、应对竞争,就成了亟待解决的现实问题。从主流上看,各家饭店都把培养人才、更新观念作为解决这些问题的主要办法。在这种形势下,能编写一些有助于培养适应饭店业需要的人才、指导饭店具体工作的教材将具有重要意义。《客房部运行与管理》就是在这种背景下,受国家旅游局人教司委托组织编写的。

在本教材的编写过程中,作者通过走访座谈等多种方式,充分了解院校教学和饭店培训对教材的需求,在内容安排、层次把握等各个方面都力求切合实际、紧跟形势、适度超前。

本教材的主要特点:

1. 结构合理,内容丰富,具有很强的系统性。

2. 有理论,有实践,具有较强的实用性。

3. 观念新,标准高,方法新,具有鲜明的时代特色。

本书由支海成、冯明、朱林生、汝勇健、宋亚媛、陈乃法编写,熊露仕主审,最后由支海成审阅定稿。参与本教材编写的人员都是南京旅游学校、金陵旅游管理干部学院的专业教师,都有在国外专业院校、知名饭店学习进修、专业实践的经历,也都曾在国内高星级旅游饭店担任过高级管理职务,具有扎实的理论功底和丰富的实践经验。国家旅游局人教司、南京旅游学校、金陵旅游管理干部学院的领导、旅游教育出版社的有关编辑都为这本教材的编写与出版给予了大力的支持和帮助,在此一并致谢!

目 录

第 1 章

客房部概述

课前导读

随着饭店业的发展，客房部在饭店里的地位和作用与过去相比已经发生了很大的变化。学习本章内容时，一定要摆脱传统模式的制约，用发展的眼光，用现代化饭店的要求认识客房部的性质，了解客房部的业务范围、管理目标、机构设置以及客房部与其他各部门的业务关系。

教学目标

- 正确认识和评价客房部在现代饭店里的地位，包括客房部的性质、基本业务、管理目标等
- 熟悉客房的组织机构
- 了解客房部与其他各部门的业务关系
- 能够制定和描述客房部各岗位的职责

第一节　客房部的地位

客房部是饭店的一个重要部门，在饭店的经营管理中起着举足轻重的作用。**一方面**，客房部直接负责饭店的客房管理，而客房是饭店的主要产品之一，出租客房是饭店获取收入的一个重要手段；**另一方面**，服务是饭店产品的核心，而客房服务又是整个饭店服务的重要组成部分，其质量的好坏，在很大程度上代表或影响着整个饭店的服务水准。

一、客房部的性质

1. 客房部是一个生产部门

客房是产品。其生产过程是由客房部负责的，没有客房部对客房的清扫整理及装饰布置等一系列生产加工，饭店就没有可以出租的客房；对于已经出租的客房

而言,没有客房部为住客提供的清扫整理等系列服务,客房的价值就不完整。因此,客房部是一个生产部门,其生产的产品就是客房及客房服务。

2.客房部是一个服务部门

之所以说客房部是一个服务部门,有两个方面的原因:第一,客房部属饭店的前台部门,其大部分岗位及员工都处在对客服务工作的第一线,直接面对客人,为客人提供服务;第二,从机构设置和设施、设备的配置等方面看,大多数饭店的客房部都有为饭店内部其他部门提供服务的责任和能力,如清洁保养、布件洗烫等。

3.客房部是一个消耗部门

常有人说,客房部是为饭店取得营业收入的主要部门之一。这种说法虽有一定的道理,但并不准确。因为传统意义上的客房部(Housekeeping)通常只负责客房的生产加工,为前厅部、营销部等提供可用于销售的合格的客房产品,而并不直接负责客房产品的销售。因此,客房部只有生产客房产品"原料"的消耗,而没有销售客房产品的收入。客房部在运行与管理过程中,时时刻刻都在消耗,包括人力、物力和能源等。所以,严格地说,客房部是饭店的一个消耗部门。认清这一点,对于我们了解客房部的任务、规划客房部的目标、制定客房部经营管理的方针政策、指导思想和具体措施等都有十分重要的意义。

二、客房部的业务范围

尽管饭店的性质、类型、规模、档次、管理模式等多种多样,但各家饭店客房部的业务范围却都大同小异。

1.客房管理

客房管理是饭店客房部的基本业务和中心工作。客房管理的主要内容和基本要求是:

(1)对客房进行清洁整理。一方面可以为销售部提供合格的客房产品,满足客房销售和分配与安排的需要;另一方面,为住客创造良好的休息与工作环境。

(2)对客房进行维护和保养。这是客房管理工作的重要内容,其目标是使客房的设施、设备保持完好常新,保持客房产品的质量标准,保证和延长客房设施、设备的使用寿命。

(3)为住客提供全面优质的服务。服务是客房产品的核心。饭店不仅向客人出租客房,还要为住客提供系列服务,使住客像在自己的家或办公室里一样安全、舒适和方便。这些服务大部分是由客房部负责提供的。

2.负责饭店公共区域的清洁保养

公共区域是饭店的重要组成部分。其清洁保养的状况反映着饭店的管理水平、代表着饭店形象,影响着公众对饭店的感受和评价。因此,饭店必须重视对其公共区域的清洁保养。在规范化管理的饭店里,公共区域的清洁保养工作主要由客房部负责。客房部一般都设置专门的分支机构,即"PA组"。尽管很多公共区域的设施也分别由其他部门(如前厅部、餐饮部、康乐部等)管理,但根据"专业化原理"的要求,为了便于专项设备用品的配置和管理、人员的调配、标准的统一,所有公共区域的清洁保养工作主要由客房部统一负责。

3.布件、员工制服及客衣的洗烫

大多数饭店都配有布草房和洗衣房。按饭店的普遍做法,店属的布草房和洗衣房通常由客房部管理。因此,饭店布件、员工制服和客人衣物的洗烫工作,也就很自然地成了客房部的业务。客房部必须认真做好这项工作,满足客人对洗衣服务的要求。

除以上三项基本业务之外,部分饭店的客房部还负责饭店的园林绿化和花草养护等工作。客房部的业务范围和具体任务视各家饭店具体情况而定。

三、客房部的管理目标

客房部是饭店企业的一部分,其管理目标与饭店的总目标是一致的,即追求理想的经济效益和社会效益。

1.保证客房的产品质量

客房销售是饭店获取收入的主要途径之一。客房销售的数量和价格,决定着客房销售收入的多少。客房销售的数量除了受饭店的价格政策、促销措施和销售人员的推销技巧等因素的影响外,客房产品本身的质量高低,即是否能够适应和满足客人的需求是至关重要的。因此,饭店必须根据市场的发展变化和客人对客房产品的需求等具体情况,不断提高对客房的管理水平,以保证客房产品的质量。根据客房产品的特点及客人对客房产品的共同需求,人们通常把客房产品的质量要素归结为安全、清洁卫生、舒适方便和特色等四个方面。

(1)安全。安全是客人对客房产品的第一要求。对于大多数住客来说,客房是他们的家外之家(the home away from home)、办公室之外的办公室(the office away from the office)。因此,客房必须具有很高的安全性。住客的人身、财产必须有安全保障,否则,再好的客房也没人敢住。

(2)清洁卫生。清洁卫生是所有住客对客房的基本要求。无论客房的类型如何、档次高低,都必须清洁卫生。在人们物质生活水平和社会文明程度大幅度提高的现代社会,客人在选择和购买客房时,无不考虑客房的卫生水准。

(3)舒适方便。每个住客都希望在享用客房时能够获得舒适、方便之感。客房能否满足住客的这种期望和要求,是由两个方面的条件决定的:即客房的硬件和软件。在硬件方面,客房的设计布局、功能安排、设备配备、用品供应等,都必须坚持以人为本、宾客至上的原则,把满足住客需要放在第一位,每一点都要考虑客人是否方便、是否舒适。在软件方面,客房的配套服务必须系统、全面且优质、保证住客的各种合理需求都能得到最大限度地满足。

(4)特色。任何产品都应具有显著的特色。在竞争十分激烈的市场经济时代,没有特色的产品就没有竞争力和生命力。饭店客房作为产品,当然也必须具有特色。所谓特色,通俗地说就是与众不同、独具魅力的个性及风格特点。

2.保证饭店的清洁保养水准

清洁保养是客房部的基本职能,是客房部大部分员工的主要工作。饭店清洁保养的水准很大程度上取决于客房部的工作。清洁保养水准反映饭店管理水平的高低和服务质量的优劣。因此,保证饭店的清洁保养水准,也就成了客房部的管理目标之一。

3.增收节支

增收节支、开源节流是企业创造经济效益、实现经营目标的基本原则和做法。客房部作为饭店企业的一部分,也应把增收节支作为经营之道和管理目标。

(1)增收。客房部要想增收,可以从两个方面着手:第一,客房部要加强对客房的管理,为销售部门提供保质保量的客房,积极配合销售部门做好客房销售工作,努力提高客房销售的业绩;第二,客房部要充分利用和挖掘自身的设施、设备和技术优势,拓展创收途径。目前,比较流行的做法是对外开展清洁保养和布草洗烫业务。客房部拥有齐全精良的清洁保养设备、布草洗烫设备和经验丰富、技术精湛的专业人员,社会上又有相应的需求,因此,开展上述业务是完全可能的。有很多饭店在这方面做得非常成功,既为饭店带来了可观的经济效益,又为社会做出了一定的贡献。

(2)节支。客房部在运营过程中要消耗大量的人力、物力和能源,这些消耗大多是可控的。只要强化和优化管理、严格控制,在保证质量标准的前提下,很多消耗完全是有可能减少的。

第二节　客房部的机构设置

一、机构设置的基本要求

客房部组织机构的设置应以饭店管理系统及运行模式为基础,遵循组织管理的基本原理，适应饭店现代化经营管理的需要，力求科学合理。目前，随着人们管理理念的升华，追求效率和效益意识的增强，整个饭店业都在提倡组织机构的扁平化和小型化。因此，扁平化和小型化就是客房部机构设置的基本要求。

1.扁平化。扁平化是相对于过去传统的高大型机构形态而言的。扁平化的机构形态与高大型机构形态相比较，其最主要的特点就是机构的层次较少。减少组织机构的层次，也就减少了组织内部沟通的环节，减少了沟通环节也就能够提高沟通的效率。现代化的饭店管理要求实行统一指挥，即组织内部的上报下达要逐层逐级，一般情况下不得越级指挥和越级请示汇报。说得通俗一些，就是每个员工只能有一个上司。因此，机构的层次多少与沟通的效率成反比。由于饭店客房部的工作技术含量并不很高，加之管理人员及基层员工的素质也在逐步提高，各级管理人员的管理幅度可以加大，客房部的机构设置完全可以做到扁平化。特别是经过一段时间的磨合，更可以做到这一点。

2.小型化。小型化要求机构的规模要小，其分支机构和岗位设置应尽可能做到少而精。做到这一点，有利于强化管理、提高效率、减轻负担，从而提高效益。

要求机构设置做到扁平化和小型化（即压缩机构层次、减少分支机构和工种岗位），并非是缩减整个组织的职能。压缩层次只是尽量不设或取消传统的或原有的一些层次，将这些层次的职能由其上级或下级分担。减少或取消传统的机构和岗位，须将这些机构和岗位的职责加以重新整合。当然，要实行组织机构的扁平化和小型化，岗位职责的制定、工作程序的设计、人员的选择与培训等也都必须同步和配套。

二、客房部的机构形态

饭店客房部的组织机构形态往往因饭店的具体情况不同而有所不同，没有统一的标准和固定模式。各家饭店在设置客房部组织机构时，要考虑饭店的性质、档次、规模、客源结构和层次、服务模式、建筑设计、内部功能布局、员工素质等各种因素，而不能简单地模仿或照搬别人的做法。

目前我国旅游饭店比较常见的客房部机构形态有两种。

1.大中型饭店客房部组织机构

大中型饭店客房部的业务范围较大，其组织机构的规模也较大，其基本特点是分支机构多、工种岗位全、职责分工细、用工数量大（见图 1－1）。

2.小型饭店客房部组织机构

在规模较小的饭店里，由于设施较少，客房部的管理范围也较小，因此，客房部组织机构的层次和分支机构也都较少，各岗位工种之间往往是分工不分家，大多数

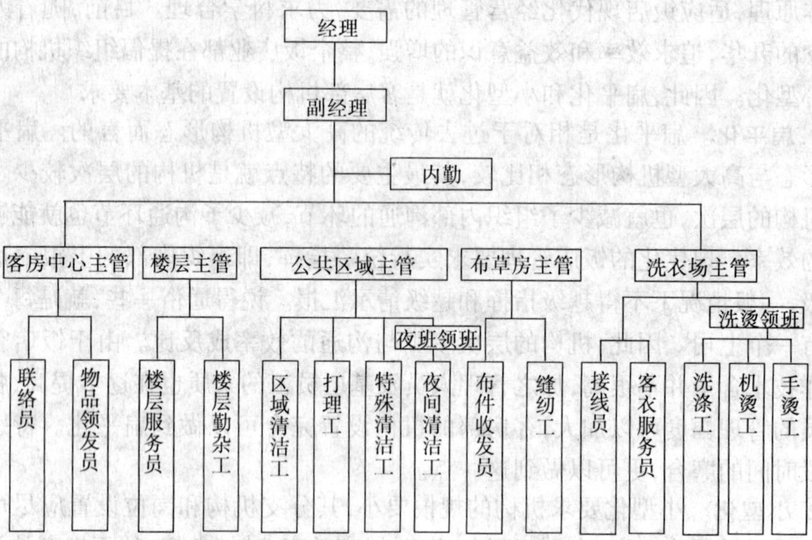

图 1-1　大中型饭店客房部组织机构

岗位的职责要求都是一专多能。其中某些业务,如特别的专项清洁保养工作、布件洗烫等,都由社会上的专业公司来承担(见图 1-2)。

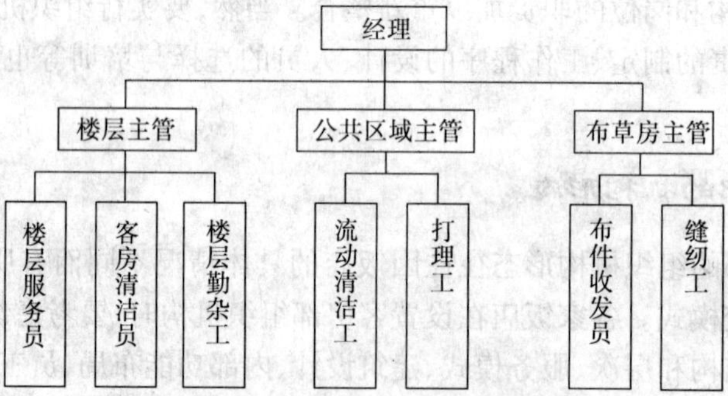

图 1-2　小型饭店客房部组织机构

三、客房部分支机构的职能

经理室。客房部经理室主要负责处理客房部的日常事务,及与其他部门的沟通协调等事宜。在大多数饭店里,客房部的经理室都与客房服务中心安排在一起,目的是节省空间、方便管理,这样,经理室的一些日常事务就可以由客房服务中心的人员来承担,从而无需再设置专职内勤或秘书的岗位。

客房服务中心。我国很多档次较高的旅游饭店都采用客房服务中心这种服务模式。采用这一服务模式的饭店客房部,都设置客房服务中心这一专门机构。客房服务中心是客房部的信息中心,其基本职能是统一调控对客服务工作;收集和处理客情信息;正确显示客房状况;保管和处理客人的遗留物品;领取和分发客房部所需物资;协助有关管理人员进行人力和物资调配;与相关部门进行联络和协调等。客房服务中心通常设有主管或领班、联络员等岗位。

客房楼层。客房楼层是客房部的主体,其职能是负责客房及客房楼层公共区域的清洁保养和对客服务工作;管理客房及客房楼层的设施、设备等。客房楼层可设置主管、服务员和辅助工等岗位。

公共区域。公共区域管理机构的职能是负责饭店公共区域的清洁保养以及饭店的一些专业性、技术性较强的清洁保养工作。在部分饭店里,它还负责饭店的园林绿化。目前,一些大中型饭店的公共区域管理机构都已成为可以对外服务的专业清洁公司,在保证完成店内清洁保养工作的前提下,开展对外经营业务,为饭店增加收入。

布草房。布草房是饭店必备的设施。负责全饭店布件及员工制服的收发保管和修补工作。如果具备设备和技术条件,它还可以加工制作部分布件,为饭店的正常运营提供布件及员工制服等。布草房通常设置主管或领班及布草收发员等岗位。

洗衣房。洗衣房负责饭店布件、员工制服的洗烫,为住客提供洗衣服务,有条件的还可承揽对外营业项目。

四、客房部与其他部门的业务关系

饭店是由多个部门组成的一个有机整体,其运行与管理的整体性、系统性和协作性很强。饭店经营管理目标的实现,有赖于所有部门及全体员工的通力协作和共同努力。对于各个部门而言,它们都是饭店的一部分,虽然各有任务和目标,但都不是独立的。要完成其任务、实现其目标,部门之间就必须相互支持、密切配合。因此,客房部在运行管理中,必须高度重视部际关系。一方面,要利用自身条件,像对待宾客一样地为其他部门提供优质服务;另一方面,要与其他部门保持良好的沟通,争取他们的理解、支持和协助。在处理部际关系过程中,要有全局观念和服务意识,发扬团队精神,加强沟通、相互理解、主动配合。

1. 客房部与前厅部的关系

饭店的客房部和前厅部是两个业务联系最多、关系最密切的部门。从经营角度讲,客房部是客房产品的生产部门,前厅部是客房产品的销售部门。两个部门之间能否密切配合,直接影响饭店客房的生产与销售。在很多饭店里,已不再分设客房部和前厅部,而是由这两个部门组成房务部,便于统一管理、减少矛盾。

客房部与前厅部之间的业务关系主要包括以下内容:

(1)为前厅部及时提供保质保量的客房,满足前厅部客房销售和安排的需要。客房部在安排客房的清扫整理工作时,应尽量照顾前厅客房销售和为入住客人安排客房的需要。在住客率较高时,要优先清扫整理走客房、预订房和控制房,从而加速客房的周转,避免让准备入住的客人等候太久,这样既能提高客房的出租率,又能提高客人的满意度。

(2)相互通报和核对客房状况,保证客房状况的一致性和准确性。对于前厅部来说,要销售客房,并能快速、准确、合理地为入住客人安排客房,就必须准确地显示和了解每一间客房当时的实际状况,否则就会出现差错。对于客房部来说,要合理安排客房清扫整理工作、保证对客服务的质量,也必须准确地了解每间客房的状况。为此,前厅部和客房部要适时地通报和核对客房状况。

(3)相互通报客情信息。由于前厅部在客房销售和接待服务过程中,所了解和掌握的有关客房及客人的信息比较及时、全面,这些信息不仅有利于前厅部本身的工作,也有利于其他部门的工作,因此,前厅部应将这些信息及时通报给各有关部门。前厅部通报给客房部的信息主要包括:当日客房出租率、次日及未来某一时期的客房预订情况;重大接待活动及重要接待任务;哪些客房进客、走客;哪些客人入住、退房;客人的个人资源及其特殊要求等。客房部可根据这些信息合理安排和调配人力、物力,设计和调整对客服务方案,以加强工作的计划性、服务的针对性,有效控制人力、物力消耗,保证服务质量。

由于客房部要为住店客人提供很多具体服务,有与客人直接接触的机会,对客人的具体情况及要求了解得比较全面、准确,因此,客房部不仅在自己的工作中要很好地利用这些信息,而且还应把这些信息及时地通报给前厅部。前厅部根据这些信息为住客提供针对性服务,并把这些信息记入客户档案。

(4)客房部为前厅部的对客服务工作提供方便和协助。客房部协助前厅部做好行李服务、留言服务、邮件服务、叫醒服务等工作。

(5)两部门与工程部等共同安排客房的大清洁和大维修工作。客房的重大清洁和维修保养工作往往会影响客房的销售和安排,同时也会牵涉到前厅、客房、工程等各个部门,因此,要会同相关部门一道协商安排。

(6)两部门之间进行人员的交叉培训。在前厅部和客房部之间进行人员的交叉培训,一方面可以使员工之间相互了解和熟悉对方的业务,以加强沟通、增进理解、便于合作;另一方面,可以全面提高员工的业务能力,当人手紧张时,可在部门之间进行临时性人员调配。

2. 客房部与工程部的关系

客房部与工程部的关系非常密切，相互之间的矛盾往往也较多。它们的关系好坏，能否很好地协调与配合，对于饭店的运营都可能产生很大的影响。

客房部与工程部之间的业务关系主要包括以下几点：

(1)相互配合，共同做好有关维修保养工作

发生在客房部与工程部之间的有关维修保养方面的矛盾主要有：责任不清、维修不及时、质量不过关、费用不合理等。为此，两部门应分别做好以下几点工作：

①客房部负责对其所辖区域和所管的设施、设备进行检查，发现问题尽可能自己解决，不能自己解决时，须及时按规定程序和方式向工程部报告。

②工程部在接到客房部报告后，须及时安排维修，确保质量，严格控制费用。

③当工程维修人员进场维修时，客房部的有关人员应尽力协助和配合，并对维修结果进行检查验收。

④工程部须对全饭店的设施、设备，包括客房部所管辖的设施、设备进行常规的维修和保养，以保证其处于正常完好的状态。

⑤共同制定维修保养的制度和程序，明确双方的责任、权利和奖惩措施。

(2)交叉培训

①工程部对客房部员工进行维修保养方面的专门培训，使他们能够正确使用有关设施、设备，并能对设施、设备进行检查和简单的保养和维修。

②客房部对工程部有关员工进行客房部运行与管理业务的培训，使他们对客房部的基本业务有所了解，从而提高协作配合的自觉性和责任感。

(3)共同审核有关维修保养的费用

目前，很多饭店都有内部核算和费用包干制度。维修保养必然要发生费用，这些费用由谁承担，是否合理，相关部门之间须一道审核。

3. 客房部与采供部的关系

通常，饭店各部门所需的物资都由采供部统一采购，因此，客房部与采供部的关系主要集中在物资的采购与供应方面。

(1)客房部要了解本部门所需各项物资的现存量，预测未来一段时期的需求量，及目前饭店货仓的盘存量，并根据这些情况提出未来某一时期的物资申购报告，然后将报告送财务等部门审核，再由饭店有关领导审批。

(2)采供部根据经审批的物资申购报告，经办落实具体的采购事宜。

(3)客房部参与对购进物资的检查验收，把好质量和价格关。

(4)相互通报市场及产品信息。

4. 客房部与餐饮部的关系

尽管客房部与餐饮部在业务内容及业务范围上有很大差异,但两个部门之间也有很多业务联系。

(1)客房部为餐饮部的经营场所提供清洁保养服务。饭店的餐饮场所也有大量的清洁保养工作。为了保证餐饮服务人员集中精力做好餐饮服务与推销工作,节省清洁设备及用品的分散配置等,餐饮场所的清洁保养工作,最好由客房部统一负责。为了避免因这种做法而造成的餐饮工作人员清洁保养责任心不强等负面影响,饭店应制定内部结算和费用包干等制度,即餐饮部应承担清洁保养费用,并将费用控制在预算之内,如果超过预算,超出部分则由相关部门和人员承担。

(2)客房部为餐饮部洗烫、修补布件及员工制服。餐饮部在运营中,需要大量的布件和员工制服。这些布件通常都由客房部的洗衣房、布草房负责洗烫、修补、保管与收发。

(3)两部门配合做好一些大型活动的接待服务工作。饭店的一些重要接待任务和大型活动须由多个部门共同参与并密切配合才能完成。其中,餐饮部和客房部常常作为主要部门而承担大部分接待服务工作。因此,两部门须密切配合,在事前、事中、事后全过程相互支持。

(4)两部门配合做好客房小酒吧的管理、贵宾房的布置、房内送餐服务等工作。

①客房小酒吧的管理。目前,国内大多数饭店的客房小酒吧都由客房部负责管理,这是从方便工作角度考虑的。其实,小酒吧经营应属餐饮部的业务范畴。如果纯粹从专业化的角度考虑,客房小酒吧也应由餐饮部经营,这种做法在国外酒店就很普遍。不过,客房小酒吧无论由哪个部门来经营管理,客房部与餐饮部两个部门都须相互配合,一般由客房部负责管理,而一些即将过期的饮料、食品,则须由餐饮部负责调换,这样,才不至于造成饮料、食品的浪费。如果由餐饮部管理客房小酒吧,那么客房部则须为有关人员检查补充小酒吧提供方便和帮助。

②贵宾房的布置。按饭店的普遍做法,贵宾房大多配备水果,有的还会配一些点心,这些水果、点心通常由餐饮部负责提供,并按一定的标准在客房内布置摆放。因此,凡有这些要求的贵宾房,都须由餐饮部参与布置。

③房内送餐服务。房内送餐服务由餐饮部负责,但客房部也要做些协助配合工作。如在客房内摆放订餐牌和菜单、收拾餐具餐车等。

(5)交叉培训。客房部和餐饮部之间也有必要进行人员的交叉培训,通过交叉培训可以达到以下目的:

①增进相互了解。

②扩大员工的产品业务知识,便于饭店开展全员推销。

③必要时为跨部门员工调配创造条件。

5. 客房部与财务部的关系

客房部与财务部也有很多业务联系：

(1)财务部指导和帮助客房部做预算，并监控客房部预算的执行。

(2)财务部指导、协助并监督客房部做好物资管理工作。

(3)客房部协助财务部做好账单核对、客人结账服务和员工薪金支付等工作。

6. 客房部与公关营销部的关系

现代饭店都提倡全员公关和全员推销，要求各部门、全体员工都参与公关营销活动。因此，客房部也必然要与公关营销部发生很多业务联系。

(1)客房部配合公关营销部进行广告宣传。

(2)客房部参与市场调研及内外促销活动。

(3)公关营销部及时将有关信息反馈给客房部，为客房部提高客房产品及服务质量提供指导和帮助。

(4)公关营销部与客房部进行交叉培训。公关营销部对客房部员工进行饭店公关营销的专项培训，以提高其公关营销能力；客房部对公关营销部人员进行客房产品知识的培训，使其对客房设施、设备及客房服务有全面的了解。

7. 客房部与人力资源部的关系

客房部与人力资源部的关系主要包括下列内容：

(1)人力资源部审核客房部的人员编制。

(2)相互配合做好客房部的员工招聘工作。

(3)人力资源部指导、帮助、监督客房部做好员工培训工作。

(4)人力资源部对客房部的劳动人事管理有监督权。

(5)人力资源部负责审核客房部的薪金发放方案。

(6)人力资源部协助客房部进行临时性人力调配。

8. 客房部与保安部的关系

保安部是负责饭店安全保卫的职能部门，但做好安全保卫工作是各部门和每一员工应尽的责任和义务。在安全保卫工作中，客房部与保安部必须通力协作。

(1)保安部对客房部员工进行安全保卫的专门培训，以增强客房部员工的安全保卫意识，提高客房部员工做好安全保卫工作的能力。

(2)保安部指导帮助客房部制定安全计划和安全保卫工作制度。

(3)客房部积极参与和配合保安部组织的消防演习等活动。

(4)客房部和保安部相互配合做好客房安全事故的预防与处理工作。

第三节 客房部岗位职责描述

客房部是由若干分支机构和工作岗位组成的。每一分支机构都有其专门的职能，每一工作岗位也都有其特定的职责。前面我们已经介绍了各分支机构的职能，下面我们将重点介绍如何描述岗位职责。

一、岗位职责描述的规范

制定和描述岗位职责应该讲究一定的格式规范。一套完整、规范的岗位职责描述必须说明岗位名称、层级关系、基本职责、工作内容和工作时间等。

岗位名称。又叫职务。组织机构中的每个岗位都有其专用的名称，每个员工都有其明确的职务。在选择或确定岗位名称或职务名称时，应注意以下几点：

①岗位名称应能准确反映该岗位的性质和基本职责。即从岗位名称上就能对该岗位是什么样的岗位、是干什么工作的岗位有基本了解。

②岗位名称对求职者具有一定的吸引力，使任职者有一定的荣誉感。

③岗位名称要符合行业及多数人的习惯。

层级关系。饭店实行严格的统一指挥和层级管理制度，在描述岗位职责时，必须说明各个岗位的上司和下级，必要时还应说明与之有直接业务联系的相关部门和岗位。

基本职责。是指某岗位在组织中扮演何种角色，主要承担什么样的责任，拥有哪些权力。

工作内容。就是各岗位在其责任及权力范围内所应承担的具体工作任务。

工作时间。饭店应本着节俭、高效的原则，根据饭店的业务特点、经营方式及某岗位的职责规定各岗位的工作时间。

在很多饭店的岗位职责描述中，往往还有岗位任职资格的内容。严格地说，任职资格要求通常应在“职务描述”中说明。另外，也有一些饭店在岗位职责描述中还说明该岗位的工作重点，这对管理层来说是有一定意义的，可以明确管理人员应如何分配自己的时间和精力，以避免主次不分、职责不清。

二、客房部岗位职责描述范例

由于一套客房部岗位职责描述内容较多，需占大量篇幅，在本章内我们只提供一套“客房部经理岗位职责描述”，以作为范例，供学习和模拟参考。

客房部经理岗位职责描述

1.岗位名称　客房部经理

2.层级关系

(1)直接上司:饭店房务总监或分管客房部的副总经理。

(2)直接下级:客房部副经理、客房部秘书等经理室人员。

3.基本职责

客房部经理是客房部的最高级管理者,主持客房部的工作。其基本职责是全权负责客房部的运行与管理,带领客房部全体员工保质、保量地完成客房部的各项工作任务,全面实现客房部的管理目标。

4.工作内容

(1)根据饭店经营方针和总经理室下达的任务和目标,制定客房部工作计划。

(2)在总经理室和其他有关部门的指导和帮助下,制定客房部的预算,并严格执行。

(3)负责制定客房部的各项规章制度。

(4)负责制定客房部的岗位职责和工作程序。

(5)在有关部门的指导、协助下,做好本部门员工的招聘、培训和评估等工作。

(6)负责客房部的资产管理。

(7)参与客房的设计和更新改造工作。

(8)负责制定客房的装饰布置方案。

(9)负责客房部的质量管理和安全保卫工作。

(10)处理宾客及员工投诉。

(11)负责与店内其他部门及店外有关方面的联络协调。

(12)注重学习、勇于创新,不断提高业务能力、管理水平及服务质量。

5.工作时间

服从工作需要和总经理室的安排。

本章小结

1. 客房部是饭店的一个重要的经营部门。

2. 客房部是负责客房产品生产和为内外部顾客服务的部门。

3. 客房部既是创利部门,又是消耗部门。

4. 清洁保养和服务是客房部的基本职能。

5. 保证客房产品质量、保证饭店的清洁保养水准、增收节支是客房部的管理目标。

6. 组织机构的形态因饭店的类型、规模、档次、客源市场、建筑设计、设施的功能布局、服务模式、员工素质等诸多因素的不同而各异,但组织机构的设置必须符合现代化管理的要求,即小型化、扁平化。

7. 客房部与其他各部门之间都有着密切的业务关系,正确处理好这些业务关系,对于部门及整个饭店的正常运行都是十分必要的。

8. 岗位职责描述的基本内容通常包括职务名称、层级关系、基本职责、工作内容、工作时间安排等,也有将"任职资格"作为岗位职责描述内容的做法。

复习与思考

1. 现代饭店客房部与传统意义上的饭店客房部在性质、地位、职能、管理目标等方面有哪些异同?

2. 什么样的客房才能真正满足宾客的需求?

3. 客房部的组织机构如何设计才能适应饭店现代化管理的需要?

4. 通过考察,了解客房部与其他部门之间的主要业务关系、在日常运行中部门之间可能发生哪些矛盾以及避免和处理这些矛盾的措施与方法。

5. 按照规范要求,整理一套客房部"岗位职责描述"。

第 2 章　客房的设计

课前导读

客房是饭店的主要产品之一,也是宾客在饭店的主要活动空间。在顾客需求不断变化,市场竞争日趋激烈的商品经济时代,如何用现代化的理念、科学化的原则和方法设计出具有鲜明个性特色和竞争力的客房产品是本章的重点。

教学目标

- 了解客房设计的理念和原则
- 了解客房空间安排与布局的基本方法与要求
- 掌握客房装饰布置的美学知识
- 能够运用相关知识,根据实用性和艺术性相结合的要求对客房进行装饰布置或提出客房装饰布置的具体操作方案

第一节　客房设计的理念与原则

客房设计的基本目的是为住店宾客创造一个良好的室内环境。

客房设计的内容主要分为两个方面:一是客房空间处理。空间处理包括在建筑设计的基础上,进一步调整客房空间的尺寸和比例,决定空间的虚实程度,解决空间之间的衔接、过渡、对比、统一等问题;二是客房装饰布置。客房装饰布置主要是,在室内选择和配置各种合适的家具、织物、壁挂、摆件等各种工艺品、绿化以及照明灯式等,旨在美化居室。

一、客房设计理念

1. 客房设计要体现宾客至上的理念

客房设计要以客人为中心,以客人的需求作为客房设计的出发点。离开了这

个中心，客房设计得再好也是没有意义的。宾客至上不仅是从事饭店服务的一个基本态度，而且应当贯彻到饭店的各项工作中去，当然也包括客房设计。

2. 客房设计要能够体现客房等级规格和个性特色

作为高级消费场所，饭店要提供优质服务，总是以一定物质设施和艺术环境为基础的。不同的星级有不同的等级规格。如五星饭店要求设备豪华，环境优雅，室内装饰美观典雅，富于艺术风格。客房设计要能够体现饭店的等级规格，设计上盲目追求高标准、高规格，只能增加资金投入，从某种程度上说是一种浪费。要因地制宜，尽可能用最少的钱做最多的事，减少客房的投入，而又能达到同等级的规格标准。同时，客房设计要充分体现饭店的个性特色，从而达到吸引客人的目的。

二、客房设计的原则

1. 美感与功能相统一的原则

美感是指人对美的领悟和体会。客房是宾客在饭店中主要的活动和休息场所，因此，客房设计中注重客房优美环境的创造，使客人在客房得到充分的美感，不仅有利于休息，而且也能使客人的情操在不知不觉中得到陶冶。狭义的美感指属于视觉的形式美（即点、线、面和色的组合），如空间的组合，家具、灯具的造型，色彩、织物的装饰效果，观赏品的外观以及各类物品在整体中的协调等等。广义的美感除了形式还包括抽象的内容，如室内的气氛、意境等等。对于美感，人们有不同的理解。这与人们的经历、修养、习惯、信仰有着密切的关系。在客房设计中，要以大多数人能接受的美为出发点，只有对待特殊宾客时才考虑他们的不同审美特点。

如果说美感侧重于人的感观，那么功能就是相对于"使用"而言的。客房的功能设计涉及人体工程学、材料学等专门学科。人体工程学对客房设计的影响包括建筑空间的处理、家具的制作和摆放、工艺品的选择、照明的投射范围以及各类电器的开关位置等等。在客房的功能设计中，对材料的选择也有其特别要求，不仅要强调安全，而且要易于清洁和保养。客房中的易燃物品如木质家具、布件织物较多，因此，保障宾客的安全是客房功能设计的重要一环。在选择这些用品的材料时，应尽可能具有防火性能，如防火的墙面隔板、墙纸、地毯、窗帘、床罩等；还要易于清洁保养，无论室内墙面、地面、家具、灯具还是其他摆设，其材料都要易于清洁和保养。

客房设计不仅要注意美观，更要注重功能，有时美观和功能为一对矛盾，需要我们精心设计、妥善处理。美感和功能是客房设计工作的两个基本出发点，孰轻孰重？一般来说，功能应该是第一位的。合理的功能是设计的前提和根本；充满美感的视觉效果，则是设计的深化，是思想性、艺术性的体现。在具有相同规格和使用功能的房间中，经过艺术构思、符合审美法则的设计和不经筹划、随意凑合的设计，其效果是完全不同的，这也正是人们在客房设计中强调把科学性和艺术性相结合的原因所在。

2. 感性和理性相统一的原则

客房设计从某种意义上说是对客房的一种艺术创造。这种创造能够直接反映到人的视觉中，使人在感性上有一种美感，进而引起人们理性的共鸣。人的这种理性，表现为一种心理活动。满足客人感官的审美是一个方面，更主要的是满足客人的心理，得到客人理性的认同。只有使客人真正从内心充满了愉悦，客房才能给客人留下美好和难忘的印象。因此，要创造一个美好的环境，离不开对客人的心理和行为习惯的研究。

人的心理分为两部分，即人的心理过程和心理特征。

心理过程包括认识过程、情感过程和意志过程，即所谓的知、情、意。其中，认识过程是基本的，因为人们要弄清各种事物必须先要看、听、摸、闻，以产生感觉和知觉。除感觉、知觉外，记忆、想象、思维等都属于认识过程。人们在认识客观事物的过程中，会产生满意、厌恶、喜爱、恐惧等情感；伴随着这种情感，还会产生意愿、欲望、决心和行动，这就是心理过程的情感过程和意志过程。人的认识过程、情感过程和意志过程是密切相关的，只有认识了事物，才能产生情感和意志，如客人预订客房，先要看看客房，当他看到舒适的环境、优雅的布置、服务员良好的素质，就会产生一个良好的初步印象，这属于认识过程。在这个基础上，客人又会产生信任和满意的感觉，这就是心理过程中的情感过程。其后，客人可能会产生是否入住的欲望和行动，这时客人心理就由情感过程进入到意志过程。

人的心理特征即兴趣、能力、气质与性格等。心理过程是人们共有的东西，但具体到每个人，又会表现出许多差异。例如，有的人爱动，有的人爱静，有的人喜欢亮丽的装饰，有的人偏爱淡雅幽静的环境。心理表现在一个人身上典型的、相对稳定的特点，在心理学上称之为个性，又称为心理特征。

设计客房必须注意研究人的感知和理知之间的关系，设计出的作品须符合人们的认识特点及其规律性，同时又符合人的情感和意志。

3. 文化传承与时代精神相统一的原则

一定的客房设计离不开一定的文化积淀，这种文化性能够体现出客房设计的高品位，这是当今客人所努力追求的一个内容。

世界上不同的地区和民族有着不同的历史和文化。文化是多种多样的，在客房装饰布置中，体现这一历史传承和文脉是十分重要的。人类社会的发展具有延续性，反映在装饰布置中也是如此。尊重历史、了解历史，是创造特色室内环境的必要条件。乡土气息、地方风格、民族特色都体现着一定的历史文脉。客房内的一幅画、一个摆设、一种装饰,都会引起宾客对一定历史和文化的联想,从而加深对环境内涵的认识。我国是一个具有五千年历史的文明古国,强调中国的历史和文化有许多有利的条件。例如:建筑和家具都明显区别于其他国家;绘画、书法和雕塑也别具一格;民间工艺更是丰富多彩,如剪纸、漆画、蜡染、扎染等,形式之多、图案之丰在世界上独树一帜。

文化的继承性在于它的发展性。随着时代的发展,任何国家和地区的文化也在进步。在当代,尤其是受科学技术的影响,人的行为模式、价值观念都发生了深刻的变化,客房设计中所反映的这一变化也正是所谓的"时代感"和"时代精神"的体现。文化继承和时代精神是客房设计中对立统一的两个方面,过分强调或忽视其中的一个方面都是不可取的。在当今旅游日趋大众化,客源成分日趋复杂的情形下,创造具有中国特色和体现时代精神的客房设计显得尤为必要。当然,这种中国特色不是我国传统文化的简单模仿和抄袭,而是合乎情理的自然表现,同时要注意吸取世界各国各民族优秀的文化精华。

第二节　客房的空间设计

客房设计得好坏首先取决于对客房空间的设计。饭店客房的种类一般有标准间和套间两大类。按其室内空间分配,有单间、双间套、三间套和多间套之分;按其空间的几何图形,又有长方形、正方形、多边形和其他不同的形状。客房室内空间构图就是在建筑结构已经确定的条件下,采用不同的艺术处理手法创造出美好的空间形象,给客人提供亲切、舒适、美观的住宿环境。

一、客房空间的构图

高低、大小不同的空间,能给人以不同的精神感受,如大空间使人感到宏伟开阔;低矮小巧的空间,只要设计得好,也能使人感到温暖、亲切。客房空间比较狭窄,空间构图应重点考虑充分运用客房的设施、设备,营造科学的室内氛围,既避免压抑感,又做到亲切、细腻。由于人们对空间的主观印象,即对客间高低、大小的判断,主要是凭借对视野所及的墙面、天花板、地面所构成的内部空间形象的观感来体察的。客房室内空间构图可以采用不同的艺术处理手法来丰富空间形象。

1. 围隔

"围隔"的处理手法一般适用于双套、三套和多套间客房。室内空间比例尺度大,围隔的手法便多种多样。为了给客人营造一个舒适、典雅、亲切的空间构图形象，可以根据需要，采用墙壁、帷幔、折叠门，将卧室和会客室隔断；也可以用屏风、家具、花草、灯光等手法，造成一个独立的空间氛围，便于客人促膝谈心。三套间客房可以用家具、屏风将会客室和书房的某一局部空间围起来，使会客、读书写字的空间分隔。同时注意和墙面、天花板、地面的艺术处理手法结合起来，以便形成一个温馨、舒适的空间。

2. 渗透

"渗透"的处理方法一般适用于单间客房和卫生间等小尺寸的空间。一般通过借用镜子的照射功能等手段，给人以空间扩大的错觉。如卫生间面积较小，室内空间有压抑感，可以在墙面安装大镜子，室内空间就似乎增加了一倍，给客人以开阔、舒适的感觉。标准间客房在写字台前安装较大的镜面，不仅方便客人梳妆，而且也将室内局部景物加以"渗透"，丰富了室内的空间构图。

3. 抑扬

"抑扬"的处理手法一般适用于室内空间构图的过渡。客房空间较小，为了给客人造成宽畅的感觉，可以将客房楼层过道设计较低矮的天花板，装上较暗淡的灯光。客人通过楼层过道进入客房后，会有一种突然变大、变亮的感觉，先抑后扬、由小变大、由暗变亮，能够在客人心理上产生一种积极的效果。

4. 延伸

"延伸"的处理手法可以使低矮空间的客房获得较为开阔的视野。客房一般可以利用窗户将室外景物和室内环境结合起来，不仅开阔了室内空间，而且能使客人在客房内欣赏到美妙的风景。近年来，新建的客房一般采用大玻璃窗户，原因就在这里。同时，还可以凭借墙面、天花板和地面的延伸感，改变室内空间比例尺度。延伸的具体处理手法很多，其重点是尽量利用墙面、天花板、窗户，形成一个诱导视野的面，把室内空间延伸到室外，或把室外的景致延伸至室内，使室内外景物互相延伸，丰富观赏层次，形成美好的空间构图形象。

二、客房的重点空间设计

在进行客房室内空间设计时，为了强调室内功能，常常要通过某些艺术处理手法突出重点空间，形成空间的特殊氛围。客房卧室空间设计的重点在客人的睡眠区和靠窗的客人起居活动区。睡眠空间主要有床和床头柜，不仅要做到舒适，而且要均衡、美观，两个床位之间的通道尺度要合理。起居空间往往是客人休息、阅读、谈话的地方，因此要留出一定的空间，摆上茶几、扶手椅，再配上落地灯，形成一个温馨、舒适的氛围。卫生空间设计的重点在洗脸台。洗脸台设计要合理、美观，墙面安装大玻璃镜，一方面方便客人梳洗化妆，另一方面使卫生间宽大、舒朗。

三、客房空间的分区和均衡

根据功能不同,客房室内空间设计可以分为几组不同的活动区域。它们既有自己局部的艺术特色,又互相联系,成为一个完整的空间构图形象。这样既有利于提高内部空间使用效率,又可以使几个空间交隔布局。

客房室内空间设计在功能分区的基础上要注意各个分区之间的均衡感。由于各个分区之间的面积较小,因此,空间均衡感的构成有赖于室内空间各个分区面积的分配,以及各个分区家具的形体、色彩、质感等所表现出的轻重、体量及陈设布置是否适当;有赖于各种家具设备本身形体的均衡;也有赖于整个风格、结构体系的一致性。它们都以整体的存在作为自身存在的基础,同时又以本身的体量作为总体空间构图的一部分。也就是说,在功能分区之前首先要根据面积的大小、分区功能的需要,从整体室内构图形象出发,设计出各个分区所占用的面积、需要配备的家具设备和陈设用品摆放的艺术手法。

四、客房空间围护体的处理

客房室内空间围护体的处理是客房室内空间设计的重要内容。它们对于形成不同的室内装饰风格,完善室内功能、加强空间艺术效果有十分重要的作用。

空间围护体的处理多侧重于空间的流通和变化,注重围护体面的形状、线条、层面、质感和装饰物品等的衬托和呼应,运用对比和调和的手法来处理体重、线条、色彩、质感和纹理等的关系。客房室内空间围护体的处理,包括天花板、墙面和地面处理。

1.天花板的处理

天花板是客房室内空间形象的一个围护面。它与墙面、地面相结合,形成室内空间构图。客房的天花板主要有平天花、斜天花和不规则天花三种:平天花最为广泛,斜天花一般在顶层客房,是顺应屋面斜度构成的;不规则天花是由几何图形构成,并结合照明、音响、空调管道等经复杂曲面处理后而形成的天花。

客房室内天花板的处理以简洁、明快为宜,常常结合灯具和各种装饰手段的运用,形成特定的空间气氛,以起到对整个室内空间构图形象的控制和美化作用。

2.墙面的处理

墙面是客房室内空间分隔的主要层面。它与天花板、地面相互衬托,形成不同的空间氛围。一般说来,客房空间低,生活气息较浓,墙面处理宜简洁,以利于与家具陈设的映衬。客房墙面处理有以下几种方法:

(1)墙面的横向处理可用踢脚线、墙裙。墙裙的高度一般不超过 1.2 米,上部向天花板过渡段为墙身。

(2)墙身贴壁纸。壁纸的选择要注意图案、纹样、色彩和质地，一般以简洁、明快为宜。

(3)正面墙上配备装饰画。油画、水彩画、国画均可。豪华客房还可配备条幅、壁毯等来美化墙面。装饰字画、条幅、壁毯的位置要适中，便于客人欣赏。

(4)墙面上门、窗、电器开关的设置要合理，并要美化。如门的颜色、质地，窗框的材料、形状等，都要和室内空间构图形象协调。

3. 地面的处理

地面是客人直接接触的客房空间围护体，除需要坚固、耐磨、防滑和易于清洁外，还要具备保温、隔音、防潮等特性。客房卧室一般满铺地毯，卫生间铺设大理石或瓷砖。地毯图案的形状、尺度、方向等要符合整个客房空间的格调。一般来说，棱角尖锐的图案可产生粗犷有力的印象，圆润流动的图案容易给人以活泼自由的感觉，细密的格子能扩大空间感，大块的格子易使空间显得更局促，中心突出、左右对称的图案最好用在家具、设备较少的地面，以显示图案的完整性，反之，在家具、设备较多的空间内，则可选用连续展开的几何图案，使地面与陈设的结合更自然。客房地面一般宜选择铺设简朴大方、色调淡雅的地毯。

第三节　客房的装饰布置

客房装饰布置涉及的内容有：照明的设置、家具的配备、室内观赏品的陈设、绿化植物摆放等。要做好客房的装饰布置，必须要有一定的美学知识以及装饰常识。

一、装饰布置的美学法则

1. 对称与均衡

对称与均衡是产生视觉平衡的两种表现形式。

对称有中轴线，其两边是相对应的。自然界中大部分生物形体结构是对称的，人类之所以把对称看作是美的，就因为它是生命体的一种正常状态。

均衡主要是指空间构图中各要素之间相对的轻重关系。空间的均衡则是指空间前后左右各部分使人产生的安定、平衡和完整的感觉。均衡最易用对称的布置方式来取得，它体现了严肃，能获得明显和完整的统一性。但也有不对称的均衡，容易取得轻快、活泼的效果。室内空间的均衡，一方面是指整个空间的构图效果，它和物体的形状、色彩、质地、体量有关；另一方面是指室内四个墙面上的视觉均衡，墙面构图因素集中在一侧，墙面不均衡。同样的家具、陈设，经过适当的调整之后墙面构图较为平衡。

2. 比例与尺度

任何物体不论其形状如何,都存在着三个方向的尺度。

比例就是研究物体本身三个方向量度之间的关系。只有和谐的物体才会引起人们的美感。比如1:1.618的"黄金分割"被公认为是和谐美的比例关系,它已广泛应用于建筑艺术领域。但是,随着社会的进步,审美观念和其他条件的变化,功能的需要对比例的影响更为重要。一个空间的大小、形状和比例关系,往往根据功能的需要而定,如果把房间随意拉长或压偏,不仅影响使用功能的充分发挥,其空间比例也不会给人留下美感。除此之外,不同的民族、不同的艺术素养、不同的生活习惯,也会影响到比例的关系。

尺度是研究整体和局部以及感觉上的大小和真实大小之间的关系。整体空间由局部空间组成,只有解决局部和整体之间的尺度关系,才能得到适当、合理的尺度感。局部愈小,愈可衬托出整体的高大;反之,过大的局部则会显得整体窄小。如卧室空间中,如果床或柜橱的尺寸过大,就显得卧室空间拥挤,变得矮小。所以,处理好室内空间的尺度关系非常重要。

3. 节奏与韵律

节奏是一种有规律的反复,建筑与室内陈设的高低错落、疏密聚散,都能产生类似于音乐中的强弱、徐疾的节奏感。

韵律原指诗词中的平仄格式和押韵规则,表现在视觉中主要为条理性和重复性。韵律感是环境构图和形态是否优美的关键因素。中国传统绘画"六法"中的"气韵生动"也正是指的韵律。客房装饰布置中对陈设的形态、色彩的选择、排列,都是产生韵律感的条件。一般来说,产生韵律感的方法有以下几种:

连续。室内空间有多种线型,其中连续线条最为常见,它具有行云流水的动感,如踢脚线、挂镜线等具有明显的条理性。

渐变。是指室内空间中的线条、形状、明暗、色彩有序地逐渐变化。如线条的渐变,它由密变疏,由长变短。这种渐变的韵律美更为生动、更富吸引力,并克服了由于连续重复过多而产生的单调感。

交错。室内空间的各种组成要素按一定规律交织穿插,一实一虚、一黑一白、一冷一暖、一长一短交错重复地出现,因而产生自然生动的韵律美。

4. 对比与调和

对比是强调构图的差异性。它可以借助互相拱托与陪衬求得变化。在客房装饰布置中利用装饰物之间在线形、色彩、大小、直曲、质感,以及虚实等方面的对比,可使室内环境丰富并具有层次感和力度感。

调和指差异性很小,借助构图要素之间的协调及连续性,以取得和谐美感。室内环境的调和可以避免杂乱并产生舒适感。对比与调和是形式美学中“多样统一”的两个基本表现形式。

5.主导与层次

任何整体,其各部分的要素都存在着主和从的关系,如线形是圆曲线还是方折线,色调是深或浅、冷或暖,质感是硬或软等等。作为墙面装饰,四面墙也一定有主次之分,主导部分应该突出。层次包含了序列、主从和渐进的关系。客房装饰布置中,空间的功能序列安排、陈设的主和从、色彩和其他成分的渐进等等,都是层次的反映,没有层次感的室内装饰布置,不是呆板就是杂乱。

6.点缀与衬托

点缀是采用少对多的对比,以起到画龙点睛的作用,使本来平淡的形态构图变得丰富而有精神。室内一些小的摆设与绘画就具有点缀的作用。

衬托同样是一种美化装饰手法。它采用外围的对比,使主体更突出。由于衬托具有一定面积的量,所以对气氛也有影响。如在客房装饰布置中,陈设品的衬托是橱架、装饰织物或墙面。

二、客房装饰布置的色彩知识

在客房建筑的室内,色彩是一个能强烈而迅速被人感知的因素。它不只是一个抽象的概念,而且与室内每一物体的材料、质地紧密地联系在一起。在室内设计中,色彩占有重要地位,因为室内设计涉及的空间、家具、灯具、织品、装饰品等,最终都是以其形态和色彩为人们所感知。色彩使用得好坏,除了对视觉环境产生影响外,还对人的情绪、心理有影响,是一种最实际的装饰因素。

1.色彩概念

(1)三原色、间色与复色

色彩是光作用于人的视觉神经后引起的一种感觉反应。光是物体颜色的惟一来源,没有光的作用,就没有颜色。自然界可以用肉眼辨别的颜色不下几十万种,但基本的只有三种——红、黄和蓝色,色彩学称之为三原色。原色之间按一定的比例可以调配出各种不同的色彩,而其他色彩无法调配出原色。

仅两种颜色调出的色彩称为间色,如红加黄产生橙色,红加蓝产生紫色,黄加蓝产生绿色。

三种原色成分都包含的色彩称为复色,如棕色、土黄、橄榄绿等等。自然界中大部分是复色。

(2)色彩的属性

色彩有色相、明度、彩度(纯度)三种属性。三者在任何一个物体上都同时显示出来,不可分离,故称为色彩三要素。色彩三要素是区别和比较各种色彩的标准。

色相是指色彩呈现的相貌及不同色彩的面目。彩虹中的红、橙、黄、绿、青、蓝、紫就是七种色相,它反映了不同色彩各自具有的品格。

明度是指色彩的明亮程度。接近白色的明度高,接近黑色的明度低。不同色相的色彩,其明暗程度也不同。在彩色系列中,黄色明度最强,紫色明度最低,由黄色向两端发展明度逐渐减弱。在室内配色中,一般天花板明度要最高,墙面次之,地面明度最低。

彩度是色彩的饱和度,即纯净程度,因此也称纯度。一种色彩越接近于某个标准色,就越醒目,彩度也越高。标准色加白,彩度降低而明度提高。标准色加黑,彩度降低,明度也降低。一个标准的红彩度为14,标准的青彩度为6,而室内彩度一般不超过4。过高的彩度容易使人眼睛疲劳,惟有点缀物和标牌除外。

2. 客房室内色彩的功能

(1)色彩的物理作用

色彩通过视觉器官为人们感知后可以产生多种作用和效果。其中,色彩的物理作用在客房设计中起着积极的作用。

①温度感。不同色相的色彩,按色性分为暖色和冷色,如同人们看到太阳会感到温暖,看到田野、森林、水会感到凉爽。人们常把橙、红之类的颜色称为暖色,青类颜色称为冷色,介于两者之间的紫、绿色称为温色,既不属于暖色也不属于冷色的黑、白、灰称为中性色。

色彩的温度感与色彩的明度有关,明度越高越具有凉爽感,明度越低越具有温暖感。色彩的温度感还与色彩的纯度有关,在暖色范围内,纯度越高温暖感越强,冷色范围内,纯度越高凉爽感越强。

为了更好地创造特定的室内空间气氛,在客房设计中可利用色彩的温度感确定主色调,再利用中性色起调和作用。

②距离感。色彩可给人进退、凹凸、远近的不同感觉,这种感觉就称为距离感。色彩的距离感与色相、明度、纯度有关,一般暖色和明度、纯度高的色彩,具有前进、凸出、接近的效果;而冷色和明度、纯度较低的色彩,具有后退、凹进、远离的效果。色彩的距离感用于客房设计中,可改善室内空间的大小和形态。

③重量感。色彩的重量感取决于色彩的明度和纯度,明度和纯度高的显得轻,如柠檬黄;明度和纯度低的显得重,如青紫。在客房设计中,常利用色彩的轻重感,平衡和稳定室内构图。

④体量感。色彩具有膨胀感和收缩感。也就是说,如果物体表面具有的某种

颜色看上去好像增加了体重,该颜色属膨胀色;反之,看去像是缩小了物体的体量,该颜色就属收缩色。色彩的体量感与色相和明度有关。暖色和明度高的色彩在视觉上具有扩散作用,显得物体的体量扩大,而冷色和暗色具有内收作用,因而显得体量缩小。在客房设计中,可以利用色彩的体量感来改善空间尺度和体积,协调室内各部分之间的关系。

(2)色彩的心理与生理作用

人们的生活经验、利害关系以及由色彩引起的联想,决定了人们对不同色彩表现出的好恶感和心理反应。同时起作用的因素还有人的年龄、职业、性格、素养、民族习俗。

①色彩的心理作用。色彩的心理作用表现为两个方面:一方面色彩能给人以美的享受;另一方面色彩能影响人的情绪,引起联想。如人看到红色,可联想到太阳、火光,也可抽象地联想起某一事物的品格和属性。如人看到黑色,就联想到丧事中的黑纱,从而使人感到悲哀、不祥、绝望等。

红、橙、黄、绿、蓝、紫等六色从色相的角度称为标准色。应该指出的是,标准色是很少作大面积使用的。室内装饰布置中大面积使用的,往往是偏向某一色相的复色,如土黄、土绿、土红、棕色、奶油色和各种含灰色,这类颜色有一个重要特点,即朴实、浑厚、不矫揉造作,并给人以稳定感,人们生活的环境大多选择这类颜色。

色彩学除了要研究彩色,同样也要研究无彩色。所谓无彩色是指黑色、白色以及介于其间的各种灰色。

黑色几乎吸收一切光亮,给人以沉重、庄严和肃穆的感觉。在室内设计中仅有少量家具、门、窗框使用黑色,与其他色彩搭配,可以产生更加鲜艳和明快感觉。

白色基本不吸光,意味纯洁、神圣。纯白色在室内不宜大面积使用,因为对眼睛刺激太强。各种奶白色在室内可以使环境变得轻盈、高雅。白色与其他色彩在一起,可以减低其他色彩的彩度。

灰色是一种极稳定的色彩。灰色有深有浅,正灰很少使用。室内大多采用含有某一彩度的灰色,如绿灰、红灰、米灰等。含灰色有助于减轻人眼的疾劳,尤其是人们逗留时间比较长的场合,如客房、办公室等处经常使用。

②色彩的生理作用。主要表现在它对人的视觉产生刺激后引起的视觉变化。这种视觉变化称为色适应。当我们观察有色彩的物体时,其背景应为物体颜色的补色,使眼睛在背景上获得平衡和休息。色彩的生理作用还在于它对人的脉博、心率、血压等有明显的影响。

3. 色彩在客房中的应用

(1)色调的确定

一幅画、一个景或任何一组色彩，如果带有明显的色彩倾向，就称为色调。如夕阳下的一片旷野，通常就是橙红色的色调；秋收前的稻田，则是金黄色的色调。色调可以色相区分，也可以明度、彩度或冷暖度区分。例如深调（低调）、浅调（高调）就是以明度区分；纯调、灰调就是由彩度区分；冷调、暖调则由冷暖度区分。

色调是一门艺术。色调包含了规律、节奏的法则，通过色调使色彩达到多样的统一。色调的确定与室内的功能有关，也与室内建筑条件（如空间大小、接受阳光的多少以及季节、气候等）有关。

饭店的门厅常采用暖色，给宾客以热情的感觉；休息厅采用活泼、明快的色调，给人以清醒感；客房采用柔和、幽雅的色调，给人以文静感；卫生间多用冷色系的蓝、绿、紫等色调，给人以清洁感。

为使客房室内空间具有宽敞感，可选择冷色调，而要使过于空荡的室内变得小而亲切，则可采用暖色调；缺少阳光的房间宜用暖色调，而阳光充足的房间则宜用冷色调；季节的影响主要是通过室内色彩织物、绘画和其他点缀的更换来调节，即夏季采用冷色系和冬季采用暖色系。据实验证明，同一环境用冷色和用暖色两种不同的处理方法，会使人主观感觉的室温相差3℃左右。

（2）色彩的搭配

色彩搭配的方法也与功能有关，同时还与人的不同阶层、素养、习俗等有关。中国古代的宫殿、府第、衙门喜欢用"朱门金钉"和红、黄、蓝、黑、白等强烈对比的彩画，以显示其富贵尊严的政治地位；而民居或士大夫的园林则以浅灰色的彩画，上着纤细的木纹和点缀浅蓝色花草图案，以表现其恬静的效果。而室内色彩的搭配一般以"大调和，小对比"为原则。这"大"，即在客房墙面和天花板，这"小"，即点缀物（如摆件、挂饰和沙发靠垫等），而家具是介于大小之间的。大调和即指整个室内大面积用色的文静、低彩度，也指整体色彩的调和（或称其为整体色）；小对比既指小面积用色的大胆、高彩度，也指画龙点睛的作用（或称其为重点色）。整体色和重点色之间在色彩之属性上，应该是呈现对比的。

色彩搭配的方法主要以下四种：

①同类色搭配。同类色，是指色相相同，而明度、彩度不同的色彩组合在一起，如浅灰绿的墙画、墨绿的地毯、翠绿的窗帘。这种搭配就属同类色搭配。同类色是典型调和色。这种搭配朴素、单纯，大多用于宁静、高雅的空间。如起居室、卧室和书房等。同类色的搭配很容易掌握，其不足之处是有时让人觉得过于沉闷、单调。通常弥补的方法是利用质地、纹理、光影的差别，造成变化，或有目的地选择与基调相对比的挂饰、盆花、摆件等点缀物，以起到提醒作用。

②类似色搭配。类似色（也称近邻色），是指色相环90°范围内的色彩组合在

一起，如黄、黄绿和绿，红、红紫和紫等。这种搭配就属类似色搭配。类似色搭配有一个明显的特点，即一组色彩中的每色都含有相同的原色成分。类似色搭配也是一种调和色搭配，但比同类色搭配更富有层次变化。类似色搭配在当今室内布置中运用较广。

③对比色搭配。对比色，是指色相性质相反或明暗相差悬殊的色彩，如红与绿、黄与紫、蓝与橙、黑与白等等的搭配。色相环上相对应的色彩，即互为补色的两种色彩的搭配，称为补色搭配。补色的搭配是一种典型的对比色搭配，与此相对非补色的对比搭配，则称弱对比搭配。对比色搭配具有鲜明、强烈、跳跃的特点，在搭配方法上需要有一定的技巧。如对比色所占面积要有明显的主次，古人曰："万绿丛中一点红"，这万绿就是基色，亦即主色；一点红是补色，亦即点缀色。对比色彼此要交错、渗透，用中和色帮助调和。如对比色本身很不稳定，但穿插了黑、白、金、银的任何一色，都会使整体变得稳定起来。

④有彩色与无彩色的搭配。有彩色是活跃的，而无彩色则是平稳的，这两类色彩搭配在一起，可以取得很好的效果。在室内黑、白、灰的东西并不少，它们与彩色物品摆在一起别有一番情趣，很具有现代感。

三、客房室内照明

客房装饰布置应充分考虑到自然采光与室内照明的设置，室内照明也是客房装饰布置的一个很重要的内容。

1.客房照明的作用

(1)提供光照，创造意境。室内照明的主要作用是为人们提供良好的光照条件，获得最佳的视觉效果，使室内环境具有某种气氛和意境，增强室内环境的美感和舒适感。

(2)组织空间，改善空间感。在客房内照明方式、灯具种类不同的区域，各有一定的独立性，同时，照明方式、灯具种类、光线强弱、光线颜色可以明显地影响空间感。例如：直接照明时，灯光比较耀眼，容易给人以明亮、紧凑的感觉；用灯光照射到天花板、墙壁等界面之后再反射回来，容易使空间显得更开阔；吸顶灯或镶嵌在天花板内的灯具，可使空间显得高一些；暖色的灯光可使空间显得温暖；冷色的灯光则使室内显得凉爽。

(3)渲染气氛，体现特点。灯具与灯光有形有色，用它们来渲染客房内的气氛，往往可以取得非常显著的效果。灯光角度配置得当，会使客房内部景物更加生动耐看；灯光角度的变换，会使物体的显现更具魅力。不少东方国家特别是日本，常用竹子、木材、纸等做灯罩，使灯具有一种自然美；中国的宫灯也是很有特色的。在客房的设计中，恰当地使用这些灯具，会使客房更具特色。

2. 客房常见的照明方式

(1)按活动布置的照明类型，可分为直接、半直接、漫射、半间接和间接五种

直接照明。就是全部灯光或90%以上的灯光，直接照射被照的物体。露明装置的日光灯和白炽灯就是属于这一类。直接照明无间隔、不靠反射，其特点是发光强烈、投影清楚，使物体产生鲜明的轮廓，对一些艺术品的光照可以产生特殊效果，但作为生活照明，应避免直接照射人的眼睛。

间接照明。90%以上的灯光先照射到墙上或天花板上，再反射到被照的物体上，就是间接照明。间接照明的特点是光线柔和，不刺眼，没有较强的阴影。客房使用这种照明方式较多，因为它有利于创造一种安静、平和的氛围。

漫射照明。漫射即灯照射到上下左右的光线大体相等。这种照明，其灯罩常用乳白色磨砂玻璃，光线无定向、感觉柔和，通常无明显阴影，但灯光利用率较低。

半直接照明。60%左右的灯光直接照射被照物体，在灯具外侧，用半透明的玻璃、塑料、纸等做伞形灯罩，这种照明方式就称之为半直接照明。

半间接照明。是指大约60%的灯光首先照射到墙和天花板上，只有少量光线直接照射到被照物体上。

(2)按照灯具的布局方式，可分为整体照明、局部照明和混和照明

整体照明。即使室内整体达到一定亮度、满足室内基本的使用要求。其特点是光线比较均匀，能使空间显得明亮和宽敞，如客房内顶灯和吊灯均为整体照明。

局部照明。即对某些部位的局部采用加强照明度，来满足具体的功能需求。局部照明能使空间层次发生变化，增加环境气氛和表现力，如客房内的台灯、落地灯、射灯等均为局部照明。

混合照明。即在整体照明的基础上设置局部照明。这种方式在客房豪华套间较为多见。

3. 客房常见的灯具

吸顶灯。直接固定在天花板上的灯具称为吸顶灯。吸顶灯的形式相当多，有各种带罩或不带罩的白炽灯，也有各种带罩和不带罩的日光灯。以白炽灯做光源的吸顶灯，大部分采用乳白玻璃罩、彩色玻璃罩和有机玻璃罩，开关有方、圆、长方等多种，常用于客房套间的起居室或走道等处。以日光灯作光源的吸顶灯，大部分采用带有晶体花纹的有机玻璃罩和乳白玻璃罩，外形多为长方形。

吊灯。就是用灯线或导管把灯具从顶棚上吊下来，大部分吊灯都是带罩的。灯罩常用的材料有金属、玻璃和塑料，还有木、竹、纸等也可用来做灯罩。吊灯多数用于整体照明，极少数用于局部照明。吊灯的用途很广泛，客房的豪华套间也常用

吊灯。由于吊灯位于室内的上半部,容易为视线所接触。它的形式、大小、质地、色彩等很能左右室内的气氛,而且有可能成为室内的主要装饰物。因此,对于吊灯的选择应认真考虑,一定要使它与空间的大小、形状、功能、特点相适合。

镶嵌灯。将灯具埋入天花板之内,有全嵌式、半嵌式两种形式。若用日光灯一般都须附加遮罩或天窗隔。镶嵌灯的特点是看起来很简洁,而且可以减少顶棚较低而产生的压抑感,多见于客房卫生间。

壁灯。将灯具固定在墙面上,既具实用性,也有很强的装饰性。壁灯光线柔和、造型精巧而别致,多用于客房和卫生间,也有装在梳妆镜上端的。最常见的是用做床头灯,可调控灯光的明暗。

台灯。主要用于局部照明。它不仅是照明用具,也是很好的装饰用品。台灯的光源可以是白炽灯,也可以是日光灯,通常由灯座、灯头和灯罩几个部分组成。灯座由金属、陶瓷、木板或其他材料制成,灯罩由纸、绢、纱、塑料、玻璃、金属等制成。台灯主要用于写字台上,也可用于茶几和床头柜上的局部照明。

立灯。又叫落地灯,是一种局部照明的灯具。客房内常放在沙发和茶几附近,为宾客阅读、会客、休息提供方便。立灯通常由灯架、灯头和灯罩几个部分组成。灯头和灯罩与台灯相似,从外观上看,可以分为皱纹式和图案式。皱纹式素洁高雅,可与比较艳丽或花面的沙发搭配组合;图案式以人物、花鸟、山水为图案,绚丽多姿,适合与单色素雅的沙发搭配组合。立灯的灯杆一般是金属抛光电镀的,也可以是竹制的、旋木的或带雕饰的。带有木、竹灯杆的立灯易与竹、木、藤制家具相协调,从而使室内陈设更加有情趣。

轨道灯。是一种局部照明的灯具,主要特点是可以通过集中投光以强调某些需要特别强调的东西,如壁画、工艺品等。轨道灯由轨道和灯具组成。灯具可沿轨道移动,灯具本身也可以改变投光的角度。轨道可以固定或悬挂在天花板上,必要时还可布置成十字形或口字形。这样,灯具就能在很大的范围内移动位置。轨道灯在有些客房豪华套间内可以看到。

4. 客房照明设计的基本要求

(1)实用性。客房照明设计首先应有利于客人的生活和休息。灯具的类型、照明的方式、照度的高低、光色的变化等,都应与使用要求相一致。

(2)艺术性。客房照明应有助于丰富空间的深度和层次,明确显示家具、设备和各种陈设的轮廓,在一般情况下,灯光的角度应使家具、设备和各种陈设更有立体感,阴影的大小都要仔细推敲,力求产生最佳效果。

(3)统一性。这里说的统一性主要指照明设计要与空间的大小、形状、功能及性质相一致,要与客房的家具及其他陈设相一致,要符合总体要求,而不能孤立地考虑照明问题。

(4)安全性。现代照明一般都用交流电,因此,线路、开关、灯具的设置,都要采取可靠的安全措施,以确保客房的安全。

5.客房照明设计的主要内容

客房照明设计的主要内容有四项,即决定照度的高低、确定灯具位置、确定照明范围、选择灯具等。

(1)照度的高低。所谓照度,是指单位面积上接收到的光通量,其单位是勒克司(LX)。照度合适,人才会感到舒适,照度调整不当常使人感到疲劳,影响健康。客房照度应当符合客房功能要求和有利于营造一个亲切、宁静、轻松的环境氛围,如客房床头灯,一般照度在60W,并有明暗控制开关。

(2)灯具位置。灯具的正确位置应按照宾客在客房内活动的范围和家具的位置来安排。灯具的设置往往是多层次、多形式的。客房内有专门用于看书写字或梳妆的专用灯、进入房间的过道灯、有衣柜内的灯和供客人睡眠用的床前灯等。

(3)投光范围。是指达到照度标准的范围有多大,这取决于人们在室内特定空间的活动范围、被照物的体积和面积。即使是装饰性照明,也应根据装饰面积的大小进行设计。投光面积的大小与发光体的功率强弱、灯罩的形式和大小有关,同时与灯具的高低及投光角度有关。照明的投射可使空间内部形成一定的明暗区,产生一种特定的气氛。如谈话时,可以从人的背面投光,但看书时,灯光应该正好投射在书页的范围。对于绘画作品和其他艺术品所用的射灯,应以覆盖被照物为准。

(4)选择灯具。由于现代照明工业的发展和制造技术的进步,灯具的种类和形式日新月异、品类繁多。选择灯具的形式固然重要,但灯具的实用效果更不可忽视。首先,灯具要符合客房空间的环境,适合客房的体量和形状,大空间要用大灯具、小空间要用小灯具,不可以把大吊灯挂在小小的房里;其次,灯具要符合客房的功能和装饰风格,并不是越豪华越好;第三,选择灯具还应注意体现民族风情和地区特点。

四、客房的家具布置

家具是客房室内陈设的主要内容。在诸如会客室、办公室等房间中,家具的占地面积约为房间面积的35%～40%,而在饭店一个标准间客房,家具的占地面积往往达到50%～60%。现代饭店建筑设计,尤其是客房室内设计大都考虑家具的因素,在尺度、数量、位置,乃至风格上都经过精心的计划。从某种意义上说,家具的布置反映了厅室的功能,不同的区域需要选择不同的家具。同时,家具还有其精神方面的功能,当家具用来限定空间,增强私密性,或通过配备不同样式的家具,来反映不同民族文化传统时,家具的作用就不仅仅是实用了。

1. 客房家具的种类

客房家具的种类按使用功能可以分为:坐具、卧具、承具、柜具、架具和屏具;按性质又可分为重实用的家具和重装饰的家具。客房内大部分家具属实用性的家具,如床、床头柜、沙发、茶几、写字(梳妆)台、行李架、壁橱、琴凳等。重装饰的家具主要有:琴桌、条案、古玩橱(架)、花架及套几等。屏风从作用上看,也可归为重装饰的家具。

家具的用材主要有木、藤、竹、石、陶、瓷、塑料及各种软塑。不同材料的家具有不同的特点:木质家具使用最普遍,因为木质家具的加工方便,品种规格多,纹理优美,导热性小,具有亲切感,其中紫檀木、红木、柚木、核桃木等家具比较名贵;藤竹制的家具常用于庭园、中庭、晒台、花园、茶室等处,优点是质地坚韧,色泽淡雅,造型多曲线;竹制家具的优点是清新凉爽;金属家具是随着工业化程度的提高而不断发展的一种家具,适合于成批生产,给人的感觉是精巧流畅。

2. 客房家具的选择

家具是一种实用工艺品,既是物质产品,又是精神产品;既有使用功能,又有精神功能。因此,选择客房家具应从两个方面来考虑:

(1)从功能上选择家具

①实用舒适。家具的配备必须考虑功能所需。客房有不同的功能设计,为满足客人的睡眠需要,需配备床和床头柜;为满足客人起居的需要,需配备茶几和扶手椅;为满足客人储存的需要,客房须配备壁橱、保险箱等。同时,配备家具还必须注意尺度合理。例如椅子的座高,正常应在 420mm 左右,椅背高度在 720mm～760mm 之间等等,尤其是配套家具,如沙发与茶几、床头柜与写字台都有相应的比例。

②质地坚实。配备家具必须保证质量,客房用床须坚实而又较轻。如果配备的床或座椅质量不好,不仅会发出吱嗄声或弹簧声,而且会给客人带来不安全的隐患。

③满足客人需要。以床为例,目前饭店使用的主要是软垫床,但有些人却喜欢用棕床、藤床或木板床,这就需要我们在个别楼面或几个楼面适当予以配备,以应付特殊客人的需要。还有一些客人对家具的尺度有特殊要求,如身高过高,客房应提供接床凳。

④区分等级规格。客房有不同的类型,有单人间、双人间,还有套间和特套间(豪华套间、总统套间)之分。不同规格的客房对家具的数量、质量、类型的要求都不相同,如标准间客房功能全,集睡眠、会客、阅读、书写于一体,在其仅有的一室之

内,家具的配备只能满足必要的功能。与此相比,套间客房家具的配置就显得较为充裕,卧室、起居室分别配备不同的家具。至于特套间客房,除了满足功能需要以外,在质量和艺术性方面也都与众不同,如古玩橱、琴桌之类重装饰家具往往配备于其间。

(2)从美观上选择家具

选择家具要考虑的另一个必要因素是家具的美观性。家具的美观表现在:

①色彩和谐。成套家具的色彩是一致的,不成套的家具在色调上要看如何搭配。另外,家具的颜色一定要与室内环境的用色协调起来,墙面、地面是家具的背景和衬托,彼此的色调应能构成一个整体。

②式样一致。在一个房间里,家具的样式应该是一致的。有时家具虽然是同一种风格,但可能在式样上存在一些差异,如家具的腿、脚、拉手和图案形状不一等,这种细节的差别也会影响整体的完美。

③风格协调。家具的美观不仅是造型、色彩和装饰纹样等方面的美,更重要的是整体风格的协调统一。要求家具与家具配套、家具与环境协调,形成统一的风格。如:客房是中国古典式风格,应选择中式家具,而不应摆放西式家具;客房是古典西式建筑,就不应摆放中式家具。

3.客房家具的布局

家具摆位是家具陈设的最后环节,也是关键的环节。客房家具的摆放必须选择合理的布局并解决平面和立面协调等问题。

家具的布局有两种:一为规则式,二为自由式,不同的布局有不同的特点。

规则式。多以对称的形态出现,其特点是室内明显体现空间的轴线及其对称状态。规则式的格局给人以庄重、严肃和平稳的感觉,中外古典建筑的室内家具布局基本采用这一格局。

自由式。是以一种既有变化、又有规律的不对称均衡安排家具的形式。它是由一种不明显的空间轴线来支配室内各个部分布局的。这种布局给人的感觉是活泼、轻松而又亲切,往往能与室内空间相结合,有效地解决功能的问题,并适合当今建筑特点。现代客房的家具布置主要采用这一方式。

(1)家具的平面布局

家具的平面分布不仅要注意视觉上的美观,更要注重使用功能上的便利,因此需注意以下几个方面:

①家具位置。为便于使用,家具的位置应落在实处,如衣柜要离浴室近些,书橱要放在写字台附近,行李架要放在进门的地方等等。

一个客房通常可以分为三个区域,即宁静区(睡眠空间)、明亮区(起居空间)和通道区。不同的区域应布置相应的家具。宁静区布置睡眠用的床和床头柜，明亮区布置会客起居用的沙发和茶几，通道区布置行李架和写字(梳妆)台。

②进出线路。家具摆好以后，留出的空间应方便客人在室内走动。如标准间两床之间的距离不少于 60cm。摆放沙发和扶手椅以后，注意是否影响到客人的进出路线。

③疏密有致。家具的分布过于平均，往往会使室内布置的格局显得平淡松散，过于集中又会破坏平衡，因此正确的做法是有疏有密，合理分配，使视觉舒展。

④处理建筑凹凸。不少饭店客房室内四周并非全是平面。凹凸是建筑中常有的事，家具的摆放不能因凹凸而束手无策，而应该巧妙运筹，如凸出部位，一般不在其前面摆放家具，而在凹陷部位选择合适的家具予以填补，以求平面整齐。有时还可以利用凹凸来达到一种特殊的艺术效果。

(2)家具的立体布局

家具摆放的立面效果，主要表现在协调高低起伏和门、窗、壁饰的关系上。

①错落感。家具应有高有低，过平会显得单调，合理的起伏会产生良好的立面节奏，显得轻松活泼。

②与门、窗、壁饰的关系。客房立面的门、窗、壁饰有其功能和装饰作用，在家具布局中具有背景效果，摆放家具应顾及这些因素，以保持客房空间构图的完美。

五、客房的室内陈设

客房室内布置除家具外，还包括装饰织物、观赏物和绿化等几大部分。客房的陈设布置构成了客房各区域的内部环境，并形成了与其使用功能相一致的气氛和意境。

客房陈设布置的几大部分在其表现形式和作用上各有特点，然而无论是何种场合，作为一个整体，彼此又是不可分割的。

1. 织物

织物是人们生活必不可少的物品，也是客房室内陈设的重要内容。由于织物在室内的覆盖面积大，因此对室内的气氛、格调、意境等起着很大的作用。在饭店的一些公共空间，织物往往是点缀。而在客房(尤其是卧室)等私密性较强的空间内，织物则大面积使用，给人以亲切和温馨的感觉。

客房的织物主要有地毯、窗帘、床罩、沙发蒙面、靠垫及其他织物，其原料构成分为两类：一类为天然制品，如棉、麻、丝、毛做成的织物；另一类为人造制品，如聚脂、人造丝、玻璃丝、腈纶和混纺织物。其织法和工艺又可分为编织、编结、印染、绣补和绘制等。

由于原料、织法和工艺的不同,织物的品种丰富多彩,其特性和用途也有很大差异。为此,室内织物的选择与设计必须有整体观念,孤立地评价织物的优劣是没有意义的,关键在于整体的搭配。选择不同类的织物以适合不同的用途是客房室内织物陈设的重要内容之一。其具体表现在质地、色彩和图案花纹三个方面。

(1)质地。织物原料和织法的不同,使人对织物表面的视感和触感均不相同。以视觉而言,粗纹理往往给人以豪放的感觉,细纹理则给人以文静的感觉,两者的装饰效果截然不同。为了显示不同质感,布置中常用对比的方法,即光洁的物品以粗糙的织物衬托,而粗犷的物品则以光滑的织物衬托;麻毛织物、土布、草编品可以衬托家具的光洁,并和简练的家具构成一种自然、素朴的美;丝、绸、缎等物可以衬托出陶砂制品的粗犷,并和古老的陈设品相映成趣。以触感而言,直接接触皮肤的料子,适宜选用质地细密、平滑的织物(如床上用的丝、绸、缎等);经常摩擦的场合,可用坚固的粗纹理的织物(如沙发套、踏脚毯等)。

(2)色彩。织物的色彩必须从室内的整体出发,同时兼顾各个局部。大面积的织物(如地毯、窗帘、床罩等),其自身的彩度要低,在客房布置中宜选用同类色或类似色;小织物(如靠垫、衬布、脚垫等),其色彩纯度可偏高,在整体中以对比色为宜。

(3)图案。织物图案的花纹有单独纹样、二方连续或四方连续等。客房内的墙布、窗帘、满铺地毯等较多为四方连续纹样。织物图案纹样的格式可分为规则式和自由式两种。规则式纹样庄重,常在古典式的室内和正规、隆重的场合采用这种图案格式;自由式纹样较活泼,现代织物主要是这种格式。织物图案的内容可分具象和抽象两类。具象是根据自然物象的花鸟、草木、山水、人兽绘制而成;抽象则不易分辨描绘的内容。另外,几何图案和格子条纹等非具象图案更是强调形式,较适合于现代风格的装饰。

此外,选择织物时,还应考虑其阻燃性、防蛀、防静电等安全防火因素。

2.观赏物品

观赏物品不是生活的必需品,主要用以满足客人精神方面的需求。客房内的客用品一般是客人的生活必需用品,但它们同时也具有观赏的功能。

客房观赏物品取材颇广,有出自名人手笔的书画,有来自民间传统的图案花纹,有高级精细的现代工艺品,也有粗犷古朴的古代实用品。客房之所以要陈设观赏物品,其主要作用是烘托气氛,增加情趣,点缀空间,调整构图,提高文化品位。

客房观赏物品按其布置特点,可以分为墙饰品和摆件。

(1)墙饰品。也称挂饰或补壁。所谓补壁,就是在空荡冷落的墙面上进行某种补充。墙饰品是客房整个布置的一部分,其形式与内容应该与室内环境相和谐。

一般来说,形式的确定主要看客房建筑、家具的风格和陈设状况,如传统中式房间要用中国书画和民族传统的工艺类饰品布置；古典西式房间用油画等西式有分量的画或名画布置；现代式房间则用现代派绘画、装饰画及水彩画布置。至于墙饰品的横或竖、单或双、多或少、大或小，应根据客房建筑的格局及家具的摆放等情况来确定。

客房的功能和场合是确定墙饰品内容的关键。书房可选择意境隽永、清新淡雅的作品，而卧室可以用娴雅秀丽、恬静柔和的作品来点缀。

此外，宾客的嗜好、忌讳和宗教信仰是确定墙饰内容的主要依据，以体现“宾客至上”的宗旨。墙饰品的内容选择不当，会对宾客造成不良的印象。

墙饰品种类主要有：

①中国书画

中国书画是中国书法和绘画的统称。中国书、画虽为两门艺术，但历来书画同源，密不可分，两者均以笔、墨、纸、砚为基本工具和材料，且画幅形式相同，如壁画、屏障、卷轴、册页、扇面、手卷等等。

中国书画的装裱形式，在世界上是独树一帜的。书画经过装裱可使画面平整，并使笔墨层次更加清晰。中国书画所用镜框，传统型的一般为红木或楠木框。现代型的镜框除简洁的淡色木框外，近来也有用铝合金制成的。中国书画在选框和装框时应注意画心的位置以及与画框的比例关系。

②西画

西画有多个画种，其中油画、水彩画、版画在布置中使用得较多。西画在国际上有统一的画框规格。

油画。古典写实的油画通常采用比较厚实的镜框，有的华丽、有的古朴。现代内容的油画则以简洁的画框为主。油画画框通常不用玻璃，这样可避免不必要的反光，以充分显示油画的真实效果，同时也可避免油画画面与玻璃粘连。个别的油画也有采用玻璃镜框的，但一定是双层框，画面与玻璃有间隙。

水彩画。大多采用简洁、精巧的画框，如细边木框、铝合金框等，以显示水彩画轻松、明快的特点。水彩画也有十分写实的类似油画效果的画法，这种水彩画可用华丽厚实的画框。现代西式风格的客房常以水彩画作为室内主要墙面装饰。

客房用版画。主要是套色木刻，其采用的画框与水彩画相似。铜版画、素描等单色画配以简单的画框，在室内布置中也显得很高雅。

丙烯画。西画中还有一种采用丙烯颜料作画的丙烯画。它既可取得油画、水彩画、水粉画的效果，也可用做装饰画。画在画布上的丙烯画，可像油画一样装饰。丙烯画是现代室内布置的理想画种之一。

③工艺类装饰

墙上装饰品除中国书画和西画等纯艺术作品外,还有工艺性较强的品种,如镶嵌画、浮雕画、艺术挂盘、织物壁挂等等。它们不仅在工艺制作上各具特色,在艺术表现形式上也往往比普通绘画更富装饰趣味。

镶嵌画。是用玉石、象牙、贝壳或有色玻璃等材料镶嵌而成的画,在形式上,有古典风格,也有现代风格。

浮雕画。是用木、竹、铜等材料雕刻而成的各种凹凸造型,嵌入画框进行布置。

壁挂。主要指室内墙壁上所挂的织绣品,包括刺绣壁挂、毛织壁挂、棉织壁挂和印染壁挂。刺绣壁挂包括传统的“四大名绣”和属于新兴工艺的绒绣(用彩维绒在特制的网眼麻布上进行绣刺,能表现油画、国画、摄影等艺术效果);毛织壁挂即挂毯,有表现民间题材的,也有表现现代派绘画装饰性内容的;棉织壁挂和印染壁挂大都表现传统题材,其中扎染、蜡染具有质朴的西南风情。此外,还有一些物品可以用做壁挂的,如陶、瓷挂盘及弓箭、提琴、草帽、渔网、乐谱、风筝、折扇等等,主要用于特色布置。

(2)摆件

摆件是一种相对挂饰而言的平面安放物品。其中有纯属观赏性质的,有兼实用价值的。客房客用品也是一种摆件,当然主要是实用,但也具有装饰效果。

摆件的品种按内容分为:古玩、珍贵的自然物、现代工艺品、玩具、纪念品、文房四宝等。按其质地可以分为:象牙雕刻、玉石雕刻、竹木雕刻、贝雕、螺钿、翡翠、琥珀、玛瑙、青铜器、景泰蓝、黑陶、瓦当、唐三彩、清花瓷、竹编、布娃娃等。

布置摆件时需要考虑品种、色彩和质地的配备以及空间的构图效果等。

①品种及风格的选择

摆件的品种很多,应该选择什么样的摆件进行布置,要充分考虑客房功能、装饰风格及客人的兴趣爱好。作品的风格应与客房的风格相一致。客房一般摆放各种小巧粗湛的艺术品。对于常客或重要来宾,应根据其爱好进行布置。如客人喜爱中国书画,可在客房摆设文房四宝等。

②色彩、质地

摆件作为室内的点缀,其色彩应该选择室内之所需,或者以对比色起画龙点睛的作用,或者以某一部分的相同色起呼应作用。陈设橱里的摆件色彩除了考虑室内效果,还要注意摆件与橱的关系,简单的方法可用明度对比来进行布置。如深色橱选浅色摆件,浅色橱则选择深色摆件。橱架与摆件色彩相近时,或以衬垫,或加不同色彩的托盘予以分隔。

摆件的质地在布置中也十分重要,一般光滑的物品如瓷器、玻璃器等采用粗糙的背景能取得较好的视觉效果,而粗糙的物品如陶器、草编、绒毛娃娃等则采用光滑的背景,以显示各自的质感特点。

③空间构图

摆件的空间关系主要指摆件在空间的位置与构图关系。一个硕大的花瓶放在一个很小的几架上,或者一个很小的雕刻品放在一个很长的条案上,都会觉得比例失调。

在条案上一左一右放两件不同的摆件,就应注意平衡。这种平衡与摆件本身给人的视觉轻重感是分不开的。摆件的轻重感除了体积因素外,颜色、质地等都会对人的视觉产生影响。不同轻重感的摆件并列陈设,可以通过左右前后的移动来求得构图的平衡。如果在较大的陈设橱里陈设摆件,则摆件的空间关系主要体现为橱面构图的疏密和虚实变化。平均摆放容易显得呆板,但无章法的摆放也会使空间混乱。按视觉美的法则应该是在规整中求变化,变化中求规整。

此外,摆件的空间关系,还表现在与墙饰品的关系上。摆件与挂饰无论从高低、宽窄还是从风格、色彩上,都只能是相互映衬而不能是彼此排斥。如摆件不能过高,不能档住画幅。

六、客房的绿化饰品

绿化饰品是客房布置的一大品类。随着人们消费观念的变化,绿化饰品在客房越来越受到客人的欢迎。

1.客房绿化饰品的作用

(1)调节室内气候。通过植物自身的生态特点,改善室内气候条件,从而起到净化环境的作用。通过室内绿化,调节室内温度,既经济实惠又易于实现。干燥季节,绿化可以使室内湿度增加 20%左右;而雨季,由于植物的作用,又可减低室内湿度。由于植物有较好的吸音作用和吸收热辐射能力,可以起到减弱噪音、调节室内温度的作用。

(2)提高客房的环境质量,满足客人的心理需求。绘画和装饰品虽能美化室内,但毕竟缺少花草树木那种充满生机的力量,尤其在高度都市化的城区里,室内绿化饰品可以给人幽静、宽松和无限美好的遐想。如在家具或沙发的转角和端头、窗台周围,以及一些难以利用的空间死角布置些绿化饰品,可使这些客房空间充满生机。

此外,绿化还可以起到内外空间的过渡与延伸、暗示与指向、限定与分隔及柔化空间硬质感的作用。并有提高礼遇规格、表达各种情谊的作用。当宾客进入客房时,看到桌上的鲜花和绿化饰品,一种亲切感会油然而生。

2. 客房绿化饰品的种类

(1)盆栽

是将植物栽种于盆内的一种绿化形式。盆栽取材颇广，根据品种和观赏习惯，大致可分为盆树、盆草、盆花和盆果四类。

盆树。是盆内栽种的木本类观赏植物，如各类松柏、铁树、棕竹、天竹、龟背竹、南洋杉、袖珍椰子、橡胶树等。

盆草。是指盆内栽种的草本类观叶植物，如冰水花、文竹、网纹草、鸭跖草、万年青、吊兰、抽叶藤、铁线蕨等。其中，鸭跖草、吊兰、抽叶藤是理想的吊盆植物。

盆花。是指盆内栽种的以观花为主的植物，有木本也有草本。如杜鹃、八仙花、茉莉花、桃花、山茶、月季属木本类；兰花、水仙、铁线蕨、君子兰、樱草、天竺葵、紫罗兰、凤信子、海棠、菊花、百合花等属草本花。盆花布置重在选配颜色和花形。

盆果。是指盆内栽种的以观果为主的植物，如石榴、金桔、葡萄、佛手、天兰果、香橼等。用这类植物布置室内，给人以丰收、吉祥的联想，从而增添快乐的气氛。

盆栽的管理，主要是植物保养，不同的植物有不同的习性，如果不掌握水分、温度、阳光的要求，将影响盆栽植物的正常生长。无论何种盆栽，在室内都应避开暖气管道、空调等设备。此外，放在室内花架、窗台或其他家具上的盆栽，为避免泥水沾污家具或台垫等，都应在盆底外加套盆、碟子。

(2)盆景

即盆中之景，是用植物、石块等材料在盆中再现自然景色的一种艺术。盆景分为树桩盆景和山水盆景两种。盆景作为我国的传统艺术，有着悠久的历史。

树桩盆景。简称桩景，泛指观赏植物根、干、叶、花、果的色泽和风韵的盆景。树桩盆景的特点是枝叶细小、茎干粗矮、虬曲、苍老而优美。树桩盆景通过剪切或借助其他材料，可按人的主观设计生长。它的长势可分为直干式、蟠曲式、横枝式、悬崖式、提根式、丛林式、垂枝式和寄植式等多种形式，选用的树种主要有五针松、福建茶、石榴树、黄杨树、桧柏、罗汉松、榆树、雀梅、九里香等。

山水盆景。又叫水石盆景，其特点是通过栽枝点石、效仿大自然的风姿神采、奇山秀水，塑造逼真的小景，给人以“一峰则太华千寻，一勺则江湖万里”的感受。“丈山尺树寸马分人”说的正是盆景中的比例关系。所用石块要有良好的吸水性能，以保持石块整体的湿润，如太湖石、钟乳石、砂积石、珊瑚石等等。山水盆景的造型可分为独立式、开合式、散置式、重叠式等。

盆景用的盆种类很多，一般为陶制或瓷制，也有用石块磨制的大理石盘和水磨石盘等。陈设盆景的几架有古色古香的红木几架、轻巧自然的斑竹几架和根制几架。布置中要注意树石、盆钵和几架之间的对比与和谐(即“一盆二景三架”之说)。

大型盆景通常放在琴桌、条案或专门的桌子上，小型盆景通常放在茶几、花架和博古架上。

(3)插花

插花是一门剪切植物枝叶进行重新组合和造型的艺术。插花艺术的兴起源于人们对花卉的珍爱，人们从花之纯真美艳的生命，体验到了一种生命的真实与灿烂。插花作为客房绿化的一个方面，既能给客人一种美的享受，又体现了对客人的一种高规格的礼遇。

①插花的花材

• 花材的选择

传统的插花材料有限，据初步统计，有牡丹、芍药、玉兰、荷花、芙蓉、山茶、月季、梅、水仙、桃、海棠、兰、秋葵、松、竹、绣球、百合等二三十个大的品种，却忽视了一些小花。其实，许多小花、野草，在形、色、结构组合等方面都是很独特的，特别是它们表现的旺盛生命力和悠然野趣，较之名花、佳花更有情调。现代插花对花材的选择可谓不拘一格。芽体、叶片、花、果、枝条甚至老干枯枝，只要生机勃勃，有美感，并能表现一定艺术主题或象征意义的，均可作为花材。植物材料具有很强的季节性，依时季不同，选择种类亦有差异。

• 花材的整形

花材必须通过整形才能充分展示它的魅力。因此，对花材必须进行必要的艺术加工，以使它的长短、疏密关系更加和谐。整形的方法有以下几种：

修剪。修剪花材应除去过多叶片，对玫瑰等带刺花枝要除去枝刺，除去残败的花瓣；木本花材要剪掉重叠枝、下垂枝、交叉枝、胸突枝等杂乱枝条，顶部枝条不能并立，应有高下之分。为充分显示枝条的线条美，可适量剪去过密的枝叶。

曲枝。除利用花材本身的姿态，有些还要进行弯曲整形，达到“虽由人作，宛如天成”的造型美，这就需要一些技巧。对草本和木本植物应采取不同的曲枝方法。

• 花材的保养

插花虽然好看，然而“红颜薄命”。要使一件插花作品最大限度地延长观赏期，应注意如下一些保养要素：

水。插花用水以雨水最佳，如果用自来水，则应贮存一两天后再用。水质应保持洁净，夏季每日换水，冬季三四天换一次水。盛水量多并非最好，遵循原则是：水和空气保持最大接触面积，增加水体的空气流通。

花型的高低。花型的高低应根据花材本身吸水能力的强弱而变化，吸水力强的花朵可高插，如唐菖、百合等；吸水力弱的花材可低插，如玫瑰。

另外还可借助辅助手段增加花木的吸水能力。

②插花的器具

“工欲善其事,必先利其器”,做好一件插花作品的前提是要有完备的用具。

● 剑山、花泥

插花中用于固定花枝的器具有剑山、插花泥。剑山有多种尺寸和样式,有方、圆、菱形之分。使用时应根据花器大小和花材多少决定所用形式。使用后必须清除污垢,校正歪斜的针,并收藏于干燥处以免生锈。插花泥有绿色和淡豆沙色。淡豆沙色花泥是用来插干花的。花泥外型颇像海绵,故又有人称之为吸水海绵,是一种极为方便的固定基座,通常吸水时间短,吸水量大,保水性能好。

使用花泥应按一定的程序进行。要按需用的大小尺寸切割一块花泥,然后将其平放在水中吸水(不要从花泥上方冲水,以免吸水不完全),待其吸足水分完全沉至水中即可捞出,再放入花器中,注意在花器内固定时切勿用力挤压,以免因破坏花泥密度而影响花枝固定,用花泥插花时应尽量避免将插下的花材拔起再插。

● 花器

在插花艺术中,花器不仅仅是盛水插花的用具,同时也能衬托花型。花器的种类很多,质料各异,有陶、瓷、铜、银、木、藤、草编、玻璃、塑胶、漆器、鲜贝、玉器,还有合成材料器皿、树根等。选择花器应根据使用场合不同和主题内容的差异而定。花器在形状上也有许多种,有瓶、盘、盆、坛、罐、篮、杯、香炉以及各种造型迥异的异形花器。

花器作为插花器具,也是一种工艺品,有其不同的时空美学要求和功能要求。在空间较小的客房,可选择形式玲珑小巧的花器,使其既能与室内空间和谐,又能点缀出“室雅何须大”的精致。此外,花器还要与环境中的其他摆设和装饰相协调,诸如家具、挂画、窗帘、台面、墙壁等都是应该考虑的因素。如一套中式的房间陈设,配以传统风格的陶瓷器,可更显古雅的风貌;而在现代风格浓郁的房间内,则没有太多的限定,若能将古典的、现代的、手工的、非手工的各式花器合理布置安排,从不一致中求得协调,也都能体现出它们独特的精神和内涵。

③插花造型的基本原理和方法

插花艺术有两种特性:一是素材的丽质性,二是造型的寓意性。它多取法自然而高于自然,以艺术升华为目的,追求自然的再现,取素材本质之瑰丽,抒自我才情之逸志,以点、线、面、块等造型符号为手段,赋予不同作品以拟人化的性格,构成一幅幅生机盎然的画面,表达心灵的感受和对生命的诠释。插花艺术可使人居于室内而享田野之趣。

● 插花造型的基本原理

插花构图的关键是在有限的空间将各种素材巧妙合理的布局。要求主题突出、宾主呼应、枝条疏密、穿插得宜、虚实相生。

主题突出。作品必须突出主体。花材形态千变万化,要使宾主有序,可借助于色彩。一般陪衬枝的色彩比较浅淡,高度低于主枝,动态要应和于主体,从而产生一种导向主枝的向心力。

虚实相济。虚实结合的思想是中国传统艺术的一个特性。插花所用的材料均为实物,似乎很难"虚",其实插花中的虚,是指花、枝、叶的疏、简、散和色轻;实,是指花材的密、繁、聚和色重。只要运用恰如其分,依然能使每种花材该虚则虚、该实则实,达到画面层次清晰、错落有致,有景深的效果。丝石竹、孔雀草等碎花型花卉,适于表达虚空朦胧的情景。有些花如芍药、牡丹的一些品种和洋水仙、波斯菊等,虽花型较大,但其质地轻薄、花色柔和,也适合作虚材表现。各式藤蔓更是勾勒空白的绝佳素材。在中国式的插花中,特别注重留空白,有时只要用很少的两三枝花,精心布局,亦能以少胜多。有些花材色彩凝重、花形规整,比较写实,如菊、香石竹、唐草蒲等,易作为"实"体花材。然而虚实是一对相对的关系,在不同搭配关系、不同构图条件下,能使其各自的角色发生转换。比如用大捧密集满天星插于粗陶罐中,内插两朵鲜红扶郎,此时红色被白色所掩映,白色的满天星在几点红色的映衬下,则显得群星璀璨,美丽异常,这就是虚实角色的转换。

疏密穿插。枝条的疏密要合理安排,才不显得零乱,密的部分要尽量集中,疏则可力求稀松。明代袁宏道说:"插花不可太繁,亦不可太瘦,多不过两种三种,高低疏密,如画苑布置方妙。"所论即是插花前后枝叶交错适宜,左顾右盼,俯仰有态,画面紧凑而有生气。若一盆有数枝花枝,不能成簇插入完事,而是将数枝分成几组,成组安排,切忌等分。

● 插花造型的几种方法

三角形构图。通常以三主枝为骨架,构成正三角形、不等边三角形,最高主枝即第一主枝高度为花器的 1.5 倍,右方第二主枝为第一主枝高度的 2/3,第三主枝约为第一主枝高度的 1/2。在三主枝之间填插花卉,不可高于第一主枝。结构均匀,比较简单。

圆形构图。将花朵造型构成圆形,可显丰满圆润。将花插成圆形后,为避免单调之感,再填插叶片衬托,讨个"团团圆圆"的口彩,是人们喜爱的花型。

新月构图。造型弧线如一弯新月,新奇简洁有新意,花枝不能随意交叉,应该比较有秩序,选择柔软易于成弧线的花枝。

球面构图。花型成球体平卧的圆弧,较平缓,主花插成低矮的圆弧,线条柔和,辅花、配叶应低于主花,填插在其周转的空间。要点是圆弧面要均衡。通常用于餐桌摆花。

S型构图。形如英文字母S,也称蛇行线条,是西方人士认为的美丽线条,其实,国画的三点构图也包含了S形在内。线条柔美抒情,近年不但有竖向S构图,还发展了水平状的S构图,是一种新潮的构图形式。

直上型构图。第一主枝直立,与盆、瓶成垂直角度,第二、第三花枝均有不同角度的倾斜,花型清疏挺拔。

倾斜型构图。第一主枝以70°倾斜插在水盆里,其他二枝花或直立或倾斜较为随意,要点是主枝倾斜,动势较强。

下垂型构图。第一主枝倒挂呈下垂势,第二主枝也是由上垂下,第三主枝视整体动态而定,每每不下垂,下垂长度视整体构图而定。

水平型构图。该构图形式较新颖,花枝水平横伸,角度在10°~20°之间游移,呈水平动势,花枝长度依具体情况而定。

以上所述九种构图形式,前五种通常称为西方式插花造型,后四种常称为东方式插花造型,但在插花实践中已不将其截然分开。各花型为达到艺术美的极致,需仰仗于花材的聚散组合、色彩节奏、和谐对比、宾主呼应及花器的搭配,在对立统一中寻找美的谐和。

本章小结

1. 以人为本、宾客至上是客房设计的基本理念。

2. 美感与功能相统一、感性与理性相统一、文化传承与时代精神相统一是客房设计的基本原则。

3. 客房设计得好坏,很大程度上取决于客房空间的设计。

4. 按照美学法则的要求,客房的装饰布置必须处理好对称与均衡,比例与尺度、节奏与韵律、对比与调和、主导与层次、点缀与衬托等各种关系。

5. 色相、明度、彩度(纯度)是色彩的三种属性。色彩的功能包括物理作用和心理与生理作用。在实际应用当中,必须正确地确定色调,合理地选择和搭配色彩,才能真正达到装饰美化的目的。

6. 照明具有功能性与装饰性。在客房的装饰布置中,照明也需要设计,按照实用性、艺术性、统一性、安全性的要求,选择照明的方式、设定照度的高低、安排灯具的位置、确定投光范围、选择适当灯具是客房照明设计的主要内容。

7. 客房家具的选择与布置是否合理、是否得当，直接影响客房的使用与装饰效果。

8. 客房的陈设布置构成客房各区域的内部环境，并形成与其使用功能相一致的气氛和意境。

9. 将植物花草用于客房室内装饰，可以达到调节室内气氛、提高环境质量、柔化空间质感和提高礼遇规格等目的。

复习与思考

1. 客房设计的理念和原则是什么？

2. 丰富客房空间形象有哪些艺术处理手法？

3. 一间普通客房通常有哪些功能性空间区域？

4. 详述客房装饰布置的美学法则。

5. 熟记色彩知识，包括色彩的概念、色彩的功能、色彩的搭配方法等。

6. 简述客房室内照明的作用、方式、灯具的种类以及客房照明设计的主要内容和基本要求。

7. 从功能性和艺术性两个方面来考虑，选择客房家具有哪些注意事项？客房家具在布局上又有哪些要求？

8. 常用的客房装饰品有哪些？各有什么特点和要求？

9. 客房内的绿化饰品有什么作用？常用的绿化饰品有哪些种类？它们各有什么特点？使用各种绿化饰品时要分别注意什么？

10. 插花常用哪些器具？插花造型的基本原理和方法是什么？

第3章

客房设备

课前导读

客房设备是客房的重要组成部分,选好、配好、用好、管好客房设备,对于保证客房产品质量、提高宾客对客房的满意度、创造良好的经济效益都具有重要意义。

教学目标

- 熟悉客房常用设备的种类、用途、质量要求,并能根据饭店的实际情况为客房选择配备设备
- 熟练掌握客房设备的使用与保养方法
- 能制定客房设备的管理制度

第一节 客房设备的配备

客房设备的配备不仅是简单的客房家具布置和设备安装问题,更重要的是客房产品的设计问题,包括客房应该配置设备的种类、样式等。客房设备的配置直接影响客房的功能、档次和特色。因此,饭店必须从产品设计的角度来配置客房设备。具体应考虑以下几方面的问题。

客房档次。要依据经济合理的原则,选择配备与客房档次相适应的设备。档次高的客房,配置设备的种类多,规格也高。如卫生间的卫生洁具,普通档次的客房一般配备“三大件”,即浴缸、洗脸盆、坐便器,而豪华客房卫生间往往配有“四大件”(三大件加净身器),甚至五大件(四大件加淋浴器),浴缸内还带有能产生旋涡的水疗装置。有些高档次的客房,卫生间除配有电话分机外,还增设小电视和音响,方便客人随时观看电视节目,收听广播。

客房种类。一家饭店通常会设计若干不同类型的客房。因各类客房的使用功能不同,客房设备配置的要求也不同。如商务房,客人往往会将其作为第二办公

室,而且一般是单独使用一间客房。客房内应配置一张双人床、一套舒适的办公桌椅和现代化的办公设备(或者为客人使用自备的办公设备提供方便)。而公寓房则应考虑家庭居住的需要,配备小型的厨房、简单的厨具,如电冰箱、微波炉等。

使用对象。不同的使用对象,对客房有着不同的消费需求。饭店应重视研究各类消费群体的特点及他们对客房的特殊需求,有针对性地配置各类客房设备,最大限度地满足客人的需求。如有些客人对健身设施要求较高,客房内就应配备一些简单的健身器材,如跑步器、哑铃等。对爱好音乐的客人客房内需要配置音响设备等。

经营思想。饭店管理者的经营思想是配备客房设备的主要依据之一。如果管理者主要从节约能源方面考虑,有些客房设备及用品(如电热淋浴器、电热水瓶等)虽然使用方便,但耗电量较大,就不宜选用。

竞争对手。饭店应对其主要竞争对手客房设备配备的种类、规格、档次等情况了如指掌。为保持在竞争中的优势,客房设备配置应适度超前,在竞争对手中处于较为有利的地位,做到“人无我有,人有我优,人优我特”,打出品牌,创出特色,吸引客人。

第二节　客房设备的种类

根据用途,客房设备分为电器类、卫生洁具类、家具类、安全装置、地毯等。

电器。客房内配备的电器设备主要有电视机、空调、电冰箱、灯具、音响等。空调有中央空调和分体空调之分。饭店大多使用中央空调。房内配有控制器,以调节室内温度。一些高档客房还配有自动熨斗和衣架,以方便客人熨烫衣物。

卫生洁具。客房卫生洁具主要有浴缸、淋浴器、坐便器、洗脸盆。高档客房内还装有净身器等。

家具。客房内主要应配有床、床头柜、写字台、靠背椅、沙发、躺椅、电视机柜、行李柜(架)、衣橱等家具。

安全装置。为了保证客人的安全,客房内必须配备安全装置。如消防报警装置,有烟感器、温感器及自动喷淋,其他安全装置有窥镜和防盗链等。高档次客房在房内还配有小型保险箱。

地毯。地毯具有保暖、隔音、装饰、舒适等作用。饭店通常把地毯作为客房地面的装饰材料。

第三节　客房设备的质量

客房设备的质量直接影响其使用效果、住客的满意率及设备的使用寿命。在选择客房设备时,应考虑其实用、牢固、美观、协调、安全、节能、环保、便于维修保养和售后服务等因素。

1. 实用、牢固

客房内所配置的设备必须实用。每一件设备都有其特定的功能,都必须满足客人的实际需要,并且使用方便。此外,客房设备使用率较高,使用对象更换频繁,故应选择操作简便、坚固耐用的设备。

2. 美观、协调

客人在客房内逗留的时间较长。客房设备应在实用、牢固的基础上讲求美观、协调,使客人在使用过程中得到某种享受。首先,设备外观要好看,给客人以美感;其次,设备的规格、造型、色彩、质地、档次等必须与客房整体布置相协调;最后,同一客房内的设备要配套协调,给客人以和谐、舒适之感。

3. 安全

安全是住客的基本要求。客房内所有设备都必须有很高的安全系数,在布置安装时要采取相应的预防性措施。如电器设备的自我保护装置、家具饰物的防火阻燃性等。

4. 节能和环保

节能和环保是选择客房设备时必须考虑的因素,这一点常常被人们所忽视。随着人们节能和环保意识的增强,科学技术水平的提高,新的节能和环保产品不断涌现。例如广东某集团最近展出一种节水型卫生瓷坐便器,每次冲洗的用水量只需 4.5 升~5 升,比国家标准节约用水 50%以上。饭店在配置客房设备时,应优先选择利于节能和环保的产品,以减少消耗、降低成本,为保护环境做出贡献。

5. 便于维修保养

无论设备质量多高、多么坚实耐用,都有维修保养的过程,因此,在选择客房设备时,必须充分考虑这方面的因素。客房设备本身的材料、构造要便于维修保养,另外,客房设备的布置安装也要便于维修保养。

6. 售后服务

设备供应商有无售后服务、售后服务质量如何是选择客房设备必须考虑的因素。饭店应尽可能多了解一些设备供应商的信誉、售后服务等情况,在购买设备时须与供货商签订相关协议,要求其提供相应的售后服务。

第四节　客房设备的使用和保养

合理使用和妥善保养客房设备,可以保证客房处于正常完好的状态,因此,延长客房设备的使用寿命,是客房设备管理的基本要求和重要措施。

一、客房设备使用前的准备工作

充分做好客房设备使用前的准备工作,贯彻"预防为主"的方针,是做好设备使用和保养的先决条件。

(一)重视员工的培训

客房部员工是设备使用和保养的主要责任人。饭店必须重视员工的培训。客房设备投入使用或新员工上岗前,饭店应安排员工接受相关的专业培训。培训的主要内容有:客房设备的用途、性能、保养要求和使用方法,以及简单的维修知识等。培训后要进行考核,新员工经考核合格后方能上岗。这项培训工作最好由设备供货商负责,也可由饭店有关专业人员承担。

(二)制定操作规范和保养制度

根据每种客房设备的产品说明书及售后培训内容,制定相关的操作规范和保养制度;最好能配以图片,张贴在楼层工作间,为实行客房设备"操作规范化、保养制度化"管理做好基础工作。

二、客房各种设备的使用与保养

客房设备主要包括电视机、空调、电冰箱、照明用具及卫生洁具。其使用与保养要求见表3-1。

表3-1 客房常见设备的使用与保养

使用保养 设备名称	搬运与安装	使用	保养	故障检查	维修
电视机	1.应安放在通风良好处,距墙5厘米以上,切勿置于高温、潮湿、灰尘多处,一般应背对窗户,避免阳光直射。为减少地磁对彩色显像管的影响,电视机最好面朝南北方向。 2.切勿碰撞或剧烈震动。	1.按使用说明书调试。 2.电线、天线和插头完好。 3.使用时通风散热良好。 4.远离带有磁性的物体。 5.防止水或其他物品进入机内。	1.长期不使用时,需罩好,定期将罩子取下通电,以去处机内潮气。夏季每月通电1次,每次2小时以上;冬季每3个月1次,每次3小时以上。 2.用柔软的干布和中性清洁剂擦拭。		发生故障可对照说明书排查。无法排除故障时,应请专业人员检修。

续表

设备名称 \ 使用保养	搬运与安装	使用	保养	故障检查	维修
电冰箱	1.搬运时防止剧烈震动,否则会损坏零部件。 2.要平稳直立,与地面倾斜角不小于45°,更不能倒置。 3.背面距墙10厘米以上,保证通风散热良好。 4.严禁在冰箱上放置电器和其他过重物品。 5.要有独立的电源和可靠的接地线。	**温度调节**:通过箱内的温度调节器调节。 **制冰**:在清洁卫生的冰盒内倒入4/5的凉开水或饮料、再将冰盒放入冷冻室冷冻。 **储物**:①存放食品、饮料不宜过多,不能紧贴后壁。②瓶装液体饮料应放在冷藏室箱门的格架上,不可放入冷冻室。③冰箱内不可储存乙醚、汽油、油漆、酒精、苯等易挥发和易燃、易爆物品。 **除霜**:当蒸发器表面结有一定厚度(约5mm)的冰霜时,即应除霜。①自动除霜。用定时器控制,24小时除霜1次,即使霜蒸发器上没有结霜,定时器也会定时发出除霜指令。②半自动除霜。用手按下按钮,冰箱会自动除霜。除霜结束后,将按钮复位。③人工除霜。切断电源,打开箱门,待冰霜融化后,用软布蘸上温水擦拭,并用干布擦净。	1.长期不使用时,应拔下电源插头,取出食品,保持箱体内外干净;电源不能时通时断,要连续供电。冬季冰箱也不宜停用。 2.阴雨天气及潮湿季节,空气中的水分会凝结成水珠附在冰箱外壳上,这是正确现象,只需用柔软的干布擦拭。 3.经常清洗箱体内外,防止异味产生。内部附件及外表可用浸有温水或中性清洁剂的软布擦洗。塑料器件不能用开水和酸、苯等有机溶剂,以免老化变形。 4.不能频繁开启箱门,开门次数要少,门打开的时间要短。 5.冰箱确需停用时应采取的保护措施:①将温控器调节盘置于"0"或"MAX"(强冷)位置,使温控器处于自然状态,延长其使用寿命;②在密封条与箱体之间垫上纸条,防止互相粘连;③每月开机一次,使压缩机运转30～60分钟。	**噪音过大**:①安放不平稳;②紧靠墙壁或其他物体。 **触摸时有触电感**:①没有接地线或接地不良;②静电感应。 **制冷效果不佳**:①内部物品放得过多、过紧,影响了空气流通;②温控器调节不当;③门没关严,开关过于频繁或门打开的时间过长;④冰箱背部和顶部通风空间不够;⑤冷凝器上积尘过多。	应请专业人员检修。
空调		1.由专人负责管理,按季节集中供冷、热风。 2.各房间配有控制器、送风口,可按需调节。	1.定期清洁鼓风机和导管。 2.每隔2～3个月清洗1次过滤网,保证通风流畅。 3.定期给电机轴传动部位加注润滑油。		

续表

使用保养 / 设备名称	搬运与安装	使用	保养	故障检查	维修
照明	1.电源插座要牢固，以防跑电、漏电。 2.电线相对隐蔽，并整理好外露电线。		1.电线应保持表面无破损。 2.擦拭灯罩尤其是灯泡、灯管时，需切断电源，用干的软布擦拭。		
卫生洁具			1.经常擦洗，保持清洁卫生。 2.擦洗时，一般选用中性清洁剂，切忌用强酸或强碱，因为它们不仅会破坏卫生洁具瓷面光泽，损坏釉质，还会腐蚀下水道。 3.防止水龙头或淋浴喷头滴漏水。发现情况及时报修。 4.定期清洗洗脸盆、浴缸下水塞及下水口，并杀菌消毒。		

第五节 客房设备的管理

客房设备管理是客房管理的重要内容，加强对客房设备的管理，有利于保证客房产品质量、延长设备的使用寿命、减少设备维修更新的资金投入。

一、客房设备的资产管理

1.建立账卡

购进客房设备后，客房管理人员必须严格查验，建立设备登记档案，将需用的设备按进货时的发票编号、分类、注册，记下品种、规格、型号、数量、价值以及分配到何部门、何班组。每个使用单位(一般以一个或若干个班组为一个单位)将所管理的设备登记在小组设备账本上。在建账过程中，要做到账物相符、账账相符。

"账物相符"是指各类设备的品种、数量一定要与所登记的品种、数量相符,"账账相符"是指各小组的分账本要与客房总账本及饭店总账本相符。小组账本分类要细致,设备通常有多少种,账本就应有多少页。每一页应登记相关项目(见表3-2)。

就客房设备还要建立相应的档案卡,建卡时要做到账卡相符,即档案卡登记设备的品种、数量要与小组账本相符,以便核对控制。客房设备在使用过程中发生维修、变动、损坏等情况,都应在档案卡片及相关账册上做好登记,设备的使用状况也要做好记录,以便设备维修部门全面掌握。在建立客房设备档案时,要按一定的分类法进行分类编号,使每件设备都有分类号,以便管理(表3-3)。

表3-2　客房设备账卡

班组________

类别	名称	编号	规格	数量	领出	结存	建账日期	经手人

表3-3　客房设备档案卡

<table>
<tr><td>项目</td><td>购买日期</td><td>供应商</td><td>价格</td></tr>
<tr><td></td><td></td><td></td><td></td></tr>
<tr><td colspan="2">型号</td><td colspan="2">编号</td></tr>
<tr><td colspan="4">出外维修情况</td></tr>
<tr><td>日期</td><td>价格</td><td>维修项目</td><td>修理方式</td></tr>
<tr><td></td><td></td><td></td><td></td></tr>
<tr><td></td><td></td><td></td><td></td></tr>
<tr><td></td><td></td><td></td><td></td></tr>
</table>

2.建立客房设备的历史档案

为了全面掌握客房设备的使用情况,加强对客房设备的管理,除了建立设备账卡外,还应建立客房设备的历史档案。

(1)客房装饰一览表。该表要求将客房家具、地毯、织物、电器、建筑装饰及卫生间材料等分类记录,并注明其规格特征、制造商、使用日期等。每一间客房一张表格(见表3-4)。

表 3-4 客房装饰一览表

区域______ 房号______ 类型______ 面积______

设备类别	项目	数量	规格	制造商	色彩	单价	使用日期	维修保养记录	更新改造	备注
家具	床垫床架									
	床头板									
	床头柜									
地毯织物										
电器										
建筑材料										
卫生间										

(2)楼层设计图。客房每一楼层的设计图可表明饭店共有多少种类型的客房，其确切的分布情况和功能设计等。

(3)地毯织物等样品。每间客房的地毯、墙纸、床罩、窗帘等各种装饰织物的样品都应作为存档资料，若原来选用的材料短缺而用其他材料作为代用品，也应保留一份替代品的样品。

(4)照片资料。每一种类型的客房都应保留相关的照片资料，包括客房平面图、床和床头柜的布置，卫生间的布置装饰及套房的起居室、餐室、厨房等布置。

(5)客房号码。根据客房的类别和装饰特点，分别列出客房号码的清单。

建好客房设备档案后，还应根据新的变化做好补充和更改工作，确保记录常更常新。

二、客房设备的日常管理

1. 做好设备使用培训工作

客房部要加强对员工的技术培训，提高他们的操作技能，培养他们良好的职业道德及责任心，教会他们掌握客房各类设备的用途、性能、使用和保养方法。

2.制定保养制度

应就客房所有的设备制定保养条例，定期进行检查维护，使其处于正常工作状态。如定期清洁空调网罩、上家具蜡等。应注意各种设备防潮、防锈、防腐蚀、防超负荷使用。存放在库房的备用设备或维修、报废的设备，必须擦拭干净，摆放整齐，并有防护措施。

3.建立定期检查制度

为保证客房设备运行良好、及时发现隐患，对各类客房设备应实行定期检查制度，责任到人。如美国假日饭店管理集团公司采用万能工的方式，定期对客房进行检查及计划维修。

下面是某饭店万能工的工作安排：

(1)对客房检修

①每年对客房全面检修4次。②每个万能工每天负责检修4间客房，每季度要求检修264间客房(共66天)。③每个万能工负责4个楼层客房及楼层区域，共负责252间客房(63天)。④每个万能工全年必须检修1 008间客房。

(2)每季度检修公共区域(3天)。

(3)将每天的检修结果填写在登记表中(见下表)，每月将工作报表填好，上报存档。

设备维护检查表

设备编号：

<table>
<tr><td rowspan="2">设备名称：</td><td rowspan="2">作业</td><td>开始：</td><td rowspan="2">科目：</td><td rowspan="2">承担部门：</td></tr>
<tr><td>完成：</td></tr>
<tr><td colspan="3">说明：</td><td colspan="2">地址：</td></tr>
<tr><td>检修项目</td><td>情况</td><td>检修项目</td><td colspan="2">情况</td></tr>
<tr><td></td><td></td><td></td><td colspan="2"></td></tr>
<tr><td></td><td></td><td></td><td colspan="2"></td></tr>
<tr><td></td><td></td><td></td><td colspan="2"></td></tr>
<tr><td colspan="5">日期：　　签名：</td></tr>
<tr><td colspan="5">意见及说明：</td></tr>
</table>

4. 做好相关记录

客房设备不能随意搬进搬出。在一些管理严格的饭店,搬动或更换客房设备都须办理相关手续。所有需要出门维修的设备,即使是从客房部拿到工程部,都必须做好记录,填写维修单(见表 3-5),同时要在原设备摆放处打上维修标志或用备用品代替,直到维修的设备送回原处。

5. 制定报损、赔偿制度

如果住客不慎损坏了客房设备,应根据饭店有关赔偿制度索赔,如无法修复,应按有关程序报损或报废。若是员工损坏设备,则根据具体情况做出相应的处理。

6. 定期盘点

要对客房设备定期盘点,以免因日久或交接频繁出现误差,发现账物不相符的要找出原因,及时处理。

表 3-5 设备维修单

维修卡 No	维修附卡(2)No	维修附卡(1)No
日期____	物件名称____	物件名称____
物件名称____	收件部门(人)____	收件部门(人)____
取自 收归____	收件日期____	收件日期____
需维修内容____	送修部门(人)____	送修部门(人)____
____	送至____	送至____
____	送修日期____	送修日期____
____	备注____	备注____
____	____	____
____	____	____
____	____	____
____	____	____
____	____	____

三、客房设备的更新改造计划

为了保证饭店的规格和档次,保持并扩大对客源的影响力,满足客人不断变化的需求,饭店要制订客房设备的更新改造计划,并根据市场情况,对一些设备进行强制性淘汰。客房部虽然不是客房设备更新改造工作的直接承担者,但须参予此项工作,根据市场情况及客人需求提出有关设想和建议。

1. 客房设备的常规修整

客房设备的常规修整一般每年至少进行一次,其目的是对相关设备进行促新,以保持客房的基本标准,如电器设备的全面保养、家具的维修上漆等。

2. 部分更新

客房使用5年左右,即应对部分设备进行更新。如更换地毯、灯具等。由于饭店业竞争日趋激烈,客人需求不断变化,饭店客房设备更新的期限有越来越短的趋势,有些饭店几乎年年都在部分更新。

3. 全面更新

客房设备的全面更新往往7年~10年进行一次,主要项目包括:家具的更新,照明灯具、镜子的更新,地毯的更新,卫生间设备的更新(包括卫生洁具、灯具等)。

客房设备更新尤其是全面更新改造前,饭店一定要做广泛的市场调研,了解国内外同行业的情况,根据饭店自身的经济实力,既不能贪大求全,又要有一定的远见性、超前性;要合理调整客房设备,注意增添一些方便客人享用的新功能、新科技设备;要有新观念、新思维,敢于突破传统习惯,形成自己的特色。

本章小结

1. 客房的设备主要依据客房的档次、客房的类型、顾客的需求、经营指导思想以及市场竞争的需要等因素来配备。

2. 客房设备包括电器、卫生洁具、家具、安全装置等类别。

3. 客房设备必须符合实用牢固、美观协调、安全、节能环保、便于维修保养、具有良好的售后服务等要求。

4. 训练有素的员工、健全的制度、严格而科学的操作规程是保证设备能够得到正确使用和适当保养的必备条件。

5. 建章建制、建账建卡、计划周全、责任到人、加强检查、赏罚分明是做好设备管理的主要方法。

复习与思考

1. 配备客房设备时必须考虑哪几个方面的问题?
2. 客房通常配备哪些设备?
3. 从总体上讲,客房设备的质量要求有哪些?
4. 制定客房设备的使用与保养规程。
5. 制定客房设备的管理制度。

第 4 章

客房纺织品

课前导读

纺织品是客房内必不可少的物品，掌握纺织品的基本知识，具备选择、配备、使用、洗涤、管理各类纺织品的能力，是成为专业管家的必备条件。

教学目标

- 熟悉纤维、纱线、织品的类别与特性
- 能够根据客房的类型、档次规格与特色为客房选择配置实用性和装饰性纺织品
- 熟悉各类纺织品的洗涤要求和洗涤程序与方法
- 熟悉客房纺织品管理的各个环节及具体要求和方法

第一节 纺织品纤维的鉴别

纺织品的纤维是纺织品的最原始的形态，纤维的种类及其特征决定着纺织品的质量及用途。

一、纤维的种类

纤维是细而长、呈线状结构的物体，其长度比宽度大千倍，柔韧且易于弯曲。可用来织造纺织品的纤维称为纺织纤维。

纺织纤维可分为天然纤维和化学纤维两大类。天然纤维是自然界生长形成的。化学纤维是经过化学加工形成的，其中，以自然界的物质为原料，加工成适于纺织应用的纤维为人造纤维；天然原料经过合成，然后加工而成的纤维称为合成纤维。详见纺织纤维分类表(表 4－1)。

表 4－1　纺织纤维分类

- 纺织纤维
  - 天然纤维
    - 植物纤维
      - 种子纤维→棉花等
      - 韧皮纤维→苎麻、亚麻
      - 叶纤维→剑麻
      - 果纤维→椰壳纤维
    - 动物纤维
      - 毛发纤维→绵羊毛等
      - 腺分泌物纤维→桑蚕丝等
    - 矿物纤维—石棉
  - 化学纤维
    - 人造纤维
      - 纤维素纤维→粘胶纤维
      - 纤维素酯纤维→醋酯纤维
      - 蛋白质纤维→大豆纤维
    - 合成纤维
      - 聚酰胺纤维→锦纶
      - 聚酯纤维→涤纶
      - 聚丙烯腈纤维→腈纶
      - 聚乙烯醇纤维→维纶
      - 聚丙烯纤维→丙纶
      - 聚氯乙烯纤维→氯纶
      - 其他合成纤维
    - 无机纤维→玻璃纤维

二、纺织纤维的性能

纤维的种类很多，作为纺织原料的纤维，应具有使用所需要的性能以适应纺织加工的条件。各种纤维都有其特定的性能，下面介绍一般纤维最基本的性能。

1. 吸湿性

纺织纤维的吸湿性是客房纺织品所必须具备的性能。吸湿性好的纤维，水分子大量进入纤维内部的空隙后，纤维可发生膨胀。这种特性有利于染料分子的进入和吸附，增强染色效果。

天然纤维和人造纤维都有优良的吸湿性能，吸湿性低则是合成纤维的共同特性。弥补合成纤维吸湿性低的方法是：将合成纤维与天然纤维和人造纤维混纺或交织。现在，这样的混纺产品在客房中被广泛使用。

2. 热塑性

合成纤维加热到一定程度便会软化，温度再升高便熔化成为流体，这时通过拉伸或折叠加压等方法，便能使织物变成所期望的各种形状。当除去外力时，这种形状不会消失且长期存在，即定形。纤维的这一性能称为热塑性。

天然纤维和人造纤维没有热塑性，即便是在湿热条件下，定形效果仍比合成纤维差许多，难以达到永久定形的效果，如全棉床单、枕套，虽经熨烫，但仍容易起皱，影响外观。

3. 弹性和强度

柔软且具有弹性是评价织物优劣的一个重要标志。羊毛和蚕丝的弹性好，制成地毯或起绒织物，绒毛不倒伏、绒面平整，但因其吸湿性高，在附着较多水分子时，弹性回复能力变差。合成纤维的弹性很好，经定型处理后，弹性回复能力更强。

纤维的拉伸强度是决定纤维坚牢程度的主要因素。合成纤维的拉伸强度大于天然纤维，因此，客房内的耐用、耐磨纺织品大多为合成纤维产品。

4. 可纺性

除蚕丝外，天然纤维都是短纤维，合成纤维既有短丝也有长丝。将这些长丝或短丝经纺纱加工制成细纱、线、织物等。

纤维要有一定的长度才能纺制成连续的细纱。纤维越细，纺成的细纱就越细而且均匀。因而纤维的长度和细度是决定纺纱工艺和细纱品质的重要因素，也是评定纤维可纺性能的重要指标。

5. 纤维改性和变形

天然纤维和化学纤维各有其长处和弱点，除了可通过混纺和交织的方法来弥补其缺陷外，现代的高科技还可对各种纤维进行改性和变形，从而提高其性能。例如，改性后的全棉织物既具有良好的吸湿性，又具有良好的热塑性和弹性，反复洗涤和使用后仍不起皱、变形。这种免烫全棉织品现在已被广泛使用。

天然纤维容易起火燃烧，因此，新型的经过防火处理的天然织物也早已问世。例如，大多数饭店使用的阻燃毛毯、床罩和窗帘等，就是经过防火处理后的产品。

合成纤维吸湿性差，改变其性质的方法有两种：一是研制新的合成纤维，二是改进合成纤维的形态结构，使纤维能吸附较多的水分。美国杜邦公司的化学纺织产品，已具备了天然纤维织物良好的吸湿性，同时仍兼具合成纤维的其他优点。

当代高科技已广泛涉足纺织品领域。杜邦、道康宁和3M公司的新技术，开创了纺织品市场的新纪元。新型的合成纤维和改性的天然纤维层出不穷。如：抗菌纺织品、环保型纺织品、防虫抗蛀羊毛织物等科技含量高的纺织物，已越来越多地被运用到客房作为装饰织物、床单、毛毯和毛巾等。

第二节 纺织品织造的鉴别

一、纱线

1.纱线产品的分类

纱线有多种多样,不同的纤维、不同的纺纱工艺,可产生不同的纱线,用不同的纱线制成的纺织物也不一样。现代纺纱工艺的迅猛发展,使我们越来越多地接触到新型织物(见表4-2)。

表4-2 现代纺织工艺分类表

分类依据	分类
使用的原料不同	纯棉纱线、纯化纤纱线、纯毛纱线、棉型混纺纱线、毛型混纺纱线、纯麻纱线等
纺纱的方法不同	环锭纺纱线、转杯纺纱线、静电纺纱线、自捻纺纱线等
纺纱的工艺不同	梳棉纱线、精梳纱线、烧毛纱线、包芯纱线、花色纱线等
加捻的方向不同	顺手纱线(S捻)、反手纱(Z捻)
产品的用途不同	织布用纱线、针织用纱线、起绒用纱线、窗帘装饰布用纱线

2.纱线的鉴别

不同的织物选择粗细不一的纱线。例如,床单选择的纱线较细、毛巾选择的纱线较粗。纱线粗细鉴别方法详见下表(表4-3)。

表4-3 纱线粗细分类表

类别	号数	英制支数
特细号纱	10tex及以下	60英支及以上
细号纱	10~20tex	58英支~29英支
中号纱	21~30tex	28英支~19英支
粗号纱	32tex	18英支及以下

注:tex指纱线粗细程度的单位,通常以英制支数表示纱线粗细的较多。

3.纱线名称

各种纱线名称有其特定的规律和标准。纯纺纱线的名称是在品种前面标明纯纺原料的名称,如纯棉纱、涤纶纱、粘纤纱等。混纺纱线在品种前面标明原料名称时,则按比例的大小顺序排列,比例大的在前,如果混和比例相等则按天然纤维、合成纤维、纤维素纤维的顺序排列,如:65/35涤/棉混纺纱,是指65%的涤纶与35%的棉混纺纱,以此类推。

二、织造方法及特点

纤维纺成纱线,再通过不同的织造方法便可形成各种类型的纺织物。就客房所使用的纺织品而言，通常采用的织造方法有针织(编织)、纺织和粘结等三种。

1. 针织

针织是使用单纺线，内呈环套而成(见图4-1)。

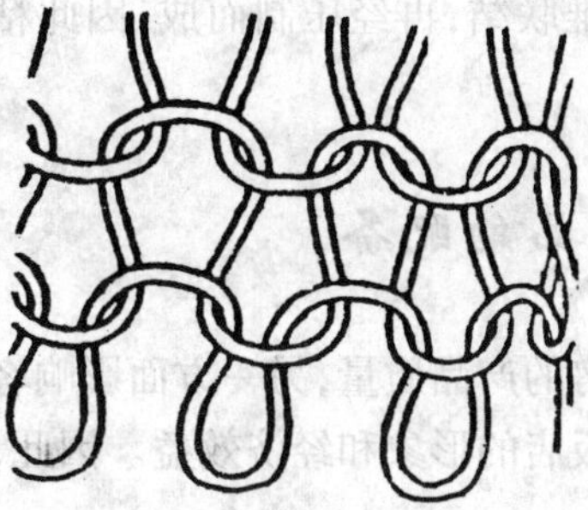

图4-1 针织单纺线环套示意图

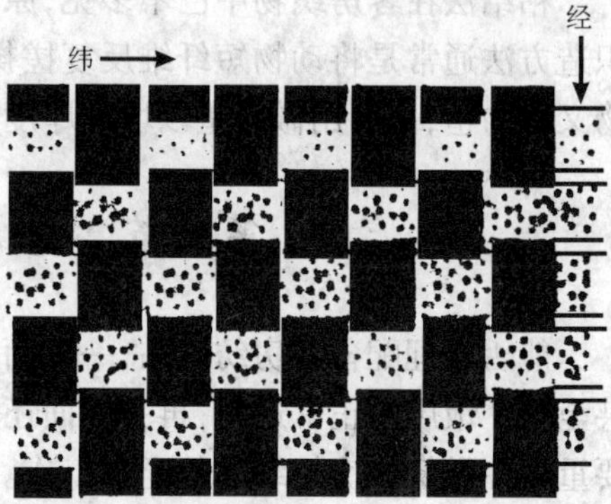

图4-2 平织经纬线示意图

针织的特点是织物弹性好，柔软、舒适。因此针织织物多作为客房毛巾类织物、员工制服面料。针织物的缺点是洗涤后容易变形或抽纱，从而影响美观和使用效果。

2. 纺织

纺织是织造方法中应用最为广泛的一种织造方法。纺织又可分为平织、斜纹织和缎纹织三种。

平织。是纺织中最简单的织法，通常将经线和纬线平衡交织(见图4-2)即可。平织织物可用于客房的所有纺织品，尤其是用作床单、枕套。平织物较柔软，手感舒适；缺点是容易撕裂，但修补也比较方便。

斜纹织。斜织织物的特点是质地坚实，与平织相比不易走形和撕毁。其织法细密，因此使用寿命较长。客房厚窗帘、沙发面料等多为斜纹织物。斜纹的织造方法详见下图(图4-3)。

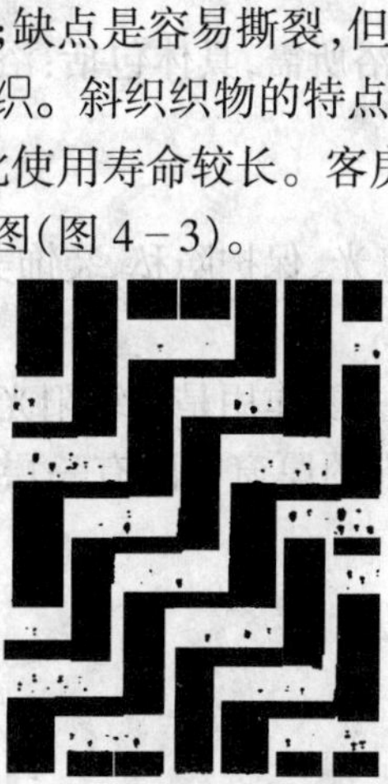

图4-3 斜纹织经纬线示意图

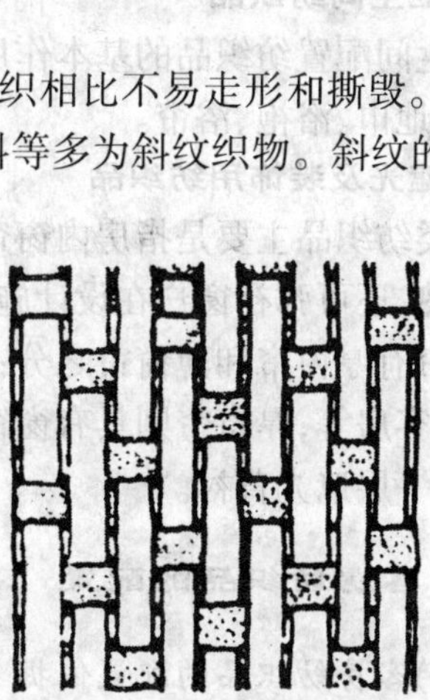

图4-4 缎织经纬线示意图

缎织。缎织的特点是织物表面平滑、外观华丽;缺点是容易撕裂。其织造方法主要是以经线为主织就而成(见图4－4)。

3.粘结

粘结法在客房织物中已不多见,原因是粘结物不太结实,经不住多次洗涤。其织造方法通常是将动物短纤维反复搓揉,使纤维联结,再经压制而成,因此粘结织物又称为毡,主要用做底垫以增加厚度。

第三节　客房纺织品的配备

能否合理配备客房纺织品,一方面影响客房的产品质量,另一方面影响客房部甚至整个饭店的正常运营,再一方面还会影响饭店的形象和经济效益。因此,饭店要重视并做好客房纺织品的配备工作。

一、客房纺织品的种类及用途

1.床上纺织品

客房床上纺织品可分为实用和装饰两部分。

实用纺织品。是确保客人睡眠休息所需,具体包括:床单、枕套、枕芯、毛毯或被褥、床褥。

装饰纺织品。主要用途是美化房间、保护寝具,使房间保持整洁,具体包括:床罩、床上靠垫(不是必备物品)、床裙。

2.卫生间纺织品

卫生间配置纺织品的基本作用是满足客人的洗浴所需,具体包括:浴巾、脸巾、小方巾、地巾、浴袍、浴帘。

3.遮光及装饰用纺织品

这类纺织品主要是指房内窗帘,窗帘的功效是遮光、保护隐私、装饰美化房间、隔音隔热,还可弥补窗户在设计施工中的不足。

窗帘有厚窗帘和薄窗帘之分:薄窗帘又称纱帘,主要作用是减缓阳光的照射强度、美化客房等;厚窗帘则具有窗帘的全部功效,标准的厚窗帘除有一层装饰布层外,还有一层遮光背衬。

二、客房纺织品的配置

(一)客房纺织品的配置依据

为了统一客房织品配置标准,利于行业管理,国家旅游局颁布了全国《星级饭店宾馆用品标准》。其中对客房纺织品的配置标准做了详尽的要求。

1.行业标准

行业标准的确定对指导饭店合理配置客房织品起到了很好的作用。行业标准中对一至五星级饭店客房织品的配置逐一明确阐述,各饭店可对号入座,省却了很多设计和准备工作。但是,如果简单照套行业标准,也会带来一定的负面影响。主要表现在这种配置缺乏个性,千篇一律,是个性化饭店的一大忌讳。所以,行业标准只是一个参照,各饭店还应结合自身的特点来确定具体的配置标准。

2.饭店的定位与特色

星级只有一至五星之分,而越来越多的特色饭店,无论是在硬件还是在软件上,都正游移于这一至五星之间,有时凌驾于星级之上,有时也会弃之不顾。这些饭店的经营宗旨是:人无我有,人有我也有,力求创造自己的标准和特色。究其原因,真正吸引客人的主要还是饭店的特色。每位客人的需求都不一样,对纺织品亦是如此。一些客人会对某种织物过敏,或偏爱,或反感某种织物的色彩、图案、造型等。这种个性化的需求,正是客房管理者们要力争解决的问题。倡导饭店管理和服务的个性化,即是为了迎合不同类型客人的个性需求。纺织品的配置要在保证满足实用的基础上,做到与众不同,突出个性特色。

(二)客房纺织品的配置标准

客房纺织品的配置数量必须以满足客房正常运转的需要为前提,同时考虑突发事件时的添加补充。

1.总量标准

饭店开业前所核定的纺织品采购量即为总量标准。确定总量标准要考虑以下因素:

(1)饭店应有的纺织品储备量。应有的织品储备量是指饭店按100%出租率营运时对纺织品的需要量而配备的纺织品数量。此为基础总量。

(2)饭店洗衣房工作运转是否正常。确定纺织品的配置数量必须考虑洗衣房的运作情况,即重点看洗衣房设备的完好情况、能源环境情况是否会影响正常的洗涤,保证正常周转。

(3)纺织品是否送专营店洗涤。现在送专营店洗涤纺织品的饭店呈增长趋势。专营店的服务也在不断完善。但是由于运送路途等方面的原因,凡送专营店洗涤纺织品的饭店,储备总量也应有一定比例的增加。

(4)根据星级标准衡量,预计更新补充的周期。星级高、标准高的饭店,纺织品的更新周期相对较短,因此,储备总量也应适量增加。

(5)贮存条件和资金占有的益损分析。纺织品的贮存要求很高。饭店是否具备良好的贮存条件，也是确定总量的因素之一。另外，在确定总量时，还必须权衡资金占用的利与弊，一般应在对资金占用进行益损分析后再做决断。

上述五点只是在确定织品总量标准时应考虑的主要因素。最终确定总量还应广泛地进行调研，以避免少了不够用、多了有烦恼的情况。一般情况下，床单、枕套、毛巾等，通常所需更换洗涤的纺织品配置量为 3 套；毛毯、被褥、枕芯的配置量为 1.5 套；窗帘、床罩为 1.1 套。

2. 分点配置标准

饭店正常运转后，纺织品的存放点有布件房、楼层工作间和客房，将总量标准合理分配至上述分点，以利管理，方便使用。

(1)布件房的配置量。布件房是纺织品的存放中心，除存放在楼层工作间、客房以及洗衣房外，剩余的均存放于此，一般来说，每日需更换的纺织品应有 1.5 套以上方为合理。

(2)楼层工作间的配置量。楼层工作间除存放一些备用纺织品，如毛毯、枕芯、被褥等外，主要存放日常更换的床单、枕套和毛巾等，存放的目的是为了保证日常清扫客房时使用，通常为 0.5 套～1 套(与出租率有关)。

(3)客房的配置量。客房纺织品的配置量与客房的出租率无关，属全套配置。

第四节　纺织品的洗涤

饭店纺织品的洗涤质量直接影响纺织品的使用寿命，影响客房部、餐饮部等部门的运转效率。客房部对此应予以足够的重视，做好纺织品的洗涤工作。

一、纺织品的洗涤要求

饭店纺织品主要可分为几大类：床单、枕套、毛巾、台布、口布、窗帘和毛毯。洗涤要求见(表 4－4)。

表 4－4　饭店纺织品的洗涤要求

种类	洗涤要求	耐洗次数
床单、枕套	洁净、无污斑、无破损、杀菌消毒、平整、舒适度好，pH 值 6～6.7	全棉床单 250 次～300 次 全棉枕套 150 次
毛巾	洁净、无污斑、无破损、杀菌消毒、色泽明朗、手感柔软	150 次
台布、口布	洁净、无污斑、无破损、杀菌消毒、平整、挺括	250 次

续表

种类	洗涤要求	耐洗次数
毛毯	洁净、无污斑、无破损、杀菌消毒、色泽明朗、平整、手感和舒适度好	
窗帘	洁净、无污斑、无破损、平整、色泽明朗	

二、纺织品的洗涤程序

要将纺织品洗涤干净,并达到高效低耗,就必须讲究洗涤方法,科学合理地设计各类纺织品的洗涤程序。

(一)洗涤程序的设计原则

在设计洗涤程序时,必须考虑与之相关的一系列问题,但必须尽可能地遵循以下原则:

(1)充分利用洗涤用品。

(2)最大限度地清除被洗物上的污渍。

(3)尽可能减少对被洗物的损伤。

(4)最大限度地保持织物的色彩。

(5)注重环保、设法节约能源、减少设备及人力资源的损耗。

(二)影响洗涤程序的因素

在设计洗涤程序时,必须对包括洗衣设备、水质、被洗织物的种类、被洗织物上的污垢类型与污染程度、纺织品洗涤工作要求等问题进行深入的分析。因为这些问题直接关系到程序的可操作性,影响最终的洗涤效果。

1.洗衣设备

目前,国内用于饭店纺织品洗涤的主要设备有半自动型和全自动型之分。机器的类型决定了洗涤过程中所产生的最大机械力及可控制程度。因此,在设计洗涤程序时,必须考虑洗衣设备的因素。半自动洗涤设备受人为因素影响较大,在设计洗涤程序时应将程序做一些综合性的简单化处理。如在不影响洗涤质量的前提下,将洗漂分离,变成洗漂同时进行。全自动型洗涤设备自由调节范围大,可精确控制程度高,为在设计程序时追求最佳方案提供了有利的条件。

2.水质

水质对洗涤效果影响很大。在设计洗涤程序时,必须充分考虑当地的水质状况。水质好坏表现在两个方面:一是水的硬度,二是水中铁离子的含量。

水的硬度是指水中钙、镁离子的含量。在洗涤过程中,钙、镁离子在纺织品上沉积，会使纺织品产生变灰的现象，影响白度、色度和手感，而且这种状况一旦形成，就很难再改变。因此，为取得良好的洗涤效果，必须控制水的硬度。水的硬度越低越好，通常优良的洗涤，要求水质硬度在100PPM以下，如果超过这个标准，在设计洗涤程序时，就应采取相应的措施。

3. 被洗织物的特征

若要设计出最佳洗涤程序，必须考虑被洗织物的特点：

(1)纺织品的质地

不同质地的纺织品因其纤维性能不同，对洗涤有不同的要求。饭店纺织品的质地以全棉、涤棉混纺为多，还有一些高档餐厅使用麻织物以及新型化纤织物。

棉。是星级评定标准中明确要求使用的纤维种类。棉的耐碱性好，可以使用碱性较高的洗涤剂。但棉的耐酸性较差，在使用酸剂进行处理时，需要慎重选择酸的种类并控制好酸的浓度；棉的耐热性非常好，100℃以下的温度不会影响其牢度；棉的吸水性好，需要较长的过水和脱水时间。

涤。具有较高的强度，耐热性良好。但其耐碱性受碱的浓度及温度的影响，在常温浓碱或稀碱高温的情况下可能发生水解；在溶解 pH＜5 的条件下，对氧化剂的抵抗力明显下降。因此，在设计洗涤程序时，要注意考虑以上因素。另外，涤的吸水性较差，因此过水和脱水时间较短。

涤棉混纺纤维。性能介于涤和棉之间，并因混纺比例不同而略有差异。

麻和棉。同属于纤维素纤维，其性能相似。两者相比，麻的耐碱性、耐热性及耐酸性均稍强于棉。但麻对氧化剂敏感，在高浓度漂液中受到的损伤比较大，在设计洗涤程序时，应避免使用高浓度漂液。

(2)纺织品的颜色及染色牢度

纺织品的颜色及染色牢度与氧漂剂的关系密切。白色织物可以采用氧漂，也可以采用氯漂；而彩色织物尤其是染色牢度不高的织物，最好采用氧漂。如此安全性较好。另外，碱性溶液对彩色织物染色不利，因此，在设计洗涤程序时，应考虑如何尽可能消除使用碱性洗涤剂的不利影响。

(3)污垢类型及程度

设计洗涤程序时，须分析被洗织物上的污垢类型及程度，以求有针对性地采取有效的洗涤方法。

纺织品上的污垢根据其可溶性，可分为水溶性污垢、碱溶性污垢、溶剂性污垢、酸溶性污垢及不可溶性污垢。

水溶性污垢。可以通过冲洗的方式去除，包括血、尿、排泄物及某些食物等。如果纺织品上此类污垢较多，在设计洗涤程序时，可考虑编入一至三个冲洗步骤。

碱溶性污垢。包括食物、脂肪、油脂污垢等,可以用碱性洗涤剂在主洗时去除。在设计洗涤程序时,需要针对具体污垢情况设定洗涤温度。

溶剂性污垢。是水洗过程中最难去除的污垢,因此,在程序设计时,应编入一个浸泡或预洗的步骤。并配以含溶剂的预洗浸泡剂做处理,或在主洗阶段配上润湿剂做处理。

酸溶性污垢。主要是钙、镁、铁等矿物质在洗涤过程中可通过加酸去除。

不可溶性污垢。包括沙、泥土、烟灰及碳等,在冲洗、主洗过程中比较容易去除。因此,在设计洗涤程序时,无需为之做特殊的安排。

(4)纺织品洗涤工作要求

洗衣场的生产必须满足饭店对纺织品洗涤的工作要求,有些饭店因织品配备套数较少,使洗衣场业务的定量供应时间或员工工作时间受到限制,因而加快了纺织品的洗涤速度。有些饭店由于能源紧张或出于节能方面的考虑,有可能会限制洗涤织品的最高温度。这就要求洗衣场在设计纺织品洗涤程序时,必须根据工作要求,通过灵活调整洗涤步骤、合理搭配来保证洗涤效果。

(三)饭店纺织品的洗涤程序

饭店常用的纺织品可分为以下几类:床单、枕套、毛巾、台布、口布、窗帘、床罩。下面分别介绍这几类纺织品的洗涤程序。

表4-5 床单、枕套洗涤程序表

步骤	时间	水位	热水	冷水	温度	用料要求
1.冲洗	2	高		√	38℃	
2.主洗A	2	低		√	40℃	洗衣粉
3.主洗B	5	低	√	√	80℃	
4.漂白	6	中	√	√	60℃	漂白剂
5.脱水	1					
6.过水	2	高	√		50℃	
7.过水	2	高	√	√	40℃	
8.过水	2	高		√	35℃	
9.过水	2	低		√	35℃	酸剂
10.脱水	6~10					

表 4－6 毛巾洗涤程序表

步骤	时间	水位	热水	冷水	温度	用料要求
1. 冲洗	2	高		√	36℃	
2. 冲洗	2	高		√	38℃	
3. 主洗 A	3	中		√	40℃	洗衣粉
4. 主洗 B	6	中	√	√	85℃	
5. 漂白	7	中	√	√	60℃	漂白剂
6. 脱水	1					
7. 过水	3	高	√		60℃	
8. 脱水	1					
9. 过水	2	高	√		50℃	
10. 脱水	1					
11. 过水	2	高	√	√	40℃	
12. 脱水	1					
13. 过水	3	低		√	35℃	酸剂/柔软剂
14. 脱水	8～12					

表 4－7 台布、口布洗涤程序表

步骤	时间	水位	热水	冷水	温度	用料要求
1. 冲洗	2	高		√	38℃	
2. 冲洗	2	高		√	40℃	
3. 冲洗	2	高		√	40℃	
4. 脱水	1					
5. 预洗	4	中	√	√	42℃	润湿剂或碱性洗涤剂
6. 主洗 A	4	中	√	√	50℃	洗衣粉
7. 主洗 B	7	中	√	√	85℃	
8. 过水	1	中	√		60℃	
9. 漂白	8	中	√		60℃	漂白剂
10. 过水	2	高	√		60℃	
11. 过水	2	高	√	√	50℃	
12. 脱水	1					
13. 过水	2	高	√	√	40℃	
14. 上浆	3	低	√	√	40℃	浆粉
15. 脱水	8～12					

饭店窗帘有厚窗帘和纱窗帘之分，通常均为化纤面料。

表4－8 纱窗帘洗涤程序表

步骤	时间	水位	热水	冷水	温度	用料要求
1.主洗	4～7	中	√	√		洗衣粉
2.过水	2	高	√	√	40℃	
3.过水	2	高		√	35℃	
4.过水	2	高		√	30℃	
5.脱水	0.75～1.5					

注：可根据纱窗帘的具体情况延长主洗时间。

表4－9 厚窗帘洗涤程序表

步骤	时间	水位	热水	冷水	温度	用料要求
1.冲洗	2	高		√	37℃	
2.主洗	8～10	中		√	40℃	洗衣粉
3.过水	2	高		√	40℃	
4.过水	2	高		√	35℃	
5.过水	2	高		√	30℃	
6.脱水	3～6					

注：可根据厚窗帘的具体情况延长主洗及脱水时间。

饭店客房使用的毛毯质地有全羊毛、混纺及化纤等，毛毯洗涤通常采用干洗的方法(见表4－10)。

表4－10 毛毯洗涤程序表

步　骤	做法及要求
1.分类	根据被洗毛毯的质地、颜色进行分类。
2.检查	对毛毯进行检查，如有污迹，应用相应的去污剂作特别预去污处理。
3.准备溶剂	①将适量的清洁溶剂抽到筒体，根据毛毯状况加入大于毛毯重量0.25%的水和大于毛毯重量0.4%的干洗洗涤剂。 ②开启小循环30秒，再将溶剂抽回工作缸内备用。

续表

步　骤	做法及要求
4. 装机	①将毛毯放入干洗机(注意严禁超载)。 ②开启泵,将准备好的溶剂抽进筒体达高液位。
5. 洗涤	①正反转洗涤,洗液经过滤器循环,时间6分钟~8分钟。 ②将洗液抽进蒸馏缸,并高速脱液2分钟。 ③将清洁溶剂抽进筒体达高液位。 ④正反转洗涤,洗液经过滤器循环,时间3分钟~4分钟。 ⑤将洗液抽进工作溶剂缸。
6. 脱液	高速脱液3分钟~4分钟。
7. 烘干	烘干温度60℃~65℃,时间为25分钟~35分钟。
8. 冷却(排臭)	冷却时间为3分钟~5分钟。

三、纺织品的去渍

台布、口布上沾的食物、油滴,床单、枕套上沾的口红、墨水等沾在纺织品上的异物都称为污渍,污渍是污垢的一类。它们的区别是:污垢可以在常规的水洗或干洗过程中去除,而污渍必须经过特别的技术处理才能去除。去渍,就是运用适当的物质(水、洗涤剂、有机或无机溶剂等)、适当的技巧与方法,将吸附在纺织品表面、常规水洗或干洗无法洗掉的污渍去除的过程。

(一)污渍的种类

纺织品上的污渍种类多样,为达到良好的去渍效果,在去渍前,应首先判断污渍的种类,以便于对症下药。通常污渍可分为以下几大类。

水基污渍。纺织品上的水基污渍比较普通,通常可以用普通洗涤剂或含溶剂的水溶液去除。

油脂类污渍。纺织品上主要的油脂类污渍是动植物油渍。对此类污渍,要针对性地使用有机溶剂,如汽油、松节油、香蕉水等,也可用表面活性剂类洗涤剂,如洗衣粉等。

油基色素质。圆珠笔油、油墨、复写纸墨等都属于油基色素渍。这类污渍通常可采用有机溶剂(汽油、四氯化碳、香蕉水等)去除,也可用洗衣粉水溶液与氧化剂配合洗涤。

果酸色素渍。果酸色素渍有水果、果汁、西红柿等汁渍,可采用有机酸作溶剂的溶解方法去除,也可使用洗衣粉水溶液处理。

蛋白质类污渍。肉汤、奶油、鸡蛋、血、汗等渍都属于蛋白质类污渍,通常可用含 2%氨水的皂液去除,也可用蛋白酶处理。

其他类污渍。纺织品受到某些化学药品的污染或其表面颜色与化学品反应留下的污渍。这类污渍通常因纺织品受到损伤而成为永久性污渍,不易去除。

(二)去渍剂

对不同污渍应使用不同的去渍剂,饭店常用的去渍剂可分为四大类:湿性去渍剂、干性去渍剂、氧化剂和还原剂。

1. 湿性去渍剂

中性洗涤剂。指含表面活性剂的洗涤剂,pH 值为 7,在起渍过程中起到润湿、分散、乳化污渍的作用。

碱性蛋白酶。主要用于清除肉渍、奶渍、血渍、汗渍等蛋白质类污渍。

甘油。甘油渗透性极强,特别适用于去除墨水和染料污渍。

醋酸。是去渍台上所用的最弱的酸,其作用主要是中和污渍中的碱性成分,去除咖啡渍、果渍、软饮料污渍等。

草酸。可用于去除铁锈、墨水渍。使用时应加水稀释,使用后应彻底冲洗纺织品,不能有残液。

氨水。可用于去除汗渍、某些墨渍、染色及药渍,可中和因酸引起的变色,使纺织品恢复原色。

氢氧酸(除锈剂)。是去渍台上最强的酸,有毒,使用时必须小心。可去除墨渍、药渍及锈渍等。

肥皂酒精溶液。由肥皂、酒精、水及少量氨水组配而成,主要用于去除一些墨水渍、化妆品渍、油渍等。

2. 干性去渍剂

香蕉水。可用于去除指甲油渍、油漆渍等。香蕉水为易燃品,使用时应远离火源、避免暴露。

乙醚。是一种有机溶剂,能溶解蜡质、油脂、树脂等污渍。

松节油。是一种良好的溶剂,可溶解油漆、树脂、油脂等污渍。

汽油。可用于去除动植物油、矿物油、油漆和其他油性污渍,使用时应小心,远离火源。

四氯化碳。为有机溶剂,有良好的脱脂作用,可去除口红、油漆、圆珠笔油等污渍。

四氯乙烯。即干洗溶剂,能去除油漆、矿物油、动植物油、化妆品等污渍。

3. 漂白剂

漂白剂与纺织品上的污渍发生反应,可起到掩盖污渍或使污渍呈现无色的作用。漂白反应可从污渍中吸氧或加氧,吸氧称之为还原剂,加氧称之为氧化剂,一般情况下氧化漂白比还原漂白稳定性强,氧化漂白多用于去除有机污渍,还原漂白多用于去除色渍。

氧化漂白剂有双氧水(过氧化氢)、过硼酸钠、次氧酸纳、高锰酸钾(不常用)等。还原漂白剂有亚硫酸钠、亚硫酸氢钠、硫酸钛等。

(三)去渍的方法

不同种类的污渍去渍方法不同,去渍时应根据污渍的具体情况,选择合适的去渍方法。纺织品常用的去渍方法有喷射法、擦拭法、浸泡法等。

1.喷射法

水基可溶性污渍可采用喷射法去除或部分去除。使用时应注意:使用前先放水,防止积水或水锈弄脏纺织品;使用的角度要合适。

2.擦拭法

擦拭是去渍时常用的方式。擦拭有刷式及刮板式两种方式。

(1)刷式。对污渍表面加注化学药品后,用刷子轻刷,直至污渍脱离纺织品。使用毛刷要注意力度和角度,要顺经逆纬刷洗。

(2)刮板式。对污渍表面加注化学药品后,要使其渗透溶解,然后用刮板轻刮污渍,至污渍刮离纺织品。使用刮板时,应注意将有污渍的部位展平,然后再用平刮板来回刮动,刮时要掌握力度,不可强行刮除。

3.浸泡法

浸泡法是指将纺织品的污渍部位浸泡在装有化学药品的器皿内,使化学药品有充分的时间与污渍起反应。经过浸泡后,再用刷式法去除污渍。

(四)去渍的注意事项

纺织品去渍是一项细致而又慎重的工作,如果处理不当,轻者会影响纺织品的色泽和美观,重者会磨损纺织品,缩短其使用寿命,纺织品去渍应注意以下事项:

(1)纺织品受到污染后,应尽早对其采取去渍处理,以提高去渍效果。

(2)根据理论和经验判断污渍的种类。

(3)仔细鉴别纺织品的染色度和纤维成分等。

(4)不熟悉的面料或未接触过的污渍,应先在纺织品衬里或边角处做去渍试验。

(5)使用去渍药品应从弱到强、从少到多,不能一开始就大量使用。

(6)对时间长的污渍可少量多次地使用去渍药品。

(7)使用两种或两种以上的去渍药品时,应先将第一种漂净后再使用第二种(仅限于水洗)。

(8)为防止污渍扩散,使用去渍剂时,应从污渍周围向污渍中心滴注,擦拭时同样如此。

(9)去渍时,污渍面宜向下,放置在毛巾或吸水纸上,从纺织品背面施加去渍剂,尽量少用强力擦搓。

(10)用同一方法处理污渍两至三次后,如效果仍不明显,应考虑改用其他方法。

(11)任何水洗去污的纺织品,去渍后要及时将化学药品洗净,避免化学药品的残留对纺织品造成损害。

第五节　客房纺织品的管理

纺织品的管理是客房管理工作的中心内容之一。在客房运转中,纺织品占有非常重要的地位,它直接影响客房的运转乃至成败。能表现其重要性的最显著的特征是,很多客房部经理的办公室都设在邻近纺织品库房的地方,有的甚至就设在库房内。加强对纺织品的管理,就是要力求减少浪费、降低成本,若能选购到质优、价廉的纺织品,管理就迈出了成功的第一步。

一、客房织品的选购与制作

(一)客房织品的选购

选购客房织品并非是单纯的采购,而是一项技术含量很高的工作。有些客房管理者不参与此项工作,饭店采购什么,他们就使用什么。还有一些管理者,对这方面的知识知之甚少,这不仅不利于管理工作,对客人也是不负责任的。

1.选购织品的参考要素

(1)纤维质量

各类纺织纤维的性能特征,决定了它们的适用范围,如果盲目选用,既不能发挥各类纤维的优势,还会影响使用效果。因此选择纺织品时应了解:

①纤维的种类。关于织品纤维的性能,本章第一节已作了介绍,选择时应根据织品的使用区域及功能要求挑选纤维。床上织品要求透气性好,手感舒适;卫生间织品要求吸水性强、耐用,可选择天然纤维;窗帘、床罩要求质感挺括、牢度强、下垂感好,可选择棉和麻的混合纤维,等等。根据各类纤维的性能特点,将它们用在最适合的部位,将实用性与装饰性有机结合便可得到理想的效果。

②纤维的长短。长纤维纺出的纱线均匀、光滑、强度好,织成织物后细腻、平滑、舒适度好;短纤维纺出的纱线粗糙、强度差,织成的织物厚重、易摩擦起球,除从

装饰效果考虑非用不可外,一般客房用织品宜选择纤维长的织物。例如棉纤维长度一般在27mm～31mm之间,27mm～29mm的棉纤维为次级棉,29mm～31mm的棉纤维为高级棉。因高级棉价格过高,现在很多制造商将一些合成长纤维(涤纶丝)与棉纤维混纺来提高纤维的长度,以使纺出的纱线更细致、光滑、牢固,要注意的是,床上用织物的合成纤维含量以不超过35%为宜,否则会影响透气性和舒适性。

(2)纺织方法

纺织方法不同,织物的视觉效果和触摸效果会有很大的差异。在选择客房纺织品时,应从使用者的角度去选择相应的纺织方法,使之既能满足视觉效果,又能保证使用效果。

①纺织的方法。客房床上织品多选择以纺织方法制成的织物,纺织还可分成平纹织、斜纹织和缎织等几种(见本章第一节),所有纺织织物的最明显的特征是织物表面光洁、手感舒适,其适用范围较之其他方法更为广泛。卫生间织物的织法较为特殊,因为吸水的需要,卫生间织物均采取先平纹再刺绒的方法。判断此类织物优劣的方法是毛圈多而长为优,疏而短为劣。

②织物的密度。是指纺织品在同样面积内纱线排列的疏密程度。织物密度可通过用眼观察、手触摸、透光性实验、抽样检验等方法来进行判断。同样的纱线,织物密度高的,质量优于织物密度低的。以平纹织法的床单为例,同样面积,经线和纬纱的数量多与少、分布是否均匀,对织物的舒适度和强度有很大的影响。在$10cm^2$范围内,经线和纬线的数量由288×244～400×400不等的排列,这之间的质量和价格差距相当大,非专业人员在选购时,极易因此以高价购进劣质产品,使饭店蒙受损失。

(3)制作工艺

制作工艺是纺织品选择中较易忽视的方面,然而制作工艺不仅影响使用效果,而且影响纺织品应用的品位效应。不难发现,一些质地本身很好的织物,反复洗涤后即从边缘、接缝等处开始破损,究其原因,皆为制作工艺粗糙所致。

①制作精细。同样面料的织物会有不同的价格,差距是制作的精细程度不同所致,选购时要仔细查看缝制的方法、针脚的匀称度和使用的缝线材料。粗制滥造的织物一定不能作为客房纺织品使用。

②制作的强度。客房织品均为耐洗品,反复洗涤、熨烫、烘干,对缝制强度的要求极高。例如,在接缝处应来回缝制,以确保强度。

(4)织品样式

织品样式决定了客房的档次与品位,选择中要从以下两个方面进行权衡:

①是否与客房的整体风格和装潢的档次、品位相吻合。

②是否方便客人的使用与服务员的操作。

(5)织品规格

规格尺寸大小及织物重量的选择,可依据行规参照执行,同时可根据本饭店的具体情况做相应调整。特别要提出的是,纺织品的缩水率应加进尺寸计算。一些饭店的床单、枕套洗涤后严重缩水、影响使用效果,有些甚至无法继续使用。

(6)织品价格

价格因素是很多饭店决定选择何种纺织品的关键,可从以下两点做出比较:

①结合饭店的档次,选择与档次相适应的纺织品。

②同样的商品,应货比三家,以寻求最合理的价格取向,争取最低价。

2. 纺织品的选购过程

选购纺织品并非是简单地看样订货,科学合理地制定纺织品的选购程序,可减少浪费、节约成本,并满足客房运转的需要。

(1)确定选购品种。无论是即将开业的饭店添置纺织品,还是运转中的饭店更新、补充纺织品,首要的工作便是确定需购买的纺织品品种,根据客房运转的需求,切实把好采购关。

(2)合理核定采购量。新开业的饭店应根据行业配置标准及本饭店的档次、特色、规模等,结合自身的资金情况合理确定采购量。更新补充的纺织品应在严格按程序进行报损手续后再确定采购量,不应盲目地加大或减少应有的配置量,从而影响客房的正常运转或造成不必要的浪费。一些饭店考虑到一次性购量大可减少单位成本,从而大批进货,造成库存压力很大,保管工作跟不上,致使纺织品因保管不当而损坏。纺织品长期库存积压对纺织品质量有很大影响。

(3)检查落实纺织品库房。纺织品有很高的存放要求,在决定购进纺织品以前,应将准备工作做好,充分考虑是否有足够的存放空间和货架、库存条件是否满足购进纺织品的存放要求,以做到有备无患。

(4)产品咨询和检验。客房用纺织品的生产厂家很多,在众多的生产厂家中寻求适合者是一项不可省略的工作。对一些用量大的纺织品,饭店可采取招、投标的方式,有实力的厂家也愿意加入这一竞争。这有利纺织品的采购。

对耐用类纺织品可让厂家提供样品,由饭店对这些样品进行技术检测。例如:可将床单反复洗涤 100 次后,再看质量;将床罩、窗帘进行燃烧检测等等,以此来选出质量上乘的纺织品。

(5)报价。在产品咨询和检验的基础上,接受最合理的报价,设法以最少的投入获得最佳的效益,尽量减少或杜绝中介环节,将钱花在刀刃上。

(6)填写采购申请单。在上述各项工作的基础上,客房部经理将纺织品采购清单填写好,并送交账务审核。由于前期工作均为客房部所为,为防止采购部门因业务等原因影响采购的质量,采购清单的制定与填写应由客房部经理负责。应列出详细的品种名称、数量、生产厂家、规格式样、质量要求、价格参数、供货时间等,备注中应要求提供样品以供检测。

(二)客房纺织品的制作

好的织物面料最终能否成为好的成品,制作是关键,好的成品必须满足各项制作的基本要求。

1.规格

(1)规格包括尺寸及重量。对实用性纺织品的规格,星级标准中已有详细的规定,一些想突显个性特色的饭店,因硬件本身无定式,所以无法照抄,下面所提供的两种织物尺寸参数及计算方法可供参考(见表4-11)。

表4-11 织物尺寸参数及计算方法对照表

类别	参考尺寸	单位	计算方法	
单人床单 (床:100cm×190cm)	160×240	cm	在床的长宽基础上各加60cm(不含缩水率)	
双人床单 (床:150cm×200cm)	210×260	cm	同上	
大号床单 (床:165cm×205cm)	230×270	cm	同上	
特大号床单 (床:180cm×210cm)	270×290	cm	同上	
普通枕套 (枕:45cm×65cm)	50×85	cm	在枕芯的宽基础上加5cm,长基础上加20cm	
大号枕套 (枕:50cm×75cm)	55×95	cm	(不含缩水率)	
类　别	参考尺寸	单位	重量(克)	备　注
大浴巾	137×65	cm	400	1.重量与房间档次有关。 2.大小无绝对标准,每种规格尺寸可多达5种~6种。 3.地巾的形状可方可长。
小浴巾	100×34	cm	125	
面　巾	76×34	cm	140	
地　巾	80×50	cm	325	
方　巾	30.5×30.5	cm	400	
浴　袍	大、中、小号		不定	

(2)对装饰性纺织品的规格尺寸要求并无定式,床罩的要求是铺盖成型后,两侧和床尾离地面高度为3cm左右,以不拖地为标准。床罩的重量越重档次越高,

一般五星级床罩采用 100 克以上定型棉,四星采用 80 克以上定型棉,以此类推。

窗帘的尺寸因造型的变化无定式可言。以最常见的普通开启式落地窗为例,窗帘的尺寸要求是:薄窗帘的实际宽度与帘杆实际长度之比为 1.5:1,0.5 部分为打褶用;厚窗帘的实际宽度与窗杆实际长度之比为 2.2:1,1.2 部分为打褶用。这个尺寸做出的窗帘效果较好。落地窗帘的实际高度应是从帘杆量至地面,窗帘最终离地面约 5cm~10cm,不可拖地。薄窗帘比厚窗帘再短 1~2cm。但在具体量裁即制作过程中,还要具体考虑窗户的大小、形状,布料的质地、条纹、图案等。

(3)毛毯的重量以 3kg 为适中,规格应以床的尺寸为依据确定,计算方法是:

床宽+2×席梦思高度+40cm=宽

床长+2×席梦思高度+20cm=长

(4)枕芯一般配长枕,长度有 80cm×45cm、75cm×45cm、70cm×40cm 不等,重量不低于 1kg/每只。

(5)浴帘的作用主要是防止水外溅,一般浴帘的实际高度为 180cm,宽度为帘杆长度、高度以悬挂后离地面 10cm 左右为宜。

(6)客房使用的被褥填充物有化纤棉、丝棉、羽绒之分,其中丝棉被已有逐步取代毛毯的趋势。其优势表现在舒适、卫生和高档。重量以 2.5kg 为宜,被褥规格尺寸:

宽=床宽+2×床垫高+20cm

长=床长+2×床垫高

各类纺织品规格的把握,最能反映客房工作的细微之处。一间客房的装饰是否精致,有时通过客房纺织物的规格就能予以判断。研究和确定纺织品的规格是客房管理人员必备的能力。

2.样式

样式所反映的是色彩、形态与风格。确定客房纺织品的样式,应遵循以下原则:

(1)方便使用。纺织品的使用频率很高,设计式样应考虑到方便客人使用,不宜繁琐。有些纺织品的设计过于唯美,而忽略了客人使用是否方便。例如,一些饭店设计的窗帘装饰效果很好,但客人想打开窗帘欣赏外面的景色,却无从下手,绳索拉启设计和工艺质量太差,影响了使用效果。

(2)方便操作。纺织品每天都在被使用,因此也就不断地被更换。服务员清扫房间的大量工作是换床单、枕套,铺床罩。就床罩而言,定型床罩比较方便服务员操作,能提高服务员的工作效率。

(3)与客房整体风格相一致。从色彩和形状上来看,纺织品具有其他装饰材料无法替代的优势，色彩、图案丰富是纺织品的特点，形状变化万千是纺织品的特色，客房设计的点睛之处也是纺织品。因此，纺织品的设计要配合家具设备的整体效果，而不能与之格格不入。例如，中国明清风格的客房不宜用化纤织物，而宜用天然纤维织物；不宜用现代流行色和图案，而宜结合明清时期的特色，充分体现出明清风格。

(4)突显个性。客房纺织品样式的变化可谓日新月异，不仅饭店与饭店之间已很少雷同，即使同一饭店也可能是每层一种风格、每间一个式样。多元化的设计融入饭店纺织品，使之变幻出风格各异的客房装饰。这是现代饭店客房纺织品设计的主流。

举一个例子，若采用淡棕黄缎面印花面料，为一间极具民族特色的客房设计一款床罩，尾端两侧下垂部分做两个很大的中式盘扣，并将类似的设计用于窗帘、沙发，甚至纸巾盒罩等处，便完完全全是一间让人留连忘返的中式客房了。

3. 制作工艺

布件本身的质量和好的设计，可为高质量的成品打下良好的基础，但如缝制粗糙，不仅影响美观，还会影响使用寿命。制作主要是对卷边和接缝的要求。各类纺织品的卷边要宽窄均匀，针脚线要等距离且有一定的密度，一般要达到 12 针～15 针/每寸(布质厚薄不同，针脚紧密度要求也不相同)。对接缝的要求是：床单、枕套、床罩在实际宽度及长度上不得有接缝，否则既影响美观，又妨碍使用。所有的接缝必须牢固，接缝处留足接缝边料；对有色彩图案的织物，接缝要注意花形图案的完整，以看不出接缝为佳；对一些拐角边延难度较大的缝制，必要时用手工缝制以保证质量；卷边和接缝还应使用牢度强的聚酯纤维线。

二、客房纺织品的储存与保养

对客房纺织品进行合理的储存与保养，能够充分发挥纺织品的使用价值。纺织物品易受环境的影响，或因使用保养不到位而缩短使用寿命。饭店在纺织品上面的投入，除开业前的一次性投资外，运转过程中还因不断的淘汰和更新而反复投入。为将一些不必要的投入降低至最低限度，重视并做好纺织品的储存与保养是不可忽视的措施之一。

(一)客房纺织品的储存

1. 库房条件

纺织品的共性特点是怕潮湿和长期处在高温状态下，因此，纺织品库房的通风必须良好，相对湿度不大于 50%(可使用去湿机)，温度以保持在 20℃度以下为宜。纺织品属易燃物品，虽然很多纺织品都已经做了阻燃处理，但稳定性较差，因此，库房应严禁烟火，并配置必要的安全消防设施，以防万一。

2.存放要求

对纺织品进行分类存放，可加快发放速度，同时给盘点和检查工作带来很多方便，并可合理控制储存量，提高工作效率。各种纺织品应配置相应的货架，考虑到纺织品不宜过多重叠堆放（不利透气，易霉变），所以货架的每层高度应适当；存放时应按进货的先后次序摆放，先进库的先用，后进库的后用，尽可能均衡每件纺织品的库存时间及使用频率。

纺织品除存放在总库外，还有一些分散在楼层工作间、房间和洗衣场。这里要指出的是，一些出租率不高的客房可能十天半个月不开房，这些房间的床上和卫生间布件虽然没人用过，但仍然需要更换。这不仅是保护布件，也是对住客负责。

（二）客房纺织品的保养

1.科学洗涤

其实，对纺织品的合理储存本身就是保养。另外，正确清洗纺织品也是保养的关键。

(1)洗涤纺织品时，选择好的洗涤剂和辅助剂非常重要，因为劣质洗涤剂不仅无法达到去污效果，还有可能损伤织物纤维，使织物褪色。我们经常看到一些饭店的床单已是灰黄色，视觉效果极差，多因洗涤剂选择不当所致。洗涤程序中必要的辅助剂的选择和使用也很重要，例如柔顺剂、中和粉、漂白剂等，对洗涤效果的提高很有帮助，如中和粉的使用，能中和织物上残留的碱性洗涤剂，不仅可使织物触感舒适，还可避免织物受碱性的腐蚀。

(2)选择洗涤方法，应严格按照纺织品上的标注执行，否则后果不堪设想。例如，棉麻混纺的窗帘和床罩只能干洗，但由于洗涤成本高，一些饭店便以水洗替代，结果缩水、褪色、变形，使窗帘、床罩无法继续使用。因此对于洗涤方法和程序的选择必须特别慎重。

(3)对于新购进的纺织品，尤其像床单、毛巾等，应经洗涤后再入库存放或使用。这类织物出厂前都经过了化学处理（漂白、染色等），以增强视觉效果，而这类化学物质对织物的腐蚀是相当严重的，如不洗涤就存放，会很快破损甚至腐烂。

本章第四节已对客房纺织品的洗涤做了详细介绍，以供参照。

2.合理使用

对纺织品做到使用合理，也是保养的一个重要环节。这一环节主要有以下几个方面的要求：

(1)给纺织品以必要的存放期，可延长纤维寿命。如果纺织品每天使用和洗涤，纤维则一直处于强力状态，不利于纤维恢复性能，疲劳强度的增加，势必缩短织物的寿命。例如床单,在一个月内洗涤 15 次和在两个月内洗涤 15 次,在使用时间相同的情况下,前者比后者要损坏得快。

(2)对于毛毯、丝棉被、枕芯等纺织品,存放时不能重压,放在客房壁橱内备用的这类纺织品应定期翻晒,否则会有异味并容易霉变。毛毯可通过干洗进行清洁和保养;枕芯如果不能洗涤,清洁保养的方法可外加一个便于脱卸的防护套。

(3)床罩、窗帘的配置。在资金许可的情况下,可采用两套配置,优点是:两套色彩、质感不同的窗帘和床罩,可根据季节换用,既能改变房内的设计风格,给人以常变常新的感觉,又便于对窗帘和床罩进行清洁保养。

三、客房纺织品的控制

纺织品能否按要求供应和使用,能否满足运转的需要,能否将浪费和流失减少到最低限度,关键在于严格控制。

1. 严格控制储备定额

根据各类纺织品的配置定额标准进行存放,建立相应的存放档案,各存放点要定期盘点、定期补充,尽量减少差错和流失。

2. 严格领发手续

领发过程中最重要的是要做好发放记录,所有部门、班组或人员领用布件时都要填写申领单,账物要相符,手续要清楚。

3. 定期盘点和统计分析

纺织品库房必须建立盘点制度,对现有布件情况进行检查统计,然后与定额标准进行比较,了解各类布件的损耗情况并分析原因,以利于采取相应的措施。

盘点时主管人员应在场,年终盘点须请财务部协助,在算出需要补充的数量后,可订出采购计划。采购计划中除有采购品种、数量外,还应提出详尽的质量要求和价格要求,以免购进价高质次的纺织品(见表 4－12)。

4. 加强保管

有些客房布件的损耗和流失与保管工作做得不好有关。其中的主要问题是:布件的保管责任不明确,保管人的责任心不强以及保管的措施不当。为了加强对布件的保管,客房部要制定相关制度,采取有效措施。首先,是明确客房布件的保管责任,原则上是谁用谁管,如果布件的损耗率高于规定标准,要追究有关人员的责任;其次,要加强对有关员工的教育和培训,并经验检查督促,既要加强他们的责任心,又要使他们掌握正确的布件保管方法,对于违反布件保管要求的要进行批评和处罚。

表 4-12 布件盘点统计分析表

______部门　　　　______盘点日期　　　　______制表人

品名	额定数	客房		楼层工作间		布草房		盘点总数	报废数	补充数	差额总数	备注
		定额	实盘	定额	实盘	定额	实盘					

5. 杜绝不正当使用

对布件进行不正当使用,会对布件造成严重污损。这一现象在很多饭店屡见不鲜。一是员工对布件不正当使用,最常见的就是员工将布件当作抹布使用;二是客人对布件不当使用,如有的客人用布件擦鞋等。因此,客房部必须制定有关制度,采取相应措施。如为员工提供充足好用的清洁抹布,加强对客服务等,从而杜绝员工和客人不正当使用布件的现象。

四、客房纺织品的报损与再利用

对于不能再使用纺织品的处理,也是一项比较重要的工作,做得好,可以保证质量,减少浪费;做得不好,该处理的不处理,不该处理的反而处理掉,这种连带反应,势必给饭店造成巨大的损失。因此处理纺织品这项工作,应由有经验的客房管理人员严格把关。通常情况下,对使用年限已到,有破损和无法洗涤的纺织品,均采取报损处理,处理时须对所有纺织品一一过目、仔细判断,以避免不必要的差错。对已作报损处理的纺织品仍可再利用,这方面的潜力是相当大的,可将报损的床单、毛巾等改制成抹布或其他布件进行再利用,例如:有些饭店用报损的纺织物做成精制的卫生卷纸装饰套、洗衣袋等;将边角损坏的大床单改制成小床单等等,变废为宝,既符合节约原则,又不影响质量标准。

纺织品的处理与再利用工作应引起客房管理者的高度重视,致力于这项工作的研究与开发,是客房管理的高境界。

本章小结

1.纺织品由织物制作而成,织物由纱线织造而成,纱线由纤维纺织而成,因此,研究纺织品就必须研究织物、纱线和纤维。

2.客房内的纺织品有实用型和装饰性两大类。目前,从简洁大方、美观实用、经济环保的要求出发,客房内的纺织品已经不再有明显的类别之分,而更多的是一种纺织品兼有以上两种功能。

3.配置客房纺织品要依据行业标准和饭店自身的定位与特色,要综合考虑多种因素。

4.不同的纺织品有不同的洗涤要求和不同洗涤程序。除渍是保证纺织品洗涤质量的重要措施。

5.纺织品的选购与制作、纺织品的储存与保养、纺织品的控制、纺织品的报损与再利用是客房纺织品管理的主要内容。

复习与思考

1.何为纺织纤维?细分纺织纤维并详述各类纺织纤维的特性。

2.纱线分类的依据有哪些?按照不同的依据,纱线又可细分为哪些种类?纺织品的织造方法有哪些,它们各有什么主要特点?

3.一间普通客房通常有哪些纺织品?配置客房纺织品的依据和标准是什么?

4.通过课堂教学和饭店实践,熟悉各种纺织品的洗涤要求、洗涤程序与方法,具备清洗擦除各种污渍的知识。

5.选购客房纺织品要考虑哪些因素?客房纺织品的选购过程包括哪些步骤(环节)?

6.详细描述客房各种纺织品的规格、样式及制作工艺要求。

7.客房纺织品的储存和保养有哪些要求与注意事项?

8.怎样才能做好客房纺织品的控制工作?

9.在创建绿色饭店中,客房纺织品的使用与管理有哪些好的做法?

第 5 章

客房客用物品

课前导读

客房客用物品的选购、储存、配置、使用、控制等各环节的工作做得好坏,直接关系到客房的档次高低、宾客的满意程度以及饭店的经济效益。

教学目标

- 了解客房客用物品的主要类别、保管要求与操作程序。
- 明确配备客房客用物品的指导思想,掌握客用物品的配置标准
- 熟悉客房客用物品的选购程序及各环节的具体要求
- 能够通过制定合理的标准、采用科学的方法对客房客用物品的消耗进行有效控制

第一节 客用物品的配置

一、客用物品的种类

客房客用物品的品种较多,通常分为两大类:客用消耗物品和客用固定物品。

客用消耗物品。主要是指供客人在住店期间使用消耗,也可在离店时带走的物品。此类物品价格相对较低、易于消耗,所以,也有人称之为客用低值易耗品,如火柴、茶叶、信封、信笺、肥皂等。

客用固定物品。是指客房内配置的可连续多次供客人使用、正常情况下短期内不会损坏或消耗的物品。这类物品仅供客人在住店期间使用,不可消耗,也不能在离店时带走,如布草、杯具、衣架、水瓶、文具类等。

二、客用物品的配置

不同等级的饭店、不同档次的客房,客用物品配置的种类、规格是不相同的。

表5-1　普通标准间卧室客用物品配置标准

位　置	物品名称	数　量	摆放要求	备　注
床　上	床　罩	1条	床上用品须按做床的整理和铺设要求布置	
	毛毯或被子	1条		
	枕　芯	1对(大床2对)		
	枕　套	1对(大床2对)		
	床　单	2条或3条		
	褥　垫	1条		
	床　裙	1条		
床头柜	便笺	5张		非禁烟房,床头柜上也可放烟灰缸
	笔(大多用铅笔)	1支		
	“请勿卧床吸烟”卡	1张		
	“常用电话号码”卡	1张		
写字台上	台　灯	1盏	台灯放在左上方,服务指南可用架子立着放,烟灰缸在左边,火柴放在烟灰缸上。台面要整洁	服务指南也可放在服务夹内,或抽屉内
	服务指南	1本		
	烟灰缸	1个		
	火　柴	1盒		
写字台抽屉内	服务夹	1本	各种用品的摆放要整齐有序,要让客人容易找到,通常要将大的放在下面,小的放在上面。各种用品分类摆好	为了摆放整齐,可以将一些文具用品放在服务夹内
	饭店介绍	1本		
	安全须知	1本		
	房内用餐菜单	1本		
	航空信封	2个		
	普通信封	5个		
	大信纸、中信纸	各5张		
	明信片	2张(或4张)		
	电传、电报、传真纸	各2张		
	箱贴	2张		
	行李牌	2张～4张		
	客房意见书	2份		
	针线包	2份		
	圆珠笔	1支		

续表

位　置	物品名称	数　量	摆放要求	备　注
电视柜	电视节目单	1 份		晚间可将遥控器放在床头柜上
	遥控器	1 个		
茶台（茶几）	茶　盘	1 个	茶杯、水瓶、茶叶盅放在茶盘内，火柴放在烟灰缸上，正面朝上。台面整洁	1. 如果房内配电水壶，就可以不配热水瓶 2. 高档客房还可配袋装咖啡
	茶　杯	2 个		
	茶叶盅	1 个		
	茶　叶	红绿花茶各 2 包		
	烟灰缸	1 个		
	火　柴	1 盒		
	保温瓶	1 个		
小吧台	酒　杯	若干个	体高的用品在里面，较低的用品在外面，摆放整齐，布置美观	酒水可放在酒篮内或酒架上
	开瓶器	1 把		
	调酒棒	2 根		
	酒　水	若干瓶		
	杯　垫	每杯 1 张		
	餐巾纸	若干张		
	账　单	2 份		
	立　卡	1 份		
电冰箱	冷饮水瓶	1 个		食品主要是佐酒食品和方便食品
	小　杯	2 个		
	饮料、食品	若干种		
	冰　桶	1 个		
壁　橱	备用被子	2 条		
	备用枕头	1 对		
	衣　架	3 对/人		
	鞋　篮	1 个		
	拖　鞋	2 双		
	擦鞋器	1 个		
	擦鞋布（纸）	2 块（张）		
	鞋　拔	1 只		

续表

位　置	物品名称	数　量	摆放要求	备　注
壁　橱	衣　刷	1把	各种用品摆放要整齐有序	
	洗衣袋	2个		
	洗衣单	2套		
	账物袋	2个		
衣挂柜旁或写字台旁	垃圾桶	1个（配垃圾袋）		

表5－2　普通标准间卫生间客用物品配置标准

位　置	物品名称	数　量	摆放要求	备　注
洗脸台上	漱口杯	2个	用品摆放要整齐有序，摆放的位置要照顾大多数人的习惯，保证使用方便	1.为了避免用品占据台面过多的位置，最好用专用的盘子、篮子或盒子盛放用品 2.牙刷、梳子最好要有明显的区别，避免客人之间混用
	肥皂碟	1个		
	烟灰缸	1个		
	小方巾	2条		
	牙膏牙刷	2套		
	香皂	2块		
	沐浴液	2瓶		
	洗发液	2瓶		
	浴帽	2只		
	梳子	2把		
	指甲刀(锉)	2把		
	棉签	2盒		
	面巾纸	1盒		
	洗衣粉	2包		
	润肤露	2瓶		
	剃须刀	2把		
洗脸台下	体重秤	1个	垃圾桶最好靠近便器	
	垃圾桶	1个		
洗脸台旁的墙上	毛巾架	1条	脸巾悬挂端正，正面朝外	
	脸　巾	2条		

续表

<table>
<tr><th>位 置</th><th>物品名称</th><th>数 量</th><th>摆放要求</th><th>备 注</th></tr>
<tr><td rowspan="3">便器旁</td><td>手纸架</td><td>1个</td><td rowspan="3"></td><td rowspan="3">可多配1卷备用手纸</td></tr>
<tr><td>手 纸</td><td>1卷</td></tr>
<tr><td>卫生袋</td><td>2个</td></tr>
<tr><td>浴缸上沿</td><td>脚巾(地巾)</td><td>1条</td><td>折叠好摆放</td><td></td></tr>
<tr><td rowspan="3">墙 上</td><td>毛巾架</td><td>1副</td><td rowspan="3">小浴巾悬挂,大浴巾叠好摆放</td><td rowspan="3"></td></tr>
<tr><td>小浴巾</td><td>2条</td></tr>
<tr><td>大浴巾</td><td>2条</td></tr>
<tr><td rowspan="2">门 后</td><td>挂衣钩</td><td>2只</td><td rowspan="2"></td><td rowspan="2">浴衣也可以挂在壁橱内</td></tr>
<tr><td>浴衣</td><td>2件</td></tr>
</table>

饭店应根据自身的情况及有关行业标准,合理配置客房客用物品。

(一)客用物品配置的指导思想

1.宾客至上

客房客用物品的配置,必须能满足客人日常起居生活的需要,充分体现“宾客至上”的原则,做到实用、美观、方便。如配备针线盒时,在针线盒中加上一根小别针,可供客人应急时使用,将不同颜色的线穿好在针眼内,可免去客人“穿针引线”之累;再配上一把小剪刀,更体现了事事处处为客人着想、方便客人的服务精神。

2.效益为本

在满足客人实际需要品前提下,客房客用物品的配置要以“效益为本”,考虑投入与产出的关系,尽可能选择价廉物美的产品,以降低客房费用。如小闹钟是多数欧美旅客所喜欢的用品,客房内配置使用电池的小闹钟,一定会受到客人的欢迎,其费用也不高。

3.利于环保

环境保护已经成了全人类的共同任务,饭店应尽可能选用有利于环保和可再生利用的客用物品。如配置固定的可添加液体肥皂的容器,将容器分别安装在洗脸台上方和浴缸上方墙面,客人用多少按压多少,既方便了客人,又减少了浪费。

(二)客房客用物品的配置

客房内所配备的客用物品,要以客房的类别和档次为依据。在品种、数量、规格、质量以及摆放要求等各方面有统一的标准,并制成表格、图片等,以供日常发放、配置、检查和培训时使用。饭店在制定这些标准时,要参照行业标准、竞争对手标准以及国际标准等,做到既不违反常理,又有突破创新,以获得实效为主旨。表

5-1、表5-2以普通标准间为例,介绍客用物品的配置标准。

第二节 客用物品的管理

客房客用物品的管理,要从选购、保管、领发、消耗控制等四个环节入手,做到环环把关、道道控制,从而有效降低客用物品的消耗,创造良好的经济效益。

一、客用物品的选购

选购是做好客房客用物品管理的第一道环节。选购工作,常由客房部提出采购计划及要求,由饭店采购部承担采购。为了避免采购中可能出现的漏洞,饭店应合理设计物品采购程序,加强采购控制,以保证购进的物品质优价廉。

1.采购程序的设计

客房部每年都要编制年度预算,包括客房客用物品的预算。客房部应按预算的经费及项目制订采购计划。计划中要写明物品的种类、质量、规格、数量等采购要求。采购部接到采购计划后,应在广泛的市场调研基础上,对各供应商提供产品的质量和价格进行比较,经过初步筛选后,至少报出三家供货商,并要求他们分别提供试用样品。经客房部试用、比较后,再从中选定供货商。有条件的饭店可采用公开招标的方式,经过充分的市场调研后,设计招标书,明确每种物品的标准,向社会公开招标。经投标单位竞标比较,最后选定供货商,签订供货协议。如果是属于连锁集团的饭店,应统一采购,以降低费用。

采购程序设计见图5-1。

2.采购质量的控制

客房部在采购计划中要对物品的种类、规格、数量、质量等提出明确的要求。总的来说,客用固定物品的采购要求是牢固、实用,既方便客人使用,又便于清洁保养;客用消耗物品则要求实用、美观,方便使用,利于环保。采购前,应要求供应商提供试用品,如床单,可将供应商提供的样品反复洗涤,看其是否能够达到供应商所承诺的耐洗次数,如决定购买此产品,应将样品封存。采购的物品进货时必须严格验收,查验品名、规格、质量、数量、价格,并与封存样品核对,若不符合质量要求,应作退货处理,并追究责任。

3.采购数量的控制

各类客房客用物品应有一定的存货量,存货量过多,占用资金和库房,并增加保管费用和物品损耗量;存货量太少,则影响客房正常运转。饭店应在保证客用物品正常周转使用,并考虑到各种意外因素的基础上,科学合理地决定各类客用物品

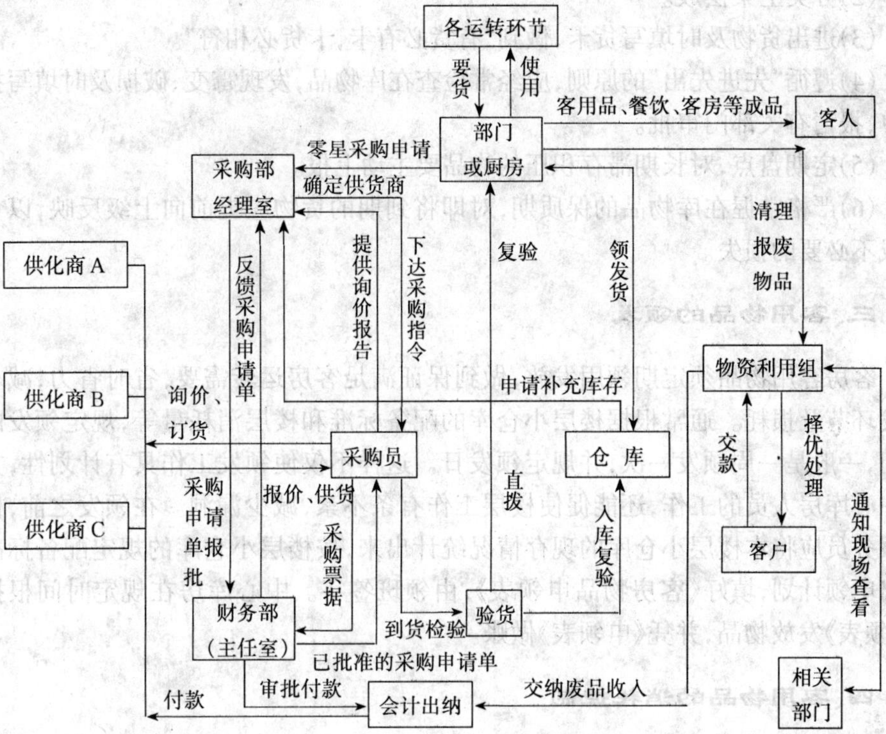

图 5－1　饭店物资采购程序设计图

的存货量。通常，饭店总库房应备足三个月的存量，客房部库房应备有一个月的存量。

二、客用物品的保管

做好客房客用物品的保管，可以减少物品的损耗，保证周转。良好的库存条件及合理的物流管理程序是搞好客房客用物品保管工作的两个必要条件。

（一）良好的库存条件

(1)库房要保持清洁、整齐、干燥。

(2)货架应采用开放式，货架与货架之间要有一定的间距，以利通风。

(3)进库物品要按性质、特点、类别分别堆放，及时码垛。

(4)加强库房安全管理，做到“四防”，即：防火、防盗、防鼠疫虫蛀、防霉烂变质。

（二）合理的物流管理程序

(1)严格验收。

(2)分类上架摆放。

(3)进出货物及时填写货卡,做到“有货必有卡,卡货必相符”。

(4)遵循“先进先出”的原则,应经常检查在库物品,发现霉变、破损及时填写报损单,报请有关部门审批。

(5)定期盘点,对长期滞存积压的物品要主动上报。

(6)严格掌握在库物品的保质期,对即将到期的货物应提前向上级反映,以免造成不必要的损失。

三、客用物品的领发

客房客用物品须定期领用发放,做到保证满足客房运转需要,省时省力,减少领发环节及损耗。通常根据楼层小仓库的配备标准和楼层消耗量等,规定领发的时间,一般是一周领发一次,并规定领发日。这样不仅使领发工作具有计划性,方便中心库房人员的工作,还能促使楼层工作有条不紊,减少漏洞。在领发之前,楼层服务员应将本楼层小仓库的现存情况统计出来,按楼层小仓库的规定配备标准提出申领计划,填好《客房物品申领表》,由领班签字。中心库房在规定时间根据《申领表》发放物品,并凭《申领表》做账。

四、客用物品的消耗控制

(一)制定消耗定额

在实际工作中,客房部应加强对客用物品消耗情况的统计分析,积累经验,从而制定出客用物品的消耗定额,并据此对客用物品进行有效控制。

1.客用消耗物品的消耗定额

通常,客用消耗物品是按客房客用物品的配备标准配置和补充的。但由于客用消耗物品并非每天都全部消耗掉,因此,对这些物品的实际消耗情况要进行具体的统计分析,从中找出规律。

(1)单项客用消耗物品的消耗定额

单项客用消耗物品的消耗定额,可以用下列公式计算:

$$\text{单项客用消耗物品的消耗定额} = \text{出租客房的间天数} \times \text{每天客房的配置数} \times \text{平均消耗率}$$

$$\text{平均消耗率} = \frac{\text{消耗数量}}{\text{配置数量}}$$

例如,客房内的茶叶,每间客房每天供应4包,每间客房每天的平均消耗量为3包,平均消耗率为3/4。即75%。如果某一楼层本月客房的出租总数为576间天,那么该楼层本月茶叶的消耗应为:

576 间天×4 包/间天×75%＝1 728 包

(2)全部消耗物品的定额

全部客用消耗物品的定额可用下列公式计算：

全部客用消耗物品的消耗金额＝出租客房的间天数×平均消耗率×每间客房配置客用消耗品的总金额

例如：客房全部客用消耗物品的总金额是 8 元，平均消耗率为 60%，某楼层某月出租客房的总数为 576 间天，那么该楼层本月客用消耗物品的消耗总金额为：

576 间天×8 元/间天×60%＝2764.80 元

2. 客用固定物品的消耗定额

客用固定物品的消耗定额，应根据各种物品的使用寿命、合理的损耗率及年度更新率来确定。这类物品的品种很多，各种物品的使用寿命、损耗率及更新率因质量及使用频率等的不同而不同，因此要分别单独制定其消耗定额。

例如，客房的玻璃杯每间天的损耗率为 3%，每间客房所配置的玻璃杯平均为 4 只，如果某楼层某月出租的客房总数为 576 间天，该楼层本月玻璃杯的消耗额为：

576 间天×4 只/间天×3%＝69 只

在控制客用物品时，要做到内外有别，即客人使用的物品，要严格按有关标准配备，该补充的一定要补充，该更新的必须及时更新。内部员工使用的，要厉行节约，能修则修，能补则补，精打细算，在保证对客服务质量的前提下尽可能节约。

(二)制定客用物品的配备标准

制定客用物品的配备标准，是实施客用物品消耗控制的重要措施之一。合理的客用物品配备标准，既能满足对客服务的需要，又不过多占用流动资金，还能避免不必要的损耗。

1. 客房客用物品的配备标准

应详细规定各种类型、等级的客房客用物品配备数量及摆放位置，并以书面形式固定下来，最好配上图片，以供日常发放、检查及培训用。这是控制客用物品消耗的基础。

2. 楼层小仓库客房客用物品的配备标准

楼层小仓库应该配备客房客用物品，以供楼层周转使用。其客用消耗物品的配备通常以一周使用量为宜；对其他非消耗品，则应根据各楼层的客房数量及客情等具体情况确定合理的数量标准。配备物品的品种、数量等需用卡或表格标明，并贴在库房内，以供盘点和申领时对照。

3. 中心库房客房客用物品的配备标准

客房部通常设有中心库房，储备客房部的常用物品。中心库房的客用消耗品储量以一个月的消耗量为标准,其他客用物品的品种和数量则视实际使用和消耗情况及周转频率确定。

(三)加强日常管理

日常管理是客房客用物品消耗控制工作中最容易发生问题的一个环节,也是最重要的一个环节。

1.专人领发,专人保管,责任到人

客房客用物品的领发应由专人负责,不能多人经手。如果必须多人经手,就要严格履行有关手续。储存和配置在各处的物品,要由专人保管,做到谁管谁用,谁用谁管,避免责任不明,互相推诿。

2.防止流失

在客房客用物品的日常管理中,要严格控制非正常的消耗。如员工自己使用、送给他人使用、对客人超常规供应等。

3.合理使用

员工在工作中要有成本意识,注意回收有价值的物品,并进行再利用。另外,还要防止因使用不当而造成的损耗。

4.避免库存积压,防止自然损耗

很多客房客用物品尤其是客用消耗物品都有一定的保质期,如果库存太多、物品积压过期,难免会造成自然损耗。因此,饭店要根据市场货源供需关系确定库存数量,避免物品积压。

(四)完善制度

为了有效地控制客房客用物品的消耗,客房部必须建立一整套制度,规范客用物品的保管、领发、使用和消耗等工作,并根据制度实施管理。

(五)加强统计分析

饭店各楼层客房服务员要对每天的客房客用物品消耗进行统计,由领班进行核实。客房部中心库房须统计每天、每周、每月、每季度、每年度的客用物品消耗量,并结合盘点,了解客用物品的实际消耗情况,并将结果报客房部经理室。客房部要对照消耗定额标准及有关制度实施奖惩。只要实际消耗情况与定额标准偏离较大,就必须分析原因,找出解决方法。

(六)降低消耗,保护环境

在客房客用物品消耗控制过程中,要始终高度重视并切实做好降低消耗和环境保护工作。合理地降低消耗能够有效地控制成本,减轻饭店负担,提高经济利益;做好环境保护工作,对于饭店乃至全人类的生存和发展,都有非常重要的意义。

客房部应采取多种措施,做好降低消耗和环境保护工作,尤其是要大力推行四个“R”的做法。四个“R”,是指四个以“R”开头的英文单词:Reduce、Reuse、Recycle 和 Peplace,是人们对降低消耗和环境保护工作一些具体做法的高度概括。

1.减少(Reduce)

Reduce 的意思是“减少”。客房部可从以下几个方面着手,尽量少使用对环境有污染的物品,如塑料用品和塑料包装材料。下面特别介绍和推广一些饭店目前所尝试的有益做法:

(1)减少客房客用物品的配置。减少配置主要指在不影响服务质量的前提下,适当减少一些客用物品的品种、数量,对于一些客人不常用的物品,不作为正常供应品在客房内配置,如果客人需要,可以临时提供。一些物品的数量也可以减少,如在一些通常由单住租用的双人间里,只配备一套客用消耗物品,个别用品如浴液、洗发液等的量,只需够一次使用即可。

(2)减少客房客用物品的更换。对客房的一些布草用品尤其是床单及卫生间的毛巾可减少更换次数,很多饭店在卫生间放置一只专用的篮子或其他容器,供客人放置需要更换的毛巾,并在卫生间放置醒目的告示,用于提示和解释。如在房内床头柜上放置环保告示卡,这种尊重客人意愿,为了保护环境而减少物品更换的做法,在大多数饭店里都是可行的。

(3)调整客房客用物品的发放方法。按传统的做法,客房每天需更换补充客房已使用的消耗品,如牙刷、梳子、香皂等,日积月累,这种客用物品的发放方法所造成的资源浪费是相当大的。目前一些饭店对原来的发放方法做了适当的调整:对连续租用两天以上的客房,在清扫整理时,不一定将客人动用过的消耗物品一概重新更换,而是视情况在保留原有物品的同时再做补充。为避免客人因担心牙刷、拖鞋等物品互相混淆而丢弃的情况,现在有许多饭店在双住的客房放置两把不同颜色的牙刷、两双有明显区别的拖鞋。这种客用物品的发放方法,既尊重了一部分客人“喜新厌旧”的权利,又顺应了一部分客人节约资源的良好意愿;既降低了消耗,又避免了丢弃这些物品所造成的环境污染。

(4)调整客房整理的次数。国内一些饭店为体现档次和“服务质量”,日常客房清扫整理往往采取一天三进房甚至四进房的做法。进房次数多,不仅增加了成本费用,有时还因打扰了客人而引起客人的投诉。饭店可根据客源对象等具体情况适当调整客房整理的次数。目前,在国外一些饭店,晚间做夜床已不是每天必做的工作,而采取事先在客房内放置告示卡的方式,用于提示和解释。告示的内容设计为:“尊敬的宾客,为避免影响您的休息,我们不敲门进房做夜床。如您需要夜床服务或其他服务,请致电客房中心,号码为×××,我们可随时为您提供服务。”这种做法可谓一举多得。

2.再利用(Reuse)

Reuse的意思是“再利用”。客房可以再利用的物品很多,人们对这些物品再利用的方法也很多。

(1)注重回收。通常饭店要求员工在日常工作中注重回收那些已经用过,但仍有再利用价值的物品。客房服务员清扫房间时,可以回收报纸、杂志、酒瓶、饮料罐、食品盒、肥皂头、剩余的卷纸、用过的牙刷、用剩的牙膏、浴液、洗发液、枯萎的花草等,有些物品的包装材料和容器等也可以回收。

(2)合理利用。凡是具有再利用价值的物品,回收后再合理利用,这样做既可以减少物品消耗,又可避免简单地将其作为垃圾处理,造成环境污染。如肥皂头、牙刷、牙膏、浴液、洗发液等,可以用于清洁保养工作,报纸、杂志等可以卖给废品收购站。一些物品经过再加工还可以继续使用,如报废的床单可改制成洗衣袋、枕套、婴儿床单;报废的毛巾可作抹布使用。

3.循环(Recycle)

Recycle的意思是“循环”。循环使用是减少客用物品消耗,做好环境保护工作的一项重要举措。客房的某些物品如果在材料和设计上做些调整,就可以循环重复使用。如以前很多饭店客房内配置的洗衣袋都是塑料制品,属于一次性消耗品,用过即弃,不仅造成浪费,而且污染环境。现在不少饭店都改用布袋作为洗衣袋,且设计、制作比较讲究,使之成为经久耐用的环保用品。

4.替代(Replace)

Replace的意思是“替代”。饭店应尽可能使用有利于环境保护和可再生利用的产品,以替代一些传统产品,如用纸质包装取代塑料包装,将塑料洗衣袋改为纸制品,或用可多次使用的布袋、竹篮代替。

客房部在推行四个“R”的过程中,必须注意下列事项,以防产生负面影响:

(1)讲究标准规范。客房部推行四个“R”前有统一的标准和规范,不能随心所欲,不能降低客房服务及有关工作的质量标准,一定要尊重有关行业管理的规定和要求,借鉴国际和国内一些成功的经验,同时还要考虑市场竞争等因素,有一套严格而明确的标准和规范,要做得科学、合理,有特色、有成效。

(2)注重宣传解释。饭店在推行四个“R”的做法时,需向客人及有关方面进行适当的宣传解释,以取得他们的理解和支持。对客人,饭店要用推销技巧,向其宣传解释四个“R”的一些具体做法,而不能仅从保证饭店自身利益的角度向客人宣传解释,要注重从客人的角度,至少是兼顾客人的利益去宣传解释,以得到客人的理解、支持和配合。另外,饭店要经常接受有关方面的检查。对于检查,饭店除了可能采取的一些技术性措施外,往往还需要做些必要的宣传和解释工作。否则,有关方面的人员可能会认为饭店的一些做法不合规定、不达标准。

本章小结

1.客房内供住客使用的物品可以分为三大类别:客用消耗物品、客用固定物品和客用租借物品。这些客用物品的配备要以宾客至上、效益为本、利于环保为基本指导思想。

2.加强客用物品的管理,从选购、保管、领发、使用消耗、回收利用等诸多环节进行控制,在体现饭店档次、保证宾客满意的前提下,尽量降低消耗,并减少对环境的污染。

3.在实际工作中,要大力推行"REDUCE、REUSE、RECYCLE、REPLACE"的做法。

复习与思考

1.客房内供住客使用的物品分为哪几类?各类物品通常包括哪些品种?
2.配备客房客用物品的指导思想是什么?
3.设计客房客用物品采购程序图。
4.客房客用物品的保管、领发有哪些具体的要求?
5.详细描述客用物品控制的标准、程序和做法。
6.何为"4R"?"4R"的具体做法是什么?采用"4R"做法有何意义?

第 6 章

客房面层材料及其保养

课前导读

室内面层装饰材料的主要功能是美化并保护墙体和地面基材，创造出一个舒适、整洁、美观的室内环境。了解面层材料的有关知识，掌握其清洁与保养技能是本章的学习重点。

教学目标

- 了解饭店常用面层材料的种类与特性，并能根据实际需要，对面层材料做出正确的选择
- 熟悉各类面层材料的清洁保养要求，掌握各类面层材料的清洁保养技能

第一节　客房面层材料的种类及其选用

一、面层材料的种类

面层装饰材料的品种、花色非常繁杂，通常有两种分类方法。

1. 按材料的化学成分分类

根据化学成分的不同，面层装饰材料可分为金属材料、非金属材料和复合材料三大类。其中，金属材料，又可分为黑色金属材料和有色金属材料；非金属材料，又分为无机材料和有机材料；复合材料，又分为有机与无机复合材料、金属与非金属复合材料(见表 6-1)。

2. 按装饰部位分类

根据装饰部位的不同，面层装饰材料可分为墙面装饰材料、地面装饰材料和顶棚装饰材料三大类(见表 6-2)。

表 6-1 按化学成分面层材料分类

金属材料	黑色金属材料	不锈钢、彩色不锈钢
	有色金属材料	铝及铝合金、铜及铜合金、金、银
非金属材料	无机材料	天然饰面石材:天然大理石、天然花岗岩
		陶瓷饰面材料:釉面砖、彩釉砖、陶瓷锦砖、琉璃制品、玻璃饰面材料
		石膏饰品:装饰石膏板、纸面石膏板、嵌式石膏板、装饰石膏吸声板、石膏艺术制品
		白水泥、彩色水泥
		装饰混凝土:彩色混凝土路面砖、水泥混凝土花砖
		矿棉、珍珠岩饰面材料:矿物棉装饰吸声板、玻璃棉装饰吸声板
	有机材料	木材饰面:胶合板、纤维板、细木工板、旋地微薄木、木地板
		竹林藤材饰面
		织物类:地毯、墙面、窗帘等
		塑料饰面:塑料壁纸、塑料地板、塑料装饰板
		装饰涂料:地面涂料、墙面涂料
复合材料	有机与无机复合材料	人造大理石、人造花岗岩
	金属与非金属复合材料	彩色涂层钢板、塑铝板

表 6-2 按装饰部位面层材料分类

分类	部位	材料举例
墙面饰材	内墙面、墙裙、踢脚线、隔断等	壁纸、墙布、内墙涂料、织物饰品、塑料面板、大理石、人造石材、面砖、人造板材、玻璃制品、隔热吸声装饰板、木装饰材料
地面饰材	地面、楼层、梯等	地毯、地面材料、天然石材、人造石材、陶瓷地砖、木地板、塑料地板、复合材料
顶棚饰材	室内、卫生间及顶棚饰材	石膏板、矿棉装饰吸声板、珍珠岩装饰吸声板、玻璃棉装饰吸声板、钙塑泡沫装饰吸声板、聚苯已烯泡沫塑料装饰吸声板、纤维板、涂料、金属材料

二、面层材料的选用

面层装饰材料的选用,主要是从材料的色彩、性能和价格等方面来考虑,熟悉了解材料的特性,可以更好地选用材料,发挥各种面层材料的优势。

1. 石材

(1)天然石材。主要分大理石和花岗岩两种。

天然大理石。是石灰岩经过地壳内的高温、高压作用形成的变质岩,通常是层状结构,有明显的结晶和纹理,属于中硬石材。它具有花纹品种多,色泽鲜艳,石质细腻,抗压性强,吸水率小,耐腐蚀、耐磨,耐久性好、不变形等优点;缺点一是硬度较低,如作地面使用,磨光面易损坏,其耐用年限一般在30年～80年间;二是抗风化能力差,不宜作为外墙面或露天部位的面材,因空气中常含二氧化碳,遇水时生成亚硫酸,与大理石中的碳酸钙发生反应,生成易溶于水的硫酸钙,使表面失去光泽变得粗糙多孔。大理石的品种很多,绚丽多彩,主要有云灰、白色和彩色三种。

天然花岗岩。是以火成岩中开采的花岗岩、安山、辉长岩、片磨岩为原料,经过切片、加工磨光、修边后成型。它具有结构细密,性质坚硬,耐酸、耐磨、耐腐,吸水性小,抗压强度高,耐冻性强,耐久性好(耐用年限为25年～200年)等优点;缺点是自重大,硬度大(开采和加工困难),质脆,耐火性差,某些花岗岩含微量放射性元素,对人体有害。花岗岩品种繁多,色彩选择余地很大,有红色系列、黄色系列、青绿色系列、青白色系列、白底黑点系列、花底黑色系列、纯黑色系列等。

(2)再生石材

面层石材料是再生大理石和再生花岗岩的总称,属于泥混凝土或聚脂混凝土的范畴。它是以大理石碎块、石英砂、石粉等骨料,拌合树脂、聚酯等聚合物或水泥粘结剂,经过真空强力拌合震动、加压而成型,再经打磨抛光以及切割等工序制成的石材。它具有天然石材的花纹和质感,而重量仅为天然石材的一半,强度高,厚度薄,易粘结。

再生面层材料根据其采用的天然石料、粒度和纯度不同以及制作的工艺方法不同,其花样品种和质感也有很大差异,选择余地很大。

2. 内墙面砖

内墙面砖主要有白色釉面砖、装饰釉面砖、彩色釉面砖及图案砖等,一般在客房卫生间墙面、厨房墙面大量使用。它是用瓷土或优质陶土经低温烧制而成,面层均上有光釉、面光釉、花釉、结晶釉层,特点是表面平整、光滑,不易沾污,耐水性、耐蚀性好,易清洗,其吸水率不大于20%。

3. 地面砖

地面砖一般采用可塑性较大且难熔的粘土,经精细加工而成。为了获得不同色彩和增强其性能,在加工时掺加部分助熔剂和少量矿物颜料,其特点是抗冲击强度较高、硬度高、耐磨性能好、质地密实均匀,吸水性一般小于4%,不易起尘,一些地砖还具防滑功能。主要用于卫生间、厨房、走道、餐厅地面的装饰。

4.陶瓷锦砖

陶瓷锦砖又称马赛克,是由各种颜色、多种几何形状的小块瓷片铺贴在牛皮纸上形成色彩丰富、图案繁多的装饰砖。其特点是质地坚实,色泽美观,图案多样,耐酸、耐碱、耐磨、耐压、耐冲击、耐水。其中,无釉锦砖吸水率不大于0.2%,有釉锦砖吸水率不大于1.0%。其缺点是粘贴难度高,时有色差。陶瓷锦砖多作为卫生间、厨房等地面和外墙面的装饰。

5.内墙涂料

随着涂料种类的不断增加和功能的完善,现在饭店内墙使用涂料的越来越多,现代涂料应具有以下特点(见表6-3):

(1)色彩丰富、质感好。(2)耐碱、耐水性好,不易粉化。(3)透气性、吸湿排湿性好。(4)涂刷方便,重涂性好。

表6-3 常用内墙涂料

种类	特点
水溶性涂料	无毒、无味、干燥快、附着力强、耐湿擦、价格较低
合成树脂乳涂料(乳胶漆)	1.苯丙乳胶漆:耐碱、耐水、耐久、耐控性均好于其他乳胶漆。 2.乙丙乳胶漆:耐碱、耐水,保色性好,有光泽,外观细腻。 3.聚醋酸乙烯乳胶漆:无毒、无味,不燃,易涂刷,干燥快,透气性好,附着力强,耐水性好,色泽明快艳丽。 4.氯一偏共聚乳胶漆:无毒、无味,抗水耐磨,耐碱、耐化学性好,易涂刷,干燥快,不燃。
溶剂型涂料	光洁度好,易冲洗,耐久性好,透气性差,只宜用于厅堂、工作区域等。
多彩内墙涂料	色泽丰富,立体感好,耐久、耐油、耐水、耐腐、耐洗刷,具有透气性较好,质地较厚,具有弹性,似壁纸。

6.壁纸、墙布

(1)壁纸。壁纸又分塑料壁纸、非塑料壁纸和特种壁纸。其中,塑料壁纸是以纸为基层,以聚乙烯薄膜为面层,或掺有发泡剂的PVC糊状树脂,经过复合、印花、压花等工序制成,这类壁纸价格较低;非塑料壁纸是以纸为基层,面层有丝、棉、麻和金属等,经复合加工而成,强度和装饰性等均好于塑料壁纸;特种壁纸是指有防污、灭菌等特殊功效的壁纸,如灭菌壁纸、健康壁纸、植绒壁纸等。在有些壁纸背面(特别是进口壁纸)常有一些符号(见图6-1),说明了对壁纸的施工处理及保养方法,装贴前应注意。

(2)墙布。目前市场上墙布的种类主要有以下几种:

无纺墙布。它是采用棉、麻等天然纤维或涤晴等合成纤维,经成型、上树脂、印

图 6－1　壁纸施工处理及保养方法示意图

刷花纹而成。其特点是较挺括，有弹性，不易折断，表面光洁有羊绒毛感，色彩鲜艳，不褪色，耐磨。

装饰墙布。是以纯棉布经过预处理、印花、深层制作而成，特点是强度大，静电小，哑光，吸音，无毒无害，花型色泽美观大方，由于防潮性能较弱，故适用范围不是很大。

化纤装饰贴墙布。这种墙布是以化纤布（如涤纶、晴纶、丙纶等）为基材，经处理后印花而成，特点是无毒无味，防潮性能好，经久耐用，清洁保养方便，适用范围广，是客房较常用的墙面装饰材料。

玻璃纤维印花贴墙布。简称玻纤印花墙布，是以中碱玻璃纤维织成的布为基材，表面涂以耐磨树脂，并印上彩色图案而成。其特点是玻璃布本身具有布纹质感，经套色印花后，装饰效果好，色彩艳丽，花色繁多，不褪色，不老化，防火、防水，可用清洁剂洗刷，价格便宜，是中低档饭店客房墙饰的首选。

7. 木质地板

木材因其天然的花纹、良好的弹性和淳朴典雅的质感而受到人们的青睐。用木材制成的地板，因其独特的功能而被作为特别场所的地面装饰材料，如会议室、酒吧、舞厅、健身房、羽毛球场、餐厅、客房等。木质地面装饰板多用软木树材（松、杉等）和硬木树材（杨、柳、榆等）加工而成，可做成拼花板、企口板、漆木板和复合地板等。实木地板的特点是自重轻，导热性能低，弹性较好，舒适度好，美观大方，但容易受温度和湿度的影响而裂缝、起翘、变形，它耐水性差，清洁保养难度大，易腐朽。现在，新型的复合地板在加工制造中通过革新传统的加工工艺和添加防腐、防虫、耐磨等物质，来改善其性能，已使之成为很好的地面装饰材料。

8. 地毯

地毯既具实用价值又有艺术观赏价值，有着悠久的发展历史，最早是以动物毛为原料编织而成，基本上是手工织造，价格昂贵，难以广泛应用。随着科技的发展，出现了以棉、麻、丝、化纤等为主要原料的地毯，并采用机织无纺等工艺，使地毯这一古老的地面铺设材料成为饭店地面的最主要的铺设材料。

(1)羊毛地毯。即纯毛地毯。它以粗绵羊毛为主要编织材料，具有弹性大、拉力强、光泽好的优点，是高档的铺设饰材。

羊毛地毯分为手工编织羊毛毯和机织纯毛地毯两大类。

手工编织羊毛地毯。是采用优质绵羊毛纺纱，用现代染色技术染出最牢固的颜色，用精湛的手工技巧织成瑰丽的图案，再经平整加工而成。它的特点是图案优美，色泽鲜艳，富丽堂皇，质地厚实，富有弹性，柔软舒适，经久耐用，装饰效果极佳。因其价格昂贵，故主要用于豪华房间的装饰。

机织羊毛地毯。具有毯面平整、光泽好、富有弹性、脚感柔软、抗磨耐用等特点，其性能与手工羊毛地毯相似，但价格低于手工地毯。科技的进步使地毯织造工艺日臻完美，为消除纯毛地毯的易虫蛀、易霉变等缺陷，织造中通过改良纤维，使其具有了抗虫蛀、抗潮湿的功能，降低了清洁保养的难度，从而使羊毛地毯成为中档饭店普通客房的地面饰材。

(2)化纤地毯。是70年代发展起来的一种新型地面装饰材料。它是以化学合成纤维为原料，经机织或簇绒等方法加工成面层织物后，再与背衬材料进行复合处理而制成。

①化纤地毯的面层。是以聚丙烯纤维(丙纶)、聚丙烯晴纤维(晴纶)、聚酯纤维(涤纶)、聚酰胺纤维(锦纶、尼龙)等化学纤维为原料，通过采用机织或簇绒等方法加工成为面层织物。上述纤维中，丙纶纤维的密度较小，抗拉强度、抗湿性及耐磨性都很好，但回弹性与染色性较差；而晴纶虽密度稍大些，但具有色彩鲜艳、静电小等优点，回弹性优于丙纶，且具有足够的耐磨性；涤纶纤维的优点是具有优良的抗皱性和回弹性，缺点是染色性差，织物易起毛球；与涤纶纤维相比，尼龙的强度及耐磨性高于涤纶，但极易起静电，毯面的舒适滑爽感较差。在现代地毯生产中，针对上述几种毯面纤维的特性及对地毯功能的要求，生产商们通过对纤维进行耐污染、抗静电的处理或将两种纤维进行混纺，不断强化和完善化纤地毯的观赏价值和实用价值。

②化纤地毯的防松涂层。是指涂刷于面层织物背面、背衬上面的涂层。这种涂层材料是以氯乙烯为基料，再添加增塑剂、增稠剂及填料等，配制成为一种水溶性涂料，再将其涂于面层织物背面，可以增加地毯绒面纤维在背衬上的固着牢度，并增强了地毯的弹性。一些质次的化纤地毯通常没有防松涂层。

③背衬。地毯背衬通常有两层，一层是经纬交织的黄麻或是其他泡沫橡胶等；另一层是起防潮和加固作用的防松涂层。背衬不仅保护了面层织物背面的针码，

增强了地毯背面的耐磨性,同时也加强了地毯的厚实程度。

(3)混纺地毯。是将两种或两种以上的纤维按一定比例混合,组成新的纤维后再纺成的地毯。前面已介绍过,无论是羊毛纤维还是化学纤维都有各自的优点和不足,将它们按比例混合便可扬长避短。例如,将羊毛与化纤混纺,可抗虫蛀、防潮,同时仍具有羊毛柔软、华贵的特性,而且价格远低于纯羊毛地毯。这类混纺地毯是大多数饭店客房的地面铺设材料。

总之,地毯的美观、安全、舒适、清洁、吸音、保温等特点,使它们在饭店里得到了最充分的使用。

第二节　客房面层材料的清洁保养

客房面层材料主要指地面和墙面装饰材料。地面、墙面的清洁保养是饭店清洁保养工作的重要内容,做好相关工作,既可美化环境,又能延长地面、墙面装饰材料的使用寿命,减少饭店维修或更换地面、墙面装饰材料的投资。

随着科学技术的不断进步,能够用于饭店地面、墙面的装饰材料越来越多,给饭店清洁保养工作提出了新的课题。

一、地面材料的清洁保养

饭店用于地面的装饰材料主要有地毯、大理石、水磨石、木材、混凝土、瓷砖等。应根据其不同特性,做好清洁保养工作。

(一)地毯的清洁保养

1.采取必要的防污垢措施

采取预防性措施,可以避免和减轻地毯的污染,这是地毯保养最积极、最经济、最有效的方法。

(1)喷洒防污剂。地毯在使用前,可以喷洒专用的防污剂,在纤维表面喷上保护层,能起到隔离污物的作用,即使有脏东西,也很难渗透到纤维之中,且很容易清除。

(2)阻隔污染源。饭店要在出入口处铺上长毯或擦鞋垫,用以减少或清除客人鞋底上的灰尘污物,避免将污物带进饭店,从而减轻对店内地面的污染。

(3)加强服务。周到的服务也可防止污染地毯。例如,有些客人会在客房内食用瓜果,服务员发现这种情况时,应主动为客人提供专门的用具、用品,并给予适当的帮助,尽量避免瓜果汁液污染地毯。

2. 经常吸尘

吸尘是清洁保养地毯的最基本、最方便的方法。吸尘可以清除地毯表层及藏匿在纤维里面的尘土、砂粒。吸尘时可交替使用筒式和滚擦式吸尘器。筒式吸尘器一般只能吸除地毯表面的尘土，而滚擦式吸尘器既可吸除地毯表面的尘土，又可通过滚刷作用，将藏匿在纤维里面的尘土、砂粒清除掉，同时还能将粘结、倒伏的纤维梳理开来，使之直立，恢复地毯的弹性及外观。在平时的清洁保养中，不能等到地毯已经很脏时再吸尘。因为，当能够明显地看出地毯上有灰尘时，地毯纤维组织便已经积聚了大量的尘土，仅靠吸尘已不能解决问题。

3. 局部除迹

地毯上经常会有局部的小块斑渍，如饮料渍、食物斑渍、化妆品渍等。在日常清洁保养中，这些小块斑除渍即使最终能清除掉，也会给地毯造成损害。

常见的地毯污渍种类及清除方法，见表 6－4。

表 6－4　常见地毯污渍的种类及清除方法

污迹的种类	清除方法	备注
酒精、尿液、烟灰、铁锈、血液、啤酒、果酒、果汁、盐水、芥末、漂白剂、墨水	1. 将溶液①浸在清洁的抹布上 2. 轻轻抹去污渍 3. 用纸巾或干布吸干 4. 用吸尘器吸尘	溶液①：以 30 毫升的地毯清洁剂加一匙白醋，溶在 120 毫升水内
巧克力、鸡蛋、口香糖、冰淇淋、牛奶、汽水、呕吐物	1. 将溶液①浸在清洁的抹布上 2. 轻轻抹去污渍 3. 用干布或纸巾吸去液体 4. 施用溶液② 5. 施用溶液① 6. 用干布或纸币吸去液体 7. 干后用吸尘器吸尘	溶液②：将 7% 的硼砂溶在 300 毫升水中
牛油、水果、果汁、油脂、食油、药膏、油漆、香水、鞋油、油渍、蜡	1. 将溶液①浸在清洁的抹布上 2. 轻轻抹去污渍 3. 用干布或纸巾吸去液体 4. 等待变干 5. 用溶液①浸湿脏处地段 6. 轻轻擦拭 7. 用干布或纸巾吸干 8. 干后用吸尘器吸尘	

续表

污迹的种类	清除方法	备注
地毯烧伤	1.用软刷轻刷 2.或者用剪刀将烧焦的部分剪掉 3.用吸尘器吸一遍	必要时用清洁剂溶液清洁
地毯严重烧伤	1.用利刀去掉烧焦部分 2.用同样的地毯胶贴或织补 3.清除痕迹	
地毯上有压痕	1.用蒸汽熨斗熨烫 2.用软刷轻刷或用吸尘器吸,消除痕迹	

对地毯进行局部除渍时,应注意以下事项:

(1)必要时,先用清水湿润地毯污迹周边,以防止污渍潮湿后疏散。

(2)用刷子擦刷时,采用湿刷的方法,以减轻对纤维的损伤。

(3)在清洁污渍前,必须先清除污物,如用油灰刀刮除粘滞的或已干结的固体污迹,用纸巾吸除未干的液体,等等。

(4)根据污渍的种类和性质,选用合适的清洁剂,如果对选择没有把握,要先从损伤性较小的清洁剂开始试用。

(5)为防止污渍扩散,使用清洁剂时应按照由外围向中心的顺序进行,待反应一段时间后,用抹布按同样的顺序进行擦抹,或用抽洗机配合手动进行冲洗、吸干。

(6)使用清洁剂后,必须用清水过清,以减轻清洁剂对地毯的损伤。

(7)避免因清洁方法不当而留下新的痕迹,如褪色等。

4.适时清洗

一般来说,当地毯使用了一段时间后,就应对地毯进行全面彻底的清洗,但必须注意,这种清洁的频率必须适度,清洁的方法必须适当,因为清洁地毯成本费用高,影响使用,且对地毯有损伤。这里尤其要注意地毯的受损问题。

清洗使地毯受损的情况主要有以下几种:机器设备对地毯的磨损;化学清洁剂对地毯的腐蚀;地毯因受潮后缩水、变形、霉烂、褪色、加速老化而难以恢复原有的弹性和外观。可见,地毯不宜频繁清洗,即使不得不清洗,也要选择合适的设备工具和清洁剂。

(1)常用的地毯清洗方法

主要有湿旋法、喷吸法、干泡擦洗法、干粉除污法等。

①湿旋法。是比较传统而又普通的清洗地毯方法,目前已不常用。这种清洗方法是借助清洁剂的去污力,靠盘刷的旋转摩擦,将污迹与纤维分离,然后用吸水

机将溶液及污迹吸除，再用烘干机烘干。这种方法所需的设备工具有盘刷机、吸水机、烘干机、吸尘器、手工刷等。清洁时应选用专用清洁剂。与其他清洗方法相比，湿旋法的弊端最多，对地毯的直接磨损最严重，残留的清洁剂和污物较多，容易使地毯缩水、起皱、褪色、霉烂，影响地毯使用的时间较长等。因此，这种方法主要适用于污垢严重的化纤地毯。

②干泡擦洗法。是饭店比较常用的清洗地毯方法。其操作过程和除污方法是将清洁剂压缩打泡后喷涂在地毯上，机器底部的擦盘同时擦洗地毯，使泡沫渗入地毯中，靠擦盘的摩擦力和清洁剂的去污力，将污物与纤维分离。分离后的污物与泡沫结成晶体，一段时间后（半小时左右）用吸尘器将其吸除。这种清洗方法不会使地毯过于潮湿，影响地毯使用的时间也较短，所以适用范围较广。但如果地毯脏污程度较重，则难以一次性清洗干净。

③喷吸法。就是用高压将清洁剂喷射到地毯中，在高压冲击和清洁剂的双重作用下，将污垢与纤维分离，同时用强力吸嘴将溶液及污物从地毯中吸除。这种方法快捷、方便，对地毯的直接伤害较小，但清洗后，地毯湿度较大、干燥时间较长，一般只用于清洁化纤地毯。

④干粉除污法。就是将专用干粉撒在地毯上，用机器辗压，使之渗透到地毯中，待干粉在地毯中滞留一段时间后，用吸尘器吸除。这种方法基本不损伤地毯，但仅适用于轻微污染的地毯。

(2)清洗地毯的注意事项

①要有齐全适用的设备、工具。②要合理配制清洁剂。③水温不能过高。④清洗前要先移开家具及其他障碍物。⑤边角部位要用手工处理。⑥地毯如果污染较重，不能指望一次清洗干净。⑦必须待地毯完全干燥后才能使用。⑧局部严重污迹，可先用手工清除。⑨安全操作。

(二)大理石地面的清洁保养

对大理石地面定期清洁保养，既可保持其清洁美观，又可延长其使用寿命。清洁保养的主要方法有：日常除尘、去除污迹、定期清洗、定期打蜡抛光等。其中比较复杂的是清洗和打蜡，下面简单介绍这两项工作的操作程序。

1.大理石地面的清洗

(1)器具、用品。警示牌、附有驱动盘和粗尼龙或聚酯垫的抛光机、吸水机及其他工具、碱性清洁剂（pH10～pH11）。

(2)方法。①通风；②设置警示；③清除障碍；④将清洁剂溶液放入清洁桶，用地拖或机器将清洁剂溶液洒在地面上（注意适量）；⑤用机器分段分块清洗；⑥用手工擦洗边角部位；⑦及时用吸水机或地拖清除溶液和污物（如不及时清除污物又会粘附在地面上);⑧用清水彻底清洗,在最后一次清洗时,要在水中加入适量的醋,以中和清洁剂的碱性;⑨将地面处理干燥;⑩清洁后将设备、工具和用品妥善保管;⑪打蜡抛光;⑫撤消警示。

2.大理石地面的打蜡

(1)器具、用品。警示牌、涂蜡拖把(棉或羊毛制品)、蜡液容器、抛光机、封蜡、上光蜡、其他工具。

(2)方法。①设量警示;②通风;③用胶纸带封住离地面60cm以下的插空;④面对自然光;⑤涂蜡动作流畅、用力均匀;⑥不可遗漏,将两个区域的交界处轻轻带过;⑦涂一遍之后,要等干燥后用机器磨去粗糙不平处,再涂另一遍蜡;⑧封蜡要在12小时~16小时后才干;⑨上光抛磨;⑩清洗工具、设备,妥善收放工具、设备及用品;⑪撤消警示。

有关打蜡抛光常见的问题及原因见表6-5。

表6-5 打蜡抛光常见的问题及原因

问　题	原　因
全部涂层很差	1.对碱性清洁剂清除不彻底,有残留; 2.上光剂太少; 3.前一层未干就涂后一层; 4.上光剂质量太差。
地面过滑	1.上光剂太多; 2.上光剂是从另一处移过来的; 3.地面未在打蜡抛光前清洁干净。
涂层成粉状	1.地面已受过污染; 2.封蜡时湿度过高或过低; 3.地面下有热度; 4.定期保养用错刷垫。
耐久性差	1.交通负荷超过地面承受能力; 2.错用清洁剂; 3.日常保养错用刷垫; 4.上光剂太少; 5.上光剂涂在受污染的地面上; 6.清洗时碱性不够。

3. 大理石地面清洁保养的注意事项

对大理石地面进行清洁保养时，方法一定要得当，否则会对大理石地面造成损伤，既影响其外观，又会缩短其使用寿命。

在清洁保养工作中，具体要注意以下几点：

(1)避免使用酸性清洁剂。因为酸性清洁剂会与大理石产生化学反应，使大理石表面变得粗糙，失去光泽和韧性。

(2)有选择地使用碱性清洁剂。因为有些碱性清洁剂，如碳酸钠、碳酸氢钠、磷酸钠等，也会对大理石造成损作。

(3)不能使用肥皂水清洁大理石地面。因为肥皂水会在地面上留下粘性沉淀物而不易清除，使大理石地面变滑，影响行人安全。

(4)地面预温后，再将清洁剂泼洒在上面，以防止清洁剂中的盐分被大理石表面的细孔吸收。

(5)新铺的大理石地面，在启用前必须清洗打蜡。第一次打蜡可打两层底蜡和两层面蜡；打蜡后，可防止污物渗透，使地面表面光洁明亮。

(6)在大理石地面周围的出入口处，要铺放踏脚垫，但不能直接在大理石地面上放置踏脚垫或有橡胶底的地毯，因为它们会与蜡粘连，形成难以清除的污垢。

(7)防止地面被坚硬物体擦伤。

(三)水磨石地面的清洁保养

(1)水磨石地面表层孔隙多，需用水基蜡离封。

(2)经常除尘除迹。

(3)避免沾染油脂类污物。

(4)适时清洗。清洗前，先用干净的温水预温地面，然后用合适的清洁剂溶液清洗，最后用清水冲洗干净并擦干。

(5)避免使用碱性清洁剂，因为碱性清洁剂会使水磨石地面粉化。

(6)清洁保养时，通常选用含碘硅酸盐、磷酸盐等清洁剂和合成清洁剂。

(四)混凝土地面的清洁保养

(1)启用前，地面需用聚酯、环氧树酯、水基蜡或酚醛清洁处理。

(2)清洁日常用扫帚、温拖。

(3)必要时用中性清洁剂清洗。

(五)瓷砖地面的清洁保养

瓷砖地面日常清洁保养无特别要求，主要是要避免地面潮湿，避免使用强碱性的清洁剂，平时用抹布或拖把将地面擦拭干净即可。

(六)木质地面的清洁保养

(1)木地板启用前要用油基蜡离封上光,以隔垫防潮、防渗透、防磨损。

(2)日常清洁保养中,可用抹布或经牵尘剂浸泡过的拖把除尘除迹。

(3)特殊污迹要采用合理的方法清除。

(4)一般污迹用经稀释过的中性清洁剂清洗。

(5)定期清除陈蜡并重新打蜡。清除陈蜡时,要使用磨砂机干磨,边角部位用钢丝绒手工处理。

(6)木地板打蜡选用油基蜡。

(7)防止碰撞或擦伤,防火、忌水。

二、墙面材料的清洁保养

饭店用于墙面的装饰材料主要有硬质材料、墙纸、墙布、木质材料、软墙面、油漆墙面、涂料墙面等。

1.硬质墙面

饭店很多地方的墙面多为硬质材料,常见的有瓷砖和大理石等。这些墙面材料的特性与地面材料相同,但在清洁保养的做法及要求上有所不同。作为墙面,很少受到摩擦,主要是尘土、水和其他污物。日常清洁保养一般只是对墙面进行除尘除迹,定期清洁保养大多是全面清洗,光滑面层可用蜡水清洁保养。厨房、卫生间的墙面用碱性清洁剂清洗,洗后需用清水洗净,否则时间一长,表面会失去光泽。

2.墙纸、墙布

墙纸、墙布的清洁保养主要是除尘除迹。除尘时,可使用干布、鸡毛掸、吸尘器等。除迹时,需按规范操作。对耐水的墙纸、墙布,可用中性、弱碱性清洁剂和毛巾、软刷擦洗,擦洗后用纸巾或干布吸干。对不耐水的墙纸、墙布,只能用干擦的方法,或用橡皮擦拭,或用毛巾蘸少许清洁剂溶液轻擦。

3.木质墙面

木质墙面的清洁保养主要是除尘除迹,定期打蜡上光,防碰撞或擦伤。除尘除迹可用潮抹布,打蜡上光需选用家具蜡,如有破损则需由专业人员维修。

4.软墙面

软墙面的清洁保养主要也是除尘除迹。除尘时可用干布或吸尘器,如有污迹,可选用合适方法清除,一般不宜水洗,以防止褪色或留下色斑。用溶剂除迹时,要注意防火。

5.油漆墙面

油漆墙面清洁保养时,可用潮抹布擦拭,以清除灰尘污垢,但忌用溶剂。

6.涂料墙面

涂料墙面的清洁保养主要是除尘除迹。灰尘可用干布或鸡毛掸清除;污迹可用干擦等方法清除,另外要定期重新粉刷墙面。

本章小结

面层材料的种类繁多,要选择好、使用好、保养好面层材料,就必须对各种面层材料进行认真的研究。目前,很多饭店在面层材料的使用和保养上问题较多,甚至很严重。其主要原因是:一、有关人员缺乏这方面的专门知识与技能;二、缺少专门的设备用品;三、管理层对这方面的工作重视不够、要求不严、标准不高。由于面层材料没有得到很好的使用与保养,严重影响了整个饭店的面貌,进而影响了饭店的市场形象与竞争力。因此饭店必须把面层材料当作饭店的脸面去爱护、去保养。

复习与思考

1.人们通常是如何对饭店面层材料进行分类的?
2.详述饭店常用面层材料的特性。
3.整理出各种面层材料的清洁保养程序。
4.列出客房地毯上特殊污渍的种类及清除办法。

第 7 章

客房部清洁设备的配置与管理

课前导读

精良的设备是做好饭店清洁保养工作的必备条件之一。合理配置、正确使用、严格管理清洁保养设备对于控制设备投资、提高清洁保养工作的效率都具有十分重要的意义。

教学目标

- 充分认识清洁设备的重要性
- 熟悉饭店常用清洁设备的种类及其用途
- 能熟练操作常用的清洁设备
- 熟悉清洁设备管理工作的各个环节及具体方法与要求

第一节　清洁设备的配置

对饭店来说,购买客房清洁设备是一笔数目不小的投资,若配置不当,一方面可能会影响清洁保养工作,另一方面也可能会给饭店造成资金上的浪费。

一、清洁设备的种类和用途

客房清洁设备品种繁多、功能不一,对其种类、用途的了解,有助于设备的正确配置和使用。

(一)擦地/抛光机

此类机器的主要功能是通过机盘的转动,带动不同类型的刷盘,对各种地面进行清洗。除此之外,它还可配上其他一些刷盘或附件,进行地面的起蜡、上蜡、洗地毯、喷磨、翻新等清洁保养工作。擦地/抛光机的功能多、型号及附件也多,这些都使得它成为清洁设备中用途最广、利用率最高的设备。擦地/抛光机主要分为单擦机、全自动洗地机及抛光机。

1. 单擦机

擦地机中用得最多的是单擦机,也称多功能洗地机,具有洗地、起蜡、上蜡、喷磨及洗地毯之功能。

单擦机的工作原理是,装置水箱,将清洁剂和水加注其中,在常压下喷出清洁剂,盘刷在马达的带动下与地面摩擦,使地面污垢被擦磨分解,进而用吸水机将其吸走。它适用于石材、广场砖、水磨石等硬地面的清洗。

将单擦机底部的洗地刷换为尼龙地毯刷,就可进行地毯的洗涤。此外,还可通过配置专用电子打泡箱打出泡沫,喷在地毯面层,再利用摩擦力洗净地毯。地毯干燥之后,再用吸尘器将停留在地毯表面上的清洁剂和污垢的结晶吸去。

2. 全自动洗地机

全自动洗地机集喷水、洗地、吸水三个功能为一体,备有交流式和直流式两种电源,可选择前进和后退两种方向。全自动洗地机的特点是效率高,适合于大面积地面的清洗。

由于该机集三种功能为一体,清洁剂与污垢的反应时间不太充分,因此,对于重污地面需考虑重叠清洗,以达到较好的清洁效果。在机器工作时,应安排一名清洁工做些辅助工作,如准备清洁剂、去除污水箱内的污水、搬开障碍物、对机器难以洗到的边角部位和不易洗净之处进行手工清洁,以提高效率、保证质量。

3. 抛光机

抛光机的外表很像单擦机,但它的转速要高于单擦机,一般在每分钟 1 750 转,超高速的可达到每分钟 3 000 转左右。它的主要作用是对打蜡后的地面进行喷磨和抛光。一般来说,喷磨可用单擦机或低速抛光机,而抛光则要用高速抛光机。抛光机的主要配件是百洁刷片。百洁刷片因成分不同、硬度不同而有不同的用途,可以通过颜色来加以区别。一般情况下,百洁刷片由浅到深的顺序为白色、米色、红色、蓝色、绿色、褐色、黑色,颜色越浅,硬度越低,研磨性越小,抛光性能越好;颜色越深,硬度越高,研磨性越大,擦洗性能越好。

抛光机一般都配置喷蜡嘴。喷蜡嘴安置在机器的前部,使清洁工可以边喷洁面蜡边抛光,以节省时间。设计合理的抛光机还有吸尘功能,可将抛出的尘粒吸去,以加强清洁效果。

(二)吸尘器

吸尘器全称为电动真空吸尘器,它是由电动机带动的吸风机,利用马达推动扇叶造成机身内部的低压(真空),通过管道将外界物品上附着的灰尘吸进机内集尘袋中,以达到清洁的目的。吸尘器应用范围广泛,是饭店日常清洁保养工作中不可缺少的清洁设备。

根据构造和操作原理，吸尘器可分为桶式吸尘器和直立式吸尘器。桶式吸尘器靠吸力来进行吸尘，吸力强、容量大，使用和保养都较方便；直立式吸尘器除了具有吸尘的功能之外，还具有滚刷梳理功能。直立式吸尘器内置旋转震动刷，滚刷转动可将地毯的绒毛拨开，使深藏其中的尘屑、污垢，特别是将地毯的致命物——沙粒自绒毛中松脱出来，也可使部分粘在纤维上的粘附性污垢脱离开来，以便于吸除。在地毯吸尘方面，直立式吸尘器效果很好，是地毯保养必不可少的设备。

吸尘器只适用于干燥的环境，在潮湿的环境下吸除脏液，需要使用吸水机。也有吸尘、吸水两用的机器，即吸尘吸水机。除此之外，还有背式、腰式吸尘器。背式吸尘器可背在肩上使用，腰式吸尘器则系在腰部使用。这两种吸尘器使用方便，清洁时机动性大，但最大的缺点是尘袋较小。水下吸尘器俗称“水鬼”，专用于游泳池的清洗。

(三)地毯抽洗机

地毯抽洗机俗称为三合一地毯抽洗机，集喷液、刷洗、吸水为一体。抽洗机下部有三组或五组喷嘴。使用前将兑制过的清洁剂放入水箱，洗地毯时由喷嘴喷出，然后滚刷转动，使清洁剂与地毯污垢发生反应，将污垢分解出地毯，再将污水吸入污水箱。地毯抽洗机配有不同扒头，可以分别用于地毯的局部清洁及沙发、床靠背等设备的洗涤。另一种设计是主机加扒头，简称二合一，扒头的主要功能是喷水和吸水，适用于楼梯及狭窄区域地毯的洗涤。

还有一种地毯抽洗机，被称为震荡式地毯抽洗机。振荡抽洗与滚刷抽洗原理基本相似。它的**第一个特点**是采用多组来回震荡直刷。这种“高速摇摆清洁刷”每分钟前后摆动 2 000 次～3 000 次，可迅速将地毯中的污渍震刷出来，并将其溶解在清洁溶液中，随后被吸走。清洁过程中电刷的高速震荡有助于地毯纤维的松化及弹性的恢复，避免了其他刷法对地毯纤维所造成的破坏。**第二个特点**是所使用的“蒸汽干洗地毯机”具有强大的双马达吸水系统，吸干率比其他清洁设备大大提高，实用性特别强。

(四)吹干机

吹干机常用于地毯/地面清洁后的吹干。根据地面潮湿的程度不同而调节风速(一般分为三速)，促进地毯/地面的水分蒸发，加速地毯/地面的干燥。

(五)高压清洗机

俗称高压水枪，分冷、热水型，主要通过水的压力及温度对游泳池、广场、厨房及冷库等区域进行清洁，特别适用于对地面顽渍的处理。出水温度最高能达到100℃，工作压力最高能达到 200Pa。

(六)软面家具清洗机

软面家具清洗机俗称沙发机,其工作原理是由主机将兑制过的高泡清洁剂制成泡沫,一只外接刷盘喷沫刷洗,一只扒头吸液。

(七)扫地机

扫地机主要分手推式扫地机和动力式吸尘扫地机,适用于饭店广场和庭院地面的清洁。动力式扫地机既可用汽油,又可用蓄电池作动力,大型的扫地机需像开车一样驾驶。除此之外,还有树叶/垃圾吸扫机,专用于树叶的清理,其尘袋达到几百公升的容量,而且易于更换倾倒,也可外接吸管,用于清洁边角处和沟渠。

二、客房部清洁设备的配置

配置客房部清洁设备须综合考虑多方面的因素。这些因素包括:

饭店建筑规模。客房区域每个楼面的客房数决定了吸尘器的配备数量。如果每层的客房数是十几间,每层就可配置1台,超过20间,就应考虑配备2台。当然,还要考虑客房出租率及其他情况,如清扫员是单独做房还是合作做房等。

饭店清洁区域的大小影响着机器型号的选择,如果多功能厅很大,所选的吸尘器的功率及容量就应该大。大堂面积大、宽敞,应选择直径大的抛光机以达到事半功倍的效果。

有些建筑的结构需要经常搬动清洁机器,如有很多独立式的小楼,所配的设备应为便携式,以方便搬运。

地面材料。不同的地面材料需使用不同的清洁方法(如大理石与花岗岩即可采用相同的清洁方法,也可采用不同的清洁方法)。其设备的配置应做相应的变化。

饭店的档次。饭店的规模小、档次低,应考虑配置多功能的设备。例如,用单擦机替代三合一地毯抽洗机;用双速单擦机的喷磨替代高速抛光机的抛光等。规模大、档次高的饭店则应考虑配置专用性强的设备,所配置的品种相应较全。

饭店的财力。饭店应根据财力合理配置清洁设备,如果资金充足,又有必要,则可尽量配置专用性强、品种齐全的清洁设备。

劳动力成本。在劳动力成本较高的地区,应配置工作效率较高的设备。例如在劳动力成本很高的国家,一些饭店配置具有污水处理性能的三合一地毯抽洗机,虽然价格很高,但清洁工作的效率却会因此而得到很大的提高,人员费用就会大幅度降低,综合考虑还是经济的。

合同清洁。这主要取决于清洁服务的市场,如果是买方市场,完全可以考虑采用合同外包清洁的方式,即将一些清洁工作外包给社会上的专业清洁公司,从而减少设备的配备种类和数量，以减少饭店在清洁设备上的投资。

第二节 清洁设备的管理

清洁设备是客房部固定资产之一，客房部对其管理的重点应放在选购、保管、使用、保养和维修等几个重要环节。良好的管理不仅可以使清洁设备始终处于正常的工作状态，确保饭店清洁工作的正常进行，而且还可以延长设备的使用寿命，为饭店节省大量资金。

一、配置清洁设备的好处

1.提高效率

相对于手工清洁而言，配置恰当的清洁设备不仅可以增强清洁效果，而且更加经济。饭店大堂的地面可以用拖把拖，也可以用机器洗，但用机器洗会使地面更干净，而且效率也能提高数倍。

2.降低员工劳动强度

使用设备不仅可以提高劳动效率，还能大大降低员工的劳动强度。

3.提高员工士气

使用设备标志着客房部员工所做的工作不是简单的体力劳动，而是需要一定技能的技术工作，必须经过一系列培训才能胜任，员工的自豪感会油然而生。客房部管理人员在选择设备时，应在一定程度上考虑设备的外观，尽量选择那些外观较吸引人的设备，如流线型的。

4.提高工作的安全性

使用伸缩杆清洗玻璃，进行高处吸尘，比爬梯子清洁要安全得多。使用吸水机抽吸地面的水并用吹干机吹风，会使地面很快干透，从而能在很大程度上减少因地湿而滑倒人的事故。

二、清洁设备的选购

清洁设备的选购是一项专业性较强的工作，客房部管理人员有责任参与。在选购时既要注意对供货商的选择，又要从技术上对所选的设备把好关。

(一)供货商的选择

在选择清洁设备供货商时应考虑一系列的因素。

供货商在行业中的声誉。要向供货商的竞争对手和客户了解供货商在行业中的声誉。可请供货商提供他们的客户名单及向各客户提供的主要产品。相当一部分供货商会提供一份长长的客户名单,但很多是很久前的,或有的客户只购买少量的产品,而且用量很小。客房部管理人员在接到客户名单后应详细了解以上情况。

供货商维修保养能力及零配件的供货情况。在选择供货商时需要落实下列工作:第一,供货商所承诺的免费维修保养期限一般为 1 年,有的更长。需要落实保养频率要具体确定,以确保其承诺落到实处。第二,供货商在当地有没有维修保养点。这涉及到维修保养能否正常进行。第三,设备发生问题后能在多长时间内进行维修,供货商应做出承诺。第四,零配件的供应情况也能影响到设备的维修,进而影响到饭店清洁工作的正常进行。

供货商的销售人员素质。销售人员素质高低对售后服务影响很大,素质高的销售人员会正确推荐产品的品种,承担对用户的专业培训及定期的现场指导,使饭店的清洁工作不断得到改进。而有的销售人员只顾多销售产品,却不考虑用户的真正需求。很多饭店采购的清洁设备大大超过实际需要量,从而造成设备的闲置及资金的大量占用。

供货商商品价格的竞争性。在市场经济条件下,不仅要考虑设备购买价格,而且还要考虑日后零配件的供应价格。在设备使用两三年后,零配件的补充将是一笔数目不小的费用。

供货商是否愿意现场演示。现场演示可以反映设备的使用性能和特点,还能使一些未考虑到的问题表现出来,如噪音、操作控制的难易程度、尺寸大小等问题。如果供货商愿意进行现场演示,客房部经理、PA 主管、工程部经理及维修主管应参加。

供货方产品尺寸的标准性。供货商所提供的设备应是标准通用型的,如果所买的型号尺寸不标准,日后零部件的更换就可能成为一个突出的问题。

就像购买其他商品一样,选择清洁设备的供货商时,应主要考虑价格及质量这两个基本因素,此外还要考虑供货商产品性能的稳定性等其他因素。

(二)清洁设备的选择

1.选择清洁设备应注意的共性问题

(1)噪音。这对饭店来说非常重要,客房部的一项任务是为宾客创造一个舒适的环境,噪声过高会破坏饭店的幽雅环境,影响饭店的产品质量。

(2)安全性。设备的设计有没有充分考虑到安全问题?设备的绝缘性能如何?有没有自动保护装置?

(3)多功能性。一般情况下,设备的功能越多,其实用性越高。设备的多功能性通常通过配备附件来实现,如吸尘器配上必要的附件,就可进行沙发等软面家具的吸尘。

(4)操作的灵便性。好的设备设计应是方便操作,操作者操作时无须使用太大的气力,例如设备的轮子大易于移动,手柄的高低能够调节,方便不同身高的操作者使用。

(5)自重和可携带性。部分低层建筑没有电梯,园林式的饭店建筑比较分散。对于这些饭店,设备的重量和可携带性就显得尤为重要。

(6)外观。清洁设备需要在对客区域工作,外观是否漂亮、颜色是否与环境协调,都会或多或少地影响到客人对饭店的印象,也会在一定程度上影响到客房部员工的士气。

(7)耐用性。除了要考虑设备外壳及其他部分的设计外,还要考虑轴承、齿轮、皮带等部分的牢固程度,马达的质量、耐热程度及电线质量都是要注意的问题。

(8)电源。注意电机对电压的要求,国内的电压是 220 伏,而国外的通常为 110 伏。不过,大部分进口设备已将电压改成 220 伏。

(9)功率和型号。选择恰当的功率和型号,可方便清洁工作,避免浪费。

2.各类清洁设备的不同特点

(1)擦地/抛光机

在选择擦地/抛光机时,需要考虑的最重要的因素是尺寸问题,即刷盘的直径。尺寸选择太小,是最常见也是代价较大的一种错误。刷盘为 17 英寸的单擦机比 15 英寸的单擦机要贵,但工作效率要提高近 30%,一年下来,其节省的人力是相当可观的,而设备的价格以其寿命来分摊,贵出的部分几乎可以忽略不计。

很多饭店在采购时会选择所能买到的最小擦地/抛光机,因为单价相应便宜。实际上,更经济的方法是视区域的大小及家具的布置情况,尽可能选择最大的尺寸。目前市场上的擦地/抛光机刷盘大都在 16 英寸～18 英寸,而 20 英寸～22 英寸的机器则更加实用。

在选择尺寸时,应考虑以下因素:

①保养的总面积。

②保养区域的家具布置。

③大型号比小型号更稳,晃动幅度要小些。

④对于不太平坦的地面,使用型号小的设备所照顾到的地方更多。

⑤尺寸越大,单位面积所承受的压力越小,因此,对于翻新、镜面处理等需要较大压力的工作,需使用小型号的机器。

⑥如考虑地毯洗涤,所选择的机器以中等型号为宜,理想的擦地机应可调速度、重量及刷盘尺寸。

除了考虑重量及尺寸外,还应考虑:

①马力。机器马达必须超过半匹,刷盘小于16英寸时,可考虑更小的马力。18英寸的机器不小于0.75匹,21英寸的不小于1匹,24英寸的不小于1.5匹。

②马达种类。大多数单擦机使用电容器或感应电动机,两者都可接受,但电容器或电动机不需单独的启电器,在使用时可减少一些麻烦。

③外型设计。为了使机器能伸到家具下工作,厂家将马达设计成偏离中心式的,即马达偏后,在轮子上方,工作时轮子承担一部分重量。这种设计与传统设计不一样,传统的设计是将马达放在盘刷上方的正中央,所有的重量由盘刷承担。

④轮子处理。在传统的设计中,马达位于盘刷的中央,操作时轮子离地,机器的所有重量都压在盘刷上,有些机器需操作者脚踩调节器,使轮子收缩离开地面,有的则需手动调节,还有一些机器的轮子是固定的,轮子大,方便机器的搬运。

⑤开关。大部分擦地\抛光机使用安全手柄开关。

⑥速度。标准速度(每分钟175转)最适合于洗地及起蜡,每分钟250转~300转的速度适合于喷磨。

(2)吸尘器

①吸力要大,吸尘器的吸力用压力水柱表示,单位是英寸。

②所用马达要能承受连续不断的工作而不被烧坏,马达的排风为旁路式。

③根据用途选择吸尘或吸尘吸水两用机。

④根据吸尘量选择型号,确保装尘桶能装足够的垃圾,以避免频繁地倒垃圾。

⑤因为吸尘器大部分时间是在需要宁静环境的楼层工作,因此噪音要小。

⑥外壳最好有白色橡胶圈,以防止与墙和家具接触时留下印痕或造成损坏。

⑦吸水机最好选择不锈钢质地的桶体。

(3)地毯抽洗机

①虽然地毯抽洗机使用低泡清洁剂,但从地毯抽出的脏液中还是含有大量的泡沫。如果设计了自动保护装置,就可避免因泡沫外溢而造成马达被烧的问题。

②普通的地毯抽洗机只能单向行走,而双向行走的设备更方便操作。

③传统的水箱容量有限,而可移动的柔性水箱则能使水箱的容积增加近1倍,其原理是清水和污水两个水箱的大小会在使用过程中发生变化,刚开始清洗地毯时,清水箱处于最大状态、污水箱处于最小状态,随着清洁的进行,清水箱逐渐变小,而污水箱则逐渐变大,这样可减少清洁工的换水次数。近年来,一些厂家开发出具有污水处理能力的抽洗机,既可以节省人力,又可以节省水资源。

④振荡式抽洗机的缺点是噪音较高,严重时高达90分贝,对环境及操作者影响较大,因此其使用时间及环境受到限制。近年来设备生产厂家对设备进行了改进,利用声学原理将噪声降低了60%左右,因此选用时应考虑噪音的分贝数。

⑤地毯抽洗机的种类很多,应根据各饭店的实际情况进行选择,主要需考虑饭店特点、规模、财力及劳动力成本。

(4)吹干机

①风力是要考虑的首要因素,在允许的情况下应尽可能大些。

②噪音要尽可能小,因为吹风机要长时间不间断地工作。

③单只使用的效果远没有两只对吹的效果好,因此应成双地配置。

(5)高压水枪

高压水枪分冷水及加热两种,售价有很大的差别。供货商备有多种高压喷头、喷枪管、接头、高压通渠嘴及各种长度的高压管,要根据实际需要进行选择。由于高压清洗机的工作压力很高,所以要选择有防爆安全系统的。

(6)软面家具清洗机

软面家具清洗机功能较单一,但价格却较高。如果饭店的规模不是很大,可以考虑用地毯抽洗机代替,因为大多数地毯抽洗机都能外接清洁沙发的扒头。

三、清洁设备的保管

客房部应制定清洁设备的管理制度,包括设计、使用准确的档案卡、制定收发程序以及确保库房的安全。

建立和使用档案卡是对清洁设备进行控制的第一步,每一清洁设备都应单建一卡,卡上应有以下栏目:名称、型号、编号、供货商、购买日期、价格、预计使用寿命(通常以工作小时为单位)、保修情况、当地服务联系方式以及各清洁设备的附件及库房内保管的备件(皮带、吸管等)。

表 7-1　清洁设备档案卡

设备名称: 生产厂家: 编　　号: 购买日期: 保修日期: 领 用 日:	使用寿命: 供 货 商: 部门编号: 价　　格: 存放地点:	
配件:	购买日期:	价格:
备件及维修购买件:	购买日期:	价格:

在确定发放程序后,应每天将所有设备的发放和归还情况详细记录在《设备使用记录簿》中,具体内容包括:日期、设备名称、使用人、该设备用于何区域、归还时间等。

客房部最好安排一员工负责设备的统一收发。领用者必须在领用和归还时签字。设备的收发工作也可由公共区域组的领班负责。

客房部应考虑库房的安全问题。在没人时应锁上库房,所有设备在不使用时都应送回库房保管,店内的设备不可以随意拿出店外。对于借给其他部门的设备,客房部应详细记录,而且确保该设备完好归还。

客房部每季度应对所有设备进行实地盘点。在盘点这一天,所有的设备都应归还到客房部库房,盘点中应对照档案卡逐个清点核实,所有的附件及备件,也应点数并做记录,最后应试一下所有的机器,以确保其工作正常。

四、清洁设备的使用

正确使用清洁设备可以提高工作效率、延长机器寿命,同时还能避免相关的伤害事故。在使用中应该注意以下事项:

加强培训。要使员工知道在什么情况下需要使用清洁设备、如何使用清洁设备、如何清洁清洁设备、在哪里清洁清洁设备、在需要时找谁帮忙及设备附件在哪里。

重视检查。应重视机器设备的检查,尤其要注意设备使用前的检查,避免设备带病工作。使用时,若发现声音不正常或有异味,应立刻停机检查。

严格按程序操作。按程序操作是工作正常进行的前提,违反程序的操作,往往会导致问题的出现。例如针座及刷盘应用手安装到机器上,而不要将机器放在上面,试图启动机器,使其自动装上,那样会引起伤害事故;机器的电线应拖在操作者的后面,而不要放在前面,那样容易被机器盘刷卷起,而损坏盘刷和电线,引起安全事故;也不要将电线绕在手柄上,那会影响开关操作;吸尘前应先清除地面的纸团及别针、图钉等尖利物,避免吸管、过滤网及尘袋损伤。

安全操作。插座应与插头相配,大的清洁设备要有地线;一些饭店在设计插座时,不能充分估计到电的负载问题,导致使用时出现跳闸现象;如果使用接线板或接线盘,其电线须与单擦机上的一样粗,最好略粗些;如果操作中用到溶液,为防止触电,最好戴橡胶手套、穿胶鞋;操作电器设备时手要保持干燥;注意设备、电线及吸尘器吸管在使用时的摆放位置,避免绊倒他人。

保持设备清洁。要特别注意电线的清洁,随时擦去水迹,以免在家具或地面上留下污迹;尽量不要使水或清洁剂溅到机器上,以免马达断路或机器锈蚀;避免机器接触到具有腐蚀性的清洁剂，如果发生上述情况，应立即清除。

五、清洁设备的保养

1. 日常保养

日常保养是清洁设备保养的基础。

(1)班前保养要求

①阅读交班记录，了解需特别注意的问题。②检查电源。③擦拭设备。

(2)运转中的保养要求

①严格按操作规程操作。②注意观察设备运转所发出的声音、气味。③设备不能带病运行，发现异常情况应立即停机，检查并排除故障，做好记录。

(3)班后的保养要求

①工作结束后，应仔细将清洁设备擦拭干净，如用完吸尘器后，应清除尘袋内的灰尘垃圾，并将吸尘器的外表及附件清洁干净。②检查各部件，确保其运行正常。③保养完后，切断电源，设备应恢复到非工作状态。

2. 定期保养

清洁设备的定期保养也称计划保养。它是定期对设备进行更深层次维护，以便消除隐患，减少设备磨损，保证设备长期正常运行的前提。该项工作一般由饭店工程部负责，也可与供应商签订合同，由其负责。

建立设备保养卡是确保清洁设备保养工作正常进行的基础。首先将需保养的清洁设备列出，然后参考设备使用说明书、使用手册、安装调试手册等资料中的有关维护保养内容，制定设备保养卡。此卡的内容包括：

(1)间隔周期：每周(月、年)进行一次。

(2)任务内容：应检查的零部件；应清洁保养的部件；应测量的数据及其基准值范围；应记录的内容；应润滑的部件及用油种类等。

(3)任务/时间定额：注明完成检查、擦净、测量和润滑等任务所需的时间。

六、清洁设备的维修

清洁设备能否正常运行，与维护修理工作关系密切，加强对设备的维修工作，可以保证清洁设备处于良好的工作状态，延长其使用寿命，从而为清洁保养工作的正常进行创造必要的条件。

就像其他设备一样，清洁设备的维修也分预防性的维修和应急性的维修。预防性的维修属保养性质，包括对设备的日常保养和定期保养；应急性的维修是在设备出现故障时的维修。加强预防性的维修可在很大程度上减少应急性的维修。

及时发现问题有利于设备的维修工作,发现问题不及时或报修不及时,就可能让设备超负荷、带病工作,造成设备的非正常磨损,有时甚至烧毁马达,更严重的甚至造成事故。

饭店工程部是设备维修部门,负责处理一般性的维修问题。清洁设备的大修一般交送供货商进行。供货商会派出专业人员检查设备、更换零部件、排除故障。

大部分清洁设备供货商要求饭店不拆卸机器。饭店可根据清洁设备维护的特殊性,与供货商签订一份保养、维修合同。虽然饭店要支付一定的保养、维修费用,但由于设备能得到更专业的保养和维修,其工作效率会提高,使用寿命会大大地延长。与此同时,饭店还可在合同期内享受配件折扣优惠。所以从某种意义上讲,合同保养、维修应该更加经济。

本章小结

1.从饭店内部来看,清洁保养工作高度专业化,从饭店的外部来看,清洁保养工作的社会化程度越来越高,基于这两个原因,饭店清洁设备的配置与过去相比将有很大的变化:一是集中配置、集中使用和管理,二是尽可能地避免大而全、小而全。

2.清洁保养工作是饭店不间断的工作,每时每刻都要做,而且必须做好。因此,选好、用好、管好清洁设备,对于提高清洁保养工作的效率,保证清洁保养工作的质量都具有非常重要的意义。

复习与思考

1.配置精良的清洁设备,对于做好饭店清洁保养工作具有哪些重要意义?
2.客房通常需要配置哪些清洁设备?这些清洁设备各有什么用途?
3.为客房部配置清洁设备时通常需要综合考虑哪些因素?
4.选择清洁设备时需要注意哪些问题?
5.如何才能做好清洁设备的保管工作?
6.使用清洁设备的注意事项是什么?
7.列出做好清洁设备保养工作的要点。

第 8 章

清洁剂的配制与管理

课前导读

人们常说清洁剂就是饭店的沐浴液、润肤露,可见清洁剂对于饭店的清洁保养工作具有何等重要的意义。本章重点介绍饭店常用清洁剂的种类、特性及其用途。掌握清洁剂的专门知识和使用与管理方法,是对专业管家的基本要求。

教学目标

- 充分认识清洁剂的重要性
- 了解清洁剂的种类与特性
- 能够根据清洁保养工作的实际需要选配安全高效的清洁剂
- 能够正确使用清洁剂
- 能够对清洁剂进行有效的控制

第一节 清洁剂的作用及污垢分类

安全高效的清洁剂是做好清洁保养工作不可或缺的材料。饭店的清洁保养工作离不开大量的各种类型的清洁剂。合理配备、正确使用清洁剂,既能提高工作效率、保证工作质量,又能对提高饭店的经济效益产生积极影响。

一、清洁剂在清洁保养中的作用

清洁剂的基本功能就是将污垢从家具、洁具、织物、地面等物体的表面清除,其除脏原理是依靠清洁剂的化学作用,减弱污垢与物体表面的粘附力,再借助机械力,将污垢从物体表面清除掉。从饭店清洁保养工作的目标来看,清洁剂在清洁保养中的作用主要有以下几点:

美化被清洁物的外观。正确合理地使用清洁剂对物体表面进行清洁保养,不仅可以清除物体表面的污垢,还可以美化被清洁物的外观,使之保持原有的色彩和光泽,延缓老化,避免因老化陈旧而被提前淘汰,延长设施设备的使用寿命。

保持和提高被清洁物的质量和性能。在一定意义上,设施设备的使用寿命与经济效益成正比。如一件家具若清洁保养得当,可使用十年以上仍光亮如新、完好如初,否则会被提前淘汰,使饭店为购买新的家具而增加投入。有些饭店为节支而使用劣质、低价的清洁剂,要想达到一定的清洁效果,只能依靠强机械力,结果对被清洁物造成不必要的损伤。

具有环保功效。污垢滞留在物体表面,不仅有碍观瞻,而且污染环境。饭店是一个公共场所,每天迎来送往,污垢也借此进进出出。在清洁保养过程中,借助于清洁剂不仅有利于清除污垢提高工作效率,还可消除肉眼所看不见的有害细菌。因此,从这个意义讲,清洁剂还具有环保功效。

提高劳动效率。“工欲善其事,必先利其器”,员工劳动效率的高低与他们所使用的工具有直接的关系。使用高效的清洁剂,不仅能提高清洁功效,同时也能提高员工的劳动效率,饭店会因此而获得一定的经济效益。

二、污垢的种类和特点

污垢是指吸附于基质表面、内部,可改变基质表面外观及质感特性的不良物质。污垢的种类繁多,其成分也很复杂。

1.根据污垢的特性分类

液体油性污垢。液体油性污垢主要是指动植物油、矿物油等,如菜肴汤汁、圆珠笔油、化妆唇膏、指甲油等形成的污垢。其中动植物油脂、脂肪酸可以被碱液皂化,能溶于水;脂肪醇、胆固醇、矿物油则不会被皂化,但可以被表面活性剂乳化和分散,也能溶于一些醚醇、烃类等有机溶剂中。

固体污垢。主要有尘埃、砂土、铁锈、灰、炭黑、花粉等。特点是在常温下可溶于水,而其中的污垢能与纤维等物质起化学作用,形成化学吸附,不易脱落,但可以使用特殊的方法处理。如用含酶的洗涤剂使污垢分解,达到清洁的目的。

特殊污垢。主要是指由蛋白质、淀粉、人体分泌物等在基质上形成的污垢。这类污垢一般不溶于水和有机溶剂,但可以被表面活性剂分子吸附而分散、胶溶、悬浮于溶液中,也可在水或溶剂的冲击力作用下被洗离一部分。

2.根据污垢的物理和化学性质分类

水溶性和分散性有机物与无机物。这类污垢有砂糖、果汁、果实酸之类的有机酸及食盐、石灰等无机物。此外,淀粉、小麦粉以及蛋白质类的血液、卵白等,虽然不是完全水溶性的,但可分散在大量的水中,在水中可以溶解、分散,借助表面活性剂等可完全洗净。

非水溶性无机物。水泥、熟石膏、煤烟尘、油烟、土壤等，这些物质不仅不溶于水，而且大多数也不溶于有机溶剂。对于这类无机物，以适当的表面活性剂和机械力处理，可以使它们脱离被洗物，而分散、悬浮在洗涤液中。

非水溶性非活性有机物。润滑油、润滑脂、沥青、煤焦油、油漆、颜料、动植物油等物质，为非水溶性非活性有机物，虽不溶于水，但多数能溶于某些有机溶剂，因此可利用溶剂介质，将其溶解分离。干洗剂就是利用这种性能。

非水溶性活性有机物。这类物质比较少，像脂肪酸之类的物质，少量存在于油脂和汗液中。

第二节　清洁剂的特性及配制

污垢的种类繁多，特性不一，粘附在不同的物质表面后，形成了难以用水和机械力去除的污垢，因此配制恰当的清洁剂针对性去垢，不仅可减轻清洁人员的劳动强度，还可提高清洁功效，达到事半功倍的效果。

一、清洁剂的特性

溶解作用。溶解，就是将固体或液体分散于另一液体之中。根据某些液体对某些固体或液体的溶解特性，可达到去除污垢的作用。例如水可溶解淀粉渍。

化学作用。利用某些化学剂与某些污垢的化学反应，使污垢变成无色状物质或可溶性物质，再利用溶解作用去除污渍。例如：用酸中和恭桶内的碱性污垢。

乳化作用。利用表面活性类清洁剂的润浸、渗透、分散、乳化等作用，可使某些不溶性污渍变成亲水性污渍，乳化分离。

分解作用。利用某种物质对另一物质的特殊分解作用，使之变成易于去掉的物质，以达到去垢的目的。例如：利用碱性蛋白酶可分解牛奶、血、汗中的蛋白质，使其成为可溶于水的氨基酸。

上述四种原理可单独使用，也可联合运用，以达到最佳清洁效果。

二、清洁剂的组成

清洁剂是指以去污和保养为目的而设计配制的洗涤用品，由必需的活性成分和辅助成分构成。活性成分即为表面清洁剂，辅助成分有助剂、抗沉淀剂、酶、填充剂等。

1. 表面活性剂

作为清洁剂必要活性成分的表面活性剂，能使溶剂的表面张力大大降低，当它达到一定的浓度时，能在溶液中缔合成胶团，从而产生润湿或反润湿、乳化或破乳、起泡或消泡、加溶、洗涤等作用，以达到实际应用的要求。

表面活性剂的种类很多，作用不同，应用的对象和范围也不同。在清洁保养中常用的表面活性剂见表 8-1。

表 8-1 常用表面活性剂一览表

常用表面活性剂：
- 烷基苯磺酸钠——其用量为表面活性剂之首，优点之一是生物降解性能好
- 烷基硫酸盐——其适用范围极广
- 脂肪醇聚氯乙烯醚硫酸盐——缺点是溶解度小，需合成后才能增效
- 仲烷基磺酸钠——生物降解性能好、无刺激
- α-烯基磺酸盐——适于洗涤重垢
- 脂肪酸甲酯磺酸盐——适宜低温及高硬度水
- 脂肪醇聚氧乙烯醚——生物降解性能好、用量大
- 烷基酚聚氧乙烯醚——生物降低性稍差
- 脂肪酸烷醇在酰胺——增加泡沫稳定性和粘度，有较高去污力
- 烷基糖苷——生物降解彻底、去污力强、无毒、无刺激

2. 助剂

清洁剂中除表面活性剂外，还要有各种助剂才能发挥良好的去污保洁功能。有的助剂本身有去污能力，但多数都没有。将助剂加入到清洁剂中，可使清洁剂的性能得到明显的改善，或使表面活性剂的配合量降低。因此助剂也被称为清洁剂的净化剂或去污增强剂，是清洁剂中必不可少的组成部分。其种类见表 8-2。

表 8-2 常用助剂一览表

常用助剂：
- 三聚磷酸钠——用量最大，综合了助剂所有功能
- 碳酸盐
- 硅酸盐——既具备了助剂的一般功能，还具有抗腐蚀功能
- 4A 分子筛——为无磷助剂，符合环保标准
- 过硼酸钠或过碳酸钠——在高温下具有漂白作用
- 荧光增白剂
- 综合剂——可软化硬水，提高去污能力
- 水溶助长剂——用于粉状清洁剂，可防止成品结块，增加粉体的流动性
- 抗污垢再沉积剂
- 溶剂——用于清洁脂肪性或油溶性污垢
- 防腐剂——阻止清洁剂受微生物的作用而引起霉变、腐败、腐蚀和破坏等
- 香剂——改善清洁剂的嗅觉效果

助剂的主要功能有:(1)对金属离子有整合作用或有离子交换作用,可使硬水软化。(2)起碱性缓冲作用。使清洁剂维持一定的碱性,保证去污效果。(3)具有润湿、乳化、悬浮、分散等作用。

三、客房部常用清洁剂的配制

针对各类物品的基质特点和污垢的特性,将表面活性剂和助剂进行不同组合,使其具有不同形态(如粉状、液体、块状、粒状和膏状等)、不同清洁和保养的功能。总之,活性剂与助剂配合使用便捷、除污效果好、对物品基质无损伤、无污染,是清洁剂的使用者们所追求的目标。客房部常用清洁剂的配制原理和方法如下:

家具清洁剂。主要用来清除家具、墙壁、瓷砖、门窗、玻璃等硬质物体表面上的尘埃、茶渍、油污等,使用时一般选用低泡的非离子表面活性剂或中泡的烷基苯磺酸钠,以氨、单乙醇氨等调成弱碱性清洁剂,再加入助剂、溶剂等。所用溶剂多为水溶性,以便配制成透明液体,加入溶剂,在清洁操作时能够更好地去除油污。这类清洁剂污染小,使用范围广,故被称为万能型清洁剂。

表 8-3、8-4 是两组家具清洁剂的配方实例。

表 8-3　通用型家具清洁剂配方表

组　成	配　比%	组　成	配　比%
烷基磷酸酯盐(50%)	4	焦磷酸钾	7
脂肪醇聚氧乙烯醚(AEO)	1	水	余量
硅酸钠	5		

表 8-4　涂漆家具清洁剂配方表

组　成	配　比%	组　成	配　比%
OP—10	2	次氮基三乙酸钠	0.5
聚醚	1	氨水(28%)	0.5
乙醇	1	水	余量
尿素	1		

家具上光剂。家具上光剂通常呈乳液状。其中的上光剂可溶于溶剂,也可以借助于乳化剂分散于水中。各种上光剂一般都含有光泽物质,如蜡、树脂、矿油等。用巴西棕榈蜡、小烛树蜡、蜂蜡、豆蜡等作光泽物质时,其用量为上光剂总量的 5%～30%。矿物油也可作为光泽物质,但其用量较高,为 20%～40%。上光剂用的

乳化剂是酯类或醚类环氧乙烷加成物，乳化剂用量是上光剂总量的 3%～10%。随着硅酮研究的深入，硅铜种类越来越多，此类产品全部用水包油型硅酮乳液。

卫生间清洁剂。卫生间清洁剂应具有清洁、除臭、消毒等多种功能。

表 8－5、表 8－6 是两组卫生间清洁剂的配方实例。

表 8－5 坐便器清洁剂配方表

组　成	配　比%	组　成	配　比%
脂肪醇聚氧乙烯醚	2	盐酸(工业)	10
OP—10	2	色素(蓝)	适量
聚乙二醇 500	2	水	余量

表 8－6 浴缸清洁剂配方表

组　成	配　比%	组　成	配　比%
烷基苯磺酸钠	10	异丙醇	5
脂肪醇聚氧乙烯醚	6	水	余量
松油	5		

玻璃清洁剂。客房大量使用玻璃与镜面，目前常用玻璃清洁剂的形态主要为液态型和气雾型两种，气雾型则主要用于清洁镜面，其配置方法如表 8－7。

表 8－7 玻璃清洁剂配方表

组　成	配　比%	组　成	配　比%
脂肪醇聚氧乙烯醚	6	乙醇	2
甲苯磺酸钠	3	异丙醇	10
烷基苯磺酸钠	3	水	余量

金属清洁上光剂。金属种类很多，性质也各有不同，因此必须配制相应的清洁上光剂，以便进行针对性处理(见表 8－8、表 8－9)。

表 8－8　气雾型不锈钢清洁剂配方表

组　成	配　比%	组　成	配　比%
白油	2.1	三氟氯甲烷	19
Span20	0.3	1.1.2.2—四氟氯乙烷	78
二壬基磺酸钡	0.6		

表 8－9　铜清洁剂配方表

组　成	配　比%	组　成	配　比%
聚乙二醇和甲氧基聚乙二醇	35	皂土	8
脂肪醇醚硫酸盐	3	硅藻上	19
柠檬汁		食盐	5
		水	余量

地毯清洁剂。又称地毯香波，由于地毯清洁的特殊性，对地毯香波的配方要求是对纤维无损害、润湿力及渗透性好，易于蒸发、干燥。通常分两类。

一类是通用型高泡地毯香波。这类清洁剂用途较广泛，其配方如表 8－10。

表 8－10　通用型高泡地毯香波配方表

组　成	配　比%	组　成	配　比%
十二烷基硫酸钠	10	二丙二醇单甲醚	4
AES	12	三乙醇胺	5
6501	5	水	余量

另一类是气溶胶型地毯清洁剂。这类清洁剂主要用于清洁地毯上的小面积污渍，主要成分为表面活性剂、溶剂、助剂、聚合物、香精等。一般为气雾剂，使用方便。

空气清新剂。客房因没有很好的通换风条件，要在瞬间改变房间的气味和消除细菌，最简单的方法便是喷洒空气清新剂。

客房所用的空气清新剂多为气雾型产品（见表 8－11）。

表 8-11 空气清新剂配方表

组 成	配 比%	组 成	配 比%
糖精	0.05	乙醇	50
薄荷香精(或其文香精)	2.5	水	4.95
甘油	2.5	异丁烷(推进剂)	40

溶剂清洁剂。是以有机溶剂为主要成分,加入适量的合成洗涤剂所构成的液体洗涤剂。它可以将吸附于基质的油性污垢溶解,同时将固体污垢分散,使这些污垢容易与基质脱离,主要用于对丝、毛等天然纤维织物的清洁。

选择溶剂型清洁剂中的溶剂时要注意理想的溶剂应具有以下特点:溶解能力强,化学稳定性好,挥发性适当,燃烧性小,毒性小,增溶力大,对洗涤设备无腐蚀性。

常用的溶剂有:

五号汽油。无色透明,无异味,稳定性好,毒性弱,价格便宜。

四氯乙烯。较稳定,不易燃,溶解力大,有毒性,对金属有轻微的腐蚀性。

三氯乙烷。溶解力好于四氯乙烯,不燃烧,毒性较小,除污功能好,但对金属有腐蚀性。

三氯乙烯。溶解力强,尤其对固态污垢,如蜡、焦油、口香糖等使用效果更好,但有毒性。

溶剂性清洁剂是由上述溶剂及表面活性剂、少量水等组成的制品,其性能主要受溶剂性质的影响。

液体消毒剂。对客房的非一次性物品,应定期或不定期使用消毒剂消毒,以杀灭基质内外的细菌,防止传染疾病。常用流体消毒剂应同时具有去污、消毒、杀菌等多种功能。

就消毒剂本身而言,应具备消毒药效高、毒性小、污染少的特点,而阳离子表面活性剂几者兼有。所以理想的液体消毒剂是在以非离子表面活性剂为主的配方中,加入阳离子表面活性剂。常用的阳离子表面活性剂有洁尔灭、十二烷基三甲基溴化铵、吡啶阳离子等。

客房部所使用的清洁剂远不止上述几种,因篇幅所限,只列举了其中一部分,想借此说明:清洁剂品种繁多,使用中针对性很强,不能以一代十,否则不仅不能达到理想的清洁保养效果,而且还会造成很多不良后果,如缩短被清洁物的使用寿命、造成污染等。

第三节 清洁剂的管理

一、清洁剂的选购

清洁剂在客房部的运转费用中所占的比例是相当大的。这种费用的支出最终能否得到相应的回报,关键有几点:一是能否选择到适合的清洁剂;二是能否以最理想的价格购进高质量的清洁剂;三是使用是否合理、消耗是否适量。客房管理者选择清洁剂的原则应是比质、比价,优用、劣汰。

(一)选择清洁剂的要素

去污力。去污力是清洁剂最重要的质量指标,直接影响清洁的功效。去污力不但与清洁剂表面活性剂的种类、含量有关,而且也与选用的多种助剂及整体配方有关。因此,选购时应详细了解其配方组成,并试用。

pH 值。基质及污垢对 pH 值有不同的要求。重垢在 pH 高值下才能有效,而轻垢则适合在低 pH 值下使用。问题是若 pH 值较低时,则又会对某些基质造成腐蚀,所以选择 pH 值适当的清洁剂是非常重要的。对于液体清洁剂可用 pH 值纸进行测试(产品的 pH 值在贮存过程中有可能发生变化)。

泡沫。泡沫包括起泡力和稳泡力两个方面。清洁实践中既要求清洁剂能够有良好的起泡力,可产生丰富细腻的泡沫,也要求其有良好的泡沫稳定性,即能够较长时间不消泡。购买时可了解和试用。

漂洗性。一般的清洁剂在发挥其特定的功能后,应能被完全冲离基质表面,好的产品应有较好的漂洗性。节约能源和提高工效是选购清洁剂的标准之一。

粘度。从感观效果上看,粘度是产品浓度的特征之一;从使用效果上看,粘度是产品流动性的物理指标。液态清洁剂对成品的粘度都有一定的要求。一般产品的粘度与有效物成分的多与少成正比,但也有些产品粘度依赖于增稠剂的作用。这要依据产品的用途进行选择。

污染。使用清洁剂会污染,已被越来越多的人们所关注。因此越来越多的饭店都在通过减少不必要的洗涤来减少污染,并且日益倾向于选择非污染(生物降解度好)的清洁剂。前面曾提到的烷基糖苷是 20 世纪末期开发的一种新型表面活性剂,无毒、无刺激,且生物降解迅速,去污性能极好。这类环保型清洁剂应是饭店的首选。选购时生物降解度不得低于 90%。

感观。对清洁剂的色泽、纯度、气味等,应仔细观察,一些混浊和有不良气味的清洁剂多为过期或劣质产品。

包装。清洁剂的包装也是判断其质量优劣的标志，一般的包装容器多为硬塑料盒(桶)或合金罐，具体要求如下：

①包装容器上的印刷标志清晰美观，无脱色。

②封口牢固、整齐。

③包装上应有下列标记：产品名称和标记；商标图案；净含量(内装盒、桶数及总净含量)；制造者名称和详细地址；产品主要成分(表面活性剂、助剂等)；使用说明；生产日期及保质期；运输及贮存要求。

对上述技术要素，在无把握的情况下可先少量购买，试用一段时间后再决定是否大批量购买。事实上，现在很多开明的生产商们经常会请一些大用户免费试用他们的产品，尤其是新产品，这实际上也是互惠互利。

(二)选购清洁剂的步骤

1. 确定需要购买的品种

本章前半部分已对客房常用清洁剂的种类及配比做过介绍。客房管理者应结合本饭店清洁保养工作的特点，合理确定应购买的清洁剂品种。每种清洁剂的配比要针对某一特定的污垢和基质，多功能清洁剂不应作为首选。

2. 核定采购量

确定采购量时应注意一次采购量不宜太大，否则使用周期太长，库存要求高，需专人管理，从某种程度上增加了成本。

确定一次采购量应考虑的因素是：

(1)一次采购准备使用多久。就清洁剂的化学特性而言，清洁剂不能长期存放，保管不当容易变性失效，一般的清洁剂保质期为三至六个月；从安全管理的角度讲，一些溶剂型清洁剂在 50℃以上易燃、易爆，大量存放会增加不安全隐患。

(2)饭店有无清洁剂库房。清洁剂的库存条件因清洁剂的性能而定，温度不宜高过 35℃或低于 0℃，相对湿度不超过 50%，通风、干燥。清洁剂不能直接放在地上，应放在距地面 20cm 以上的货架上，离墙壁 50cm 为佳，中间应留有通道，切忌靠近水源、火源和热源。

(3)结算方式。成批采购可降低单位成本，但大批量采购，一次性资金占用量也大，可根据具体情况做出决定。

3. 产品品牌咨询

选择产品品牌要考虑到产品的知名度。知名度高的产品通常有较为广泛的使用群体，这有助于了解该产品的实际使用效果。客房管理者应掌握清洁剂的有关知识，与生产商保持密切的联系，试用他们的新产品，并根据经验做出正确的判断。

4.了解售后服务情况

清洁剂若使用不当,既费时又费力,还对基质造成损坏。因此,厂商是否提供产品售后培训指导是非常重要的。例如,某饭店使用了一种公认的洗衣机主洗剂,但效果很差。厂商知道后主动帮助找原因,原来是当地的水质与其所选主洗剂的型号不符,在更换了新型号的洗涤剂后,洗涤效果非常好。因此,厂商定期进行产品使用后的跟踪调查和适时指导,有助于提高清洁功效,选择提供售后服务供货商的产品便有了保障。

5.询价

清洁剂的消耗占客房费用支出的比例较大,饭店应货比三家,比质、比价。尽量避免通过中介来购买产品,而应直接与厂家保持良好的沟通,以优惠的价格购进质量上乘的清洁剂。减少中间环节,也是降低购买价格的好办法。

6.弄清交货方式

购买清洁剂时还需弄清交货方式,如果由厂商负责将货物送抵饭店,在协议中规定由厂商负责运输费用,承担运输及相关责任。货到付款,有利于保证货物的质和量,还可使饭店免除运输费用及运输风险。

在将上述情况完全了解清楚后,可由采购部提出采购申请。采购申请可按下列“申购单”(见表8-12)填写:

表8-12 申 购 单

部门________ 日期________

品名	生产厂家	数量	单位	价格	供货期限	备注

二、清洁剂的储存与分发

1.储存

建立严格的清洁剂储存制度,可防止由于保管不当所造成的不必要的损失及其他不良后果。

(1)搬运时必须轻装、轻卸,按包装箱上箭头标志堆放,避免剧烈震动、撞击和日晒雨淋。

(2)用防水笔或标签在所有的容器上做上标记。

(3)浓缩清洁剂的腐蚀性一般较强,在标签上标明稀释率可减少失误。

(4)易燃、易爆的高压罐装清洁剂应远离热源。

(5)清洁剂货架要结实耐用,货架设计要方便管理员存取。

(6)要遵循物品“先进先出”的原则,必要时标明进库时间,以便查阅。

(7)保证清洁剂库房通道畅通、清洁干燥。

(8)定期盘点做账,在客房部电脑记录盘点情况,以备核查。

2.分发

合理分发清洁剂既能满足清洁需要,又能减少浪费。分发清洁剂最好由一名主管或领班专门负责,在每天下班前对楼层进行补充,每周或半个月对品种和用量进行一次盘点。通常,用量的多少与客房出租率有关,例外情况的额外补充应做详细记录。用量大、价格较便宜的清洁剂,买回时多为大桶装,分发工作量大,但管理方便;对于难于控制用量、价格又比较高的清洁剂,如家具蜡、玻璃清洁剂(罐装)和金属上光剂等,流失量大,损耗也大,管理难度相对大些,因此一定要严格控制。例如可凭经验或做试验,测算一罐可用多久,用多少房间等,以此作为标准来控制分配;也可采用以空罐换新罐的方法来进行有效控制,以减少流失和浪费。

分发过程中,申领者须严格填写"申领单"(见表 8-13),发放者根据"申领单"进行分发。

表 8-13　申　领　单

品　名	数　量	单　位	楼层(区域)

签名:　　　　　　　　　　　　　　　　　　　　　　年　月　日

三、清洁剂的使用及安全管理

1.清洁剂的使用

任何特性的清洁剂,一次使用过多,都会对被清洁物产生程度不同的副作用。再好的清洁剂有时对一些陈年污垢同样无效。客房工作者应树立这样的意识,即每天做好清洁工作,使用适量的清洁剂。这样不仅省时、省力,而且对增加被清洁物的使用价值和延长它们的使用寿命很有益处,应养成做保养式清洁,而不做工程式清洁的习惯。

2.清洁剂的安全管理

高质罐装清洁剂、挥发溶剂清洁剂以及强酸、碱性清洁剂都是不安全物品,前两者属易燃、易爆,后者会对人体肌肤造成伤害,若管理和使用不当,均有一定的危险性。

(1)制定相应的规章制度,培训员工掌握使用和放置清洁剂的正确方法;平时注意检查和提醒员工按规程进行操作。

(2)使用浓缩清洁剂前,先做稀释处理,用漏斗按比例勾兑,然后装在壶内,再发给员工使用,不可直接倒在清洁桶中,否则容易交叉污染,又易泼洒。

(3)配备相应的防护用具。如合适的清洁工具、防护手套等。

(4)禁止员工在工作区域吸烟。

(5)选购产品时应尽可能挑选不助燃、不易燃、生物降解性好的清洁剂。

本章小结

1. 由于清洁剂具有美化清洁对象的外观、保持和提高清洁对象的质量和性能、增强环保效能、提高清洁保养工作效率等重要作用,饭店必须像女士们购买化妆品一样舍得投资,配备品种齐全、安全高效的清洁剂。

2. 清洁剂是化学制品,每一种清洁剂都有其特殊的性能和专门的用途,因此,在清洁保养工作中,必须根据物体和污垢的类别及其性质,选择适用的清洁剂,否则,不仅难以达到清洁保养的目的,相反还可能造成无法弥补的损失。

3. 清洁剂具有一定的安全隐患,因此,在清洁剂的使用与保管过程中,必须加强安全防范。

复习与思考

1. 清洁剂在饭店清洁保养工作中有哪些作用?

2. 根据污垢的物理和化学性质,污垢分为哪几类?它们各有什么特性?

3. 清洁剂通常由表面活性剂和助剂两部分构成。请问表面活性剂和助剂的主要作用分别是什么?在清洁保养中,常用的表面活性剂和助剂有哪些?它们各有什么特性?

4. 在使用和保管粉状、液态、膏壮、溶剂型清洁剂时要注意什么?

5. 金属抛光剂、浴缸清洁剂、空气清新剂的基本成分是什么?

6. 开列饭店客房部常用的清洁剂清单。

第 9 章

客房的清洁保养

课前导读

清洁保养是客房部的主要工作。清洁保养工作做得好坏影响到客人对饭店产品的满意程度及饭店的形象、气氛和经济效益，因此，客房部必须采取有效措施控制清洁保养的工作质量。

教学目标

- 认识饭店清洁保养工作的重要性
- 熟悉各项清洁保养工作的标准
- 掌握清洁保养工作的专门知识与技能
- 能够对客房部的清洁保养工作进行计划和安排
- 能够做好清洁保养工作的质量管理和成本控制

第一节　客房的清洁保养

客房清洁保养的基本目标是保证客房产品的质量标准，满足客人对客房产品的要求，保证并延长客房设施设备的使用寿命，减少饭店对客房维修改造的投入。客房清洁保养工作主要包括日常性的清洁保养和计划卫生等工作。

一、客房清洁保养的要求

(一)清洁保养的概念

清洁保养是饭店的一项日常工作。它包含清洁和保养两方面。

1.清洁。清洁即指清洁卫生。所谓“清洁”，即清除各种脏迹，使被清洁的对象达到饭店所要求的标准。“卫生”指杀菌消毒，使环境及物品符合生化要求。

2.保养。保养是指维护保养，其目的是保证设施设备处于正常完好的状态，延长其使用寿命，减少维修及更新改造的资金投入。目前，有些饭店的管理人员对保养工作的重要性、必要性尚缺乏足够的认识,具体表现在:对清洁器具、清洁剂的投入不足;人员培训不到位;保养无计划,要求不高,从而导致饭店设施设备未能完全实现其使用价值,达到预期的使用寿命。

例如:化纤地毯使用寿命通常为5年,如果保养不善,则可能使用不到1年便污迹斑斑,面目皆非。继续使用会影响饭店的形象,降低饭店的档次及客人的满意程度。更换地毯不仅增加饭店的资金投入,还会对饭店的正常营业造成影响。所以,饭店管理者应充分认识到保养的重要性,有计划地做好此项工作。

(二)客房清洁保养的要求

客房是客人休息、睡觉的场所,客人对客房清洁保养的要求较高。无论是什么星级的饭店,客房清洁保养都应达到以下几个基本要求:

(1)凡是客人看到的,必须是美观整洁的。

(2)凡是客人接触使用的,必须是清洁卫生的。

(3)凡是客房提供给客人使用的设备,必须是完好有效的。

二、客房清洁保养的安排

客房清洁保养工作涉及范围广、项目多,通常可分为日常性的整理和周期性的清洁保养(即计划卫生)。

(一)客房日常清洁保养

1.客房日常清洁保养的内容

客房日常清洁保养是指为保证客房基本水准而进行的日常清洁整理工作,主要包括以下内容:

(1)各类客房的清洁整理。饭店各类客房通常每天均需进行例行的清扫整理,以保证客房的整洁,为客人提供一个舒适的居住场所。

(2)晚间房间整理。通常,档次较高的饭店对顾客提供做夜床服务,其目的是体现饭店客房服务的规格,方便客人,为客人创造一个恬静幽雅的休息环境。

(3)房间用品的补充。客房服务员清扫整理客房时须按规定补充客人已消耗的物品,以满足客人对日常客用物品的需求。

(4)客房设备用品的检查。清扫整理客房时,客房服务员应检查客房设备用品,以保证客房设备用品的日常完好,提高客人对客房产品的满意程度。

(5)客房的杀菌消毒。杀菌消毒是饭店清洁卫生的重要内容,定期对客房进行杀菌消毒,可保持房间的卫生,防止传染病的发生和传播。

(6)楼层公共区域的清扫整理。每天均需清扫整理楼层公共区域,保持干净整洁,为客人营造整洁、舒适的环境。

(7)楼层工作间的清洁卫生工作。楼层工作间是存放物品,员工工作、休息的场所。做好工作间的清洁卫生工作,可为客房服务员提供一个良好的后台环境。

(8)客房工作车的整理及物品的补充。每天均须整理房务工作车并补充物品,工作车上的物品要整齐有序,取用方便。其目的是保证工作车的美观整洁,提高清洁整理客房的工作效率。

2. 客房日常性清洁保养的安排

客房日常性清洁保养工作应有统一安排与调控。一般做法是:客房中心服务员根据当天客房出租率、人员排班及有关领导的特别指令和要求,通过《工作单》给每一当班人员分配具体工作任务。其原则是在确保工作质量、工作进度即定额标准的前提下,做到人人有事做,事事有人做。

楼层主管、领班在工作过程中,应根据工作进度及其他具体情况对下属员工进行指导监督,并合理调配。每一位员工在工作中要有全局观念和团队精神,分工不分家,互相支持、互相帮助。

(二)客房周期性清洁保养

客房周期性清洁保养工作,即计划卫生。所谓计划卫生就是定期的、具有一定周期性的清洁保养工作。客房计划卫生是在搞好日常清扫整理的基础上,有计划地、定期地对无需每天完成、日常清扫整理中难以完成及容易忽视、需要加强的部位或设备用品,进行全面彻底的清洁保养。做好客房计划卫生工作,能够保证和提高客房清洁卫生质量,加强对客房设施设备用品的维护修养。

1. 客房计划卫生的内容

客房计划卫生与日常清洁保养工作有所不同。计划卫生的内容需定期完成,有一定的周期性,即使不每天去做,对客房基本的清洁卫生和维护保养质量标准影响也不会太大。而日常清洁保养工作却必须每天完成,否则客房清洁保养质量就难以保证。在确定计划卫生的具体内容时,应遵循的原则是:勿将日常清洁保养的内容作为计划卫生的内容,也没有必要将计划卫生的内容作为日常清洁保养的内容。如果有过多的交叉,就可能降低客房日常清洁保养的基本质量和效率,造成不必要的人力、物力浪费。通常,在确定客房计划卫生内容时,可参考下列项目:

(1)通风口除尘　(2)家具背后除尘

(3)排风扇机罩和风叶除尘、除迹　(4)电话机消毒

(5)电冰箱消毒　(6)墙纸、墙布除尘

(7)天花板除尘　(8)家具上蜡

(9)酒篮、鞋篮除尘　(10)门顶除尘

(11)金属器件除锈、抛光　(12)床垫翻转

(13)地毯、沙发、床头板的清洁　(14)皮革制品的抛光

(15)毛毯、床罩、床裙、褥垫、被套的清洁　(16)枕芯的清洁

(17)窗帘的清洁　(18)工艺品、装饰品的除尘

(19)百叶门、顶板的除尘　(20)卫生间顶除迹

(21)冰箱、便器除垢　(22)下水口及管道喷药、除污

(23)洁帘的清洁　(24)镜柜除锈、上油

(25)大理石面上蜡　(26)植物养护

(27)顶灯的除尘　(28)玻璃窗的擦拭

(29)阳台的除污除迹　(30)其他项目

上述各个项目中,由于物体受污染的速度快慢不一、清洁保养的难度有大有小,所以清洁保养的频率和周期也有不同。在实际工作中,应根据这些具体情况,将所有周期性清洁保养的项目进行分类,诸如每三天一次,每周一次、每旬一次、每半月一次、每月一次、每季度一次、每半年一次、每年一次等。

2. 计划卫生的实施和控制

(1)做好计划。要做好计划卫生工作,首先要根据各种具体情况制定合理的计划。通常,有关管理人员要为计划卫生工作做出书面计划(表 9～1),下发到有关部门及人员。计划中,规定计划卫生的具体项目内容、完成期限等,各部门及有关人员按计划执行。

表 9－1　客房计划卫生表

____月____日至____月____日　　　　楼层______服务员______

项目 / 完成日期 / 应得分 / 实得分 / 序号		01	02	03	04	05

(2)责任到人。计划制定出来后,要将责任落实到人,饭店通常采用分区包干

的方法。服务员一般都相对固定地负责某楼层或某一区域客房及楼层公共区域的清洁保养工作。因此,该楼层或该区域的计划卫生也就由该服务员负责包干,他们必须在规定时间内完成任务,并达到规定的质量标准。

(3)配备器具用品。某些计划卫生工作所需的清洁器具用品往往与日常清扫整理工作用的不同,为了有效地完成各项计划卫生工作,客房部必须根据具体的需要,配备相应的清洁器具用品,并做好这些器具用品的控制和管理工作。

(4)加强检查督导。客房有关管理人员包括楼层主管、领班等,要加强对计划卫生工作的检查,并督促、指导下属人员的工作,保证每个下属都能按期保质保量完成各自负责的计划卫生工作。对于某些技术性较强、要求较高的工作,管理人员要做示范培训,以保证每个下属都能按照要求操作。检查要与考核相结合,考核要尽可能量化,并将考核结果作为评估服务员工作绩效的一项依据。

3.计划卫生与“每日特别清洁保养工作”

客房计划卫生对保证客房清洁保养水准有一定的积极意义,但计划卫生往往受计划和周期的限制,而有一定的局限性。如某些部位和物体常常因为这样或那样的原因,过早地被污染或出现问题,如果按原定计划对其进行清洁保养,就难免降低标准,如客房内的家具,原计划每月上一次家具蜡,但有时由于使用频率及天气等原因,上蜡后不到一个月家具就失去了光泽。如果不及时给家具上蜡,就会影响整个客房的清洁保养水准。

为了弥补计划卫生的不足,很多饭店都采用安排“每日特别清洁保养工作”的做法。楼层管理人员在日常巡视检查中,将发现的需要特别清洁保养的项目记录下来,临时布置安排有关人员去完成。通常客房服务员每天除了完成客房日常清洁保养工作外,还要完成领班或主管安排的“每天特别清洁工作”。

三、客房清洁保养的控制

客房清洁保养的控制,就是制定相应的标准,采取有效措施,对客房清洁保养工作的过程和结果加以控制,提高清洁保养工作的效率,保证清洁保养的质量。

(一)制定标准

要进行质量控制和管理,首先应有相应的标准,有了标准就使客房清洁保养工作有了明确的目标,检查和评价就有了一定的依据。客房清洁保养的标准主要有三个方面的内容:一是操作标准,用于对过程的控制;二是时效标准,用于对进程的控制;三是质量标准,用于对结果的控制。制定上述标准的总体原则是:以饭店经营方针为指导,以市场需要为导向,以有关行业规定为参考,以实现三大效益(经济效益、社会效益、环保效益)为目标。

1. 操作标准

与客房清洁保养有关的操作标准有多方面的内容,它们都以饭店的经营方针和市场行情为依据。

(1)进房次数。进房次数,指服务员每天对客房进行清扫整理的次数,是客房服务规格高低的重要标志之一。按传统做法,国内大多数饭店一般都实行一天三进房的做法,即全面清扫整理、午后小整理、晚间做夜床。这种做法也符合大多数客人尤其是内宾的生活习惯。有些高档饭店(四、五星级)也采用一日数次进房的做法,也就是只要客人动用过客房,服务员在认为方便的时候就进房进行清扫整理。但在一些外资、合资饭店,则大多实行一日两次进房的做法,即全面清扫整理和做夜床,不提倡午后整理。国外有些饭店只是在客人要求整理时,服务员才进房清扫。这些饭店通常在房内床头柜上放置提示牌,提示牌的大体内容是:尊敬的宾客,为了不打扰您的休息,我们尽量减少进房次数。若您需要服务,请将"请清扫房间"牌挂在门外,或电话通知,号码为×××,我们将随时为您提供服务。

一般来说,进房次数多,不仅能提高客房清洁卫生的水准,还能提高客房服务的规格。但是,这并非说进房次数越多越好。因为进房次数是与成本费用成正比的,也与客人被打扰的几率成正比。因此,饭店在确定进房次数时,要综合考虑各种因素,包括本饭店的档次、住客的习惯和需求、成本费用标准等。当然,在具体执行时还要有一定的灵活性,通常只要客人需要,就应尽力予以满足。

(2)操作标准。为了使各项工作有条不紊地进行,避免操作过程中对物品和操作人员时间及体力的浪费,防止安全事故的发生,便于管理人员对工作进程的控制,保证工作质量,饭店应制定出一整套操作标准并不断进行修订和完善。制定操作标准时,应重点考虑如何省时省力,快捷高效,是否安全,是否经济,能否达到规定的质量标准。因此,操作标准中通常应包括操作步骤、方法、技巧、工具用品等。

制定出操作标准后,应用最有效的方式帮助员工熟悉和掌握标准,如将操作要领和标准制成图片或录像予以张贴或播放,制成图表、文字说明人手一份,供培训及日常工作对照检查。通过多种方法使员工养成遵守操作标准的良好习惯。

(3)布置规格。布置规格指客房设备用品的布置要求,客房内所配备的设备用品的品种、数量、规格及摆放位置、形式等,都须有明确规定、统一要求,以保证饭店同类客房规格一致、标准统一。总的要求是:实用、美观、方便客人使用及员工操作。具体的标准可以用直观和量化的方法加以规定和说明。为便于员工掌握,可将各类客房的布置规格制成图片、图表、文字说明,张贴在楼层工作间、客房服务中心。

(4)费用控制。为有效地控制客房费用,获得理想的经济效益,饭店应根据客房档次、房价等具体情况，制定客房费用标准。通常，客房档次高，费用标准相应高；反之则低。

2. 时效标准

为了保证应有的工作效率和合理的劳动消耗，饭店应规定客房清洁保养工作的时效标准，实行定额管理。如规定铺一张西式床、清扫一间住客房的时间，客房服务员每天应完成的工作量等等。所制定的时效标准必须科学合理。有了这些时效标准，一方面可加强员工的责任心和进取心，另一方面便于管理人员检查督导，控制整个工作的进程，评价员工的工作表现。

时效标准受到多方面的影响，在制定时通常应考虑以下几个因素：

(1)工作职责安排。由于各家饭店在服务员工作职责安排上的指导思想和具体做法不同，服务员所能承担的工作定额也就不同。有些饭店，客房清洁保养尤其是日常性的清洁保养工作由专职清扫员负责，有些饭店则要求客房服务员负责，并要求服务员兼做其他一些工作，这就要考虑其他工作所占用的时间。

(2)质量标准。通常客房清洁保养质量标准定得越高，需要服务员清扫整理所花费的时间越多，那么定额也就应相对降低。

(3)客房的分布。客房的分布情况对时效标准也有一定的影响。如果客房比较集中，服务员在清扫整理过程中就可以省去一些时间。所以，饭店进行楼层设计时，就要充分考虑此问题。在日常运行中，安排人员和分配任务时，应尽可能使服务员清扫整理的客房相对集中，尽量避免跨楼层。

(4)工作区域的状况。工作区域包括客房本身及周围的环境等。客房面积的大小、家具设备的繁简、装修材料的种类、周围环境的好坏等，对清扫整理的工作量都有一定的影响，在制定时效标准时必须予以考虑。

(5)住客情况。住客的来源与类别、身份地位、生活习惯都会影响客房清洁卫生状况及清扫整理的时间和速度。

(6)劳动工具的配备。清扫整理客房必须有相应的劳动工具，劳动工具是否齐全、先进，在很大程度上影响工作效率。

(7)服务员素质。服务员是否爱岗敬业，是否具有良好的工作习惯和熟练的操作技能，也是影响工作效率的因素。

3. 功能性标准

功能性标准指客房清洁保养工作要求达到的效果，即客房清洁保养的质量标准。其总体要求是体现饭店及客房的档次和服务的规格，满足客人的要求。具体的标准根据内容及要求可分为三大类：即感观标准、生化标准和微小气候标准。

(1)感观标准。指饭店员工及客人通过视觉等感觉器官能直接感受到的标准。

这方面的内容主要包括：客房看起来要清洁整齐；用手擦拭要一尘不染；嗅起来要气味清新；听起来要无噪音污染。当然，客人与员工、员工与员工之间的感官标准不可能完全一致。要掌握好此标准，只能多了解客人的要求，并以客人要求为出发点，总结出规律性的标准。

(2)生化标准。生化标准与感官标准不同，它所包括的内容通常是不能被人的感觉器官直接感知的，需要利用某些专门的仪器设备和技术手段才能测试和评价。生化标准的核心要求是客房内的微生物指标不得超过规定要求。

(3)微小气候标准。客房微小气候标准要求客房内的温度、湿度、采光照明、噪音及风速等，符合人体的最佳适宜度。

(二)建立检查制度

有了标准，只是使客房清洁保养工作有了规范和目标，但并不保证客房清洁保养工作就一定能达到这些标准，因为并非所有服务员在任何时候都具有执行标准的态度和能力。因此，建立相应的检查制度、加强督促指导就显得十分重要。

1.检查体系

完善的质量检查体系是客房清洁保养工作管理高水准的重要标志。其根本任务是通过对客房清洁保养质量检查，保证客房产品的质量。

(1)客房部内部逐级检查体系

为保证客房清洁保养的质量符合饭店标准，及时发现问题并予以纠正，客房部必须建立内部逐级检查体系。包括：服务员自查、领班普查、主管及经理抽查。

①服务员自查。就是服务员在清扫整理客房的过程中和工作结束后，对客房内的设备、用品、清洁卫生状况等进行检查。为了使这种检查真正落到实处，在客房清扫整理的操作程序中应加以规定和要求，每一个服务员都应该养成自我检查的良好习惯。服务员自查有利于加强员工的责任心和质量意识，提高客房清扫整理工作的合格率，减轻客房部管理人员查房的工作量，充实丰富员工的工作内容，增进工作环境的和谐。

②领班检查。通常，客房楼层领班对其所负责的客房进行全面检查以确保质量。领班检查是服务员自查后的第一道检查关口，也可能是最后一道关口。因为饭店往往将客房是否合格、能否出租的决定权授予楼层领班。

领班查房不仅可以起到监督、控制和拾遗补漏的作用，还可以作为一种有效的岗位培训，帮助服务员不断提高业务技能。

③主管核查。通常，客房楼层主管所管辖的范围比较大，客房数量多，就其时间和精力而言，无法对所管的客房进行全面核查。因此，主管核查一般都是抽查，抽查的客房数量和类型可以有一定的量化规定。主管核查的目的一是了解基层服

务员的工作情况,二是对领班的工作进行监督和考察。

④经理抽查。客房部经理通常也要安排一定的时间对客房进行抽查,通过检查了解楼层的状况,加强与基层员工的联系与沟通,了解客人的意见和建议,这对改善管理和服务都是非常有益的。

(2)店级检查体系

店级检查的形式多样,主要有大堂副理检查、总经理检查、联合检查、邀请店外同行明查暗访。这种检查看问题比较客观,更容易跳出部门检查的固定工作框架,能发现一些客房部自身不易察觉的问题,可以帮助客房部改进工作。

①大堂副理抽查。大堂副理可以代表总经理对一些客房特别是对贵宾房进行检查,通过检查,可以保证客房的质量标准和接待服务规格。

②总经理抽查。饭店总经理也应经常亲自对客房进行检查。通过检查,可以了解客房的状况、客房楼层的工作状况、员工的思想状况、客人的意见及建议等,对于加强沟通、改善管理、提高质量、掌握决策依据都是一种很好的方法。

③联合检查。饭店定期由总经理室召集有关部门,包括前厅部、工程部、营销部、安全部、大堂对客房进行检查,联合检查有利于促进客房的工作,保证客房及客房服务的质量,加强部门沟通与协调。

④邀请店外专家同行明查暗访。饭店管理专家、同行看问题较为客观,往往能发现饭店自己不能觉察的问题。不少饭店定期或不定期地邀请店外专家同行到饭店进行明查和暗访,帮助饭店"找问题、挑毛病",收效颇佳。

2.检查的方式方法

为有效地控制客房清洁保养质量,饭店管理人员应采用多种方式方法对客房进行检查。

(1)检查方式

①自我检查。自我检查是控制客房清洁保养质量的第一道关口,由负责该客房清洁整理工作的服务员承担此项工作。

②日常检查。日常检查的目的是使客房清洁保养工作达到饭店所规定的基本水准,客房楼层领班查房即为日常检查。

③抽查。抽查可以起到以点带面,保证并提高客房清洁保养质量的作用,客房楼层主管一般采用抽查的方式控制客房清洁保养质量。

④突击检查。是一种事先专做布置的检查方式。饭店经理级管理人员往往采用突击检查的方式,对客房进行检查,以保证检查结果的真实性,及时了解掌握部门及基层员工的工作情况。

⑤重点检查。饭店对贵宾房、计划大清洁房等客房通常都给予特别的关注,要

求有关人员将此类房间作为重点检查的对象,以确保清洁保养质量。

⑥定期检查。是一种公开性的检查方式,一般事先有明确的布置及要求。其目的是制造声势、营造氛围,防止发生差错,促进部门工作。通常由饭店总经理室召集相关部门管理人员进行此项工作。

⑦暗查。就是不公开的检查,如邀请店外专家、同行,以普通客人的身份在饭店消费,聘请住店客人对饭店进行部分或全面的检查。用这种方式检查的结果往往最为真切,也最能发现问题,有利于饭店采取有效的针对性整改措施。

⑧客人的最终检查。客人是客房产品质量的最终检查者,也是权威评判者。客房清洁保养质量的高低不是看饭店服务人员或管理人员感觉如何,而是要看客人是否满意。因此,饭店须重视客人对客房产品的评价。在日常工作中,应采取一系列让客人参与检查的措施,如发放宾客意见表,主动走访客人,征求意见等。为提高宾客意见书的反馈率,加强对意见书的管理,意见书设计应简单易填、统一编号。有些饭店将意见书装在印有饭店地址、邮编、收件人(通常是饭店总经理)的信封中,并贴足邮票,有针对性地发放给一些客人,以方便客人在任何时候寄发。一些高档饭店以鸡尾酒会或冷餐会等形式,定期举办住客信息交流会,邀请住客及饭店有关管理人员参加,听取客人的意见,收集信息,增进理解与沟通。

(2)检查方法

为提高客房检查的效率,保证客房检查的效果,饭店各级人员查房时,应通过看、摸、试、听、嗅等方法,对客房进行全方位的检查。

①看。看是检查客房的主要方法。查房时,要查看客房是否清洁卫生,客房物品是否配备齐全并按规定摆放,客房设备是否处于正常完好状态,客房整体效果是否整洁美观。

②摸。查房时,对客房有些不易查看或难以查看清楚的地方,如踢脚线、边角旮旯等,需用手擦拭、检查是否干净。

③试。客房设施设备运转是否正常、良好,除查看外还需试用,如试用卫生间浴缸和洗脸盆,水龙头放水,使用电视机摇控器等。

④听。客房室内噪音是否在允许范围内,日常检查主要靠听来判断,无法判断的再借助于相关仪器检测。另外,检查客房设施设备,在看、试的同时,还需用耳听是否有异常声响,如卫生间水龙头是否有滴、漏水声,空调噪音是否过大等。

⑤嗅。客房内是否有异味、空气是否清新,需要靠嗅觉来判断。

3.检查的程序内容和标准

查房的基本程序是:按顺时针或逆时针方向,循序进行,依次检查,按一定的程序查房,可以避免疏漏,提高速度。客房检查的标准应根据客房清洁保养的质量标准,逐项分解,细化、量化。

表 9-2 客房日常检查的内容和标准

检查的内容	检查的标准	检查的内容	检查的标准
(1)卧室部分			
①房门	a.无灰尘,无污迹,无伤痕 b.房号牌清洁完好 c.门锁、安全锁链清洁完好 d.窥镜清洁完好 e.安全逃生图、请勿打扰牌、餐牌齐全完好 f.门靠完好	②墙面、天花板	a.无灰尘,无污迹,无蛛网 b.无油漆脱落和墙纸、墙布起翘现象 c.无漏水、渗水现象
③护墙板、地脚线	a.无灰尘,无污迹 b.完好无损	④地毯	a.无灰尘,无污渍,无杂物 b.无烟痕、压痕和脚印
⑤床	a.床头板清洁完好 b.床上用品清洁完好 c.铺法规范正确,美观清洁 d.床垫按期翻转,符合规定 e.床底清洁无杂物	⑥硬面家具	a.光洁明亮 b.无伤痕,无木刺,无尖钉外露 c.坚固无松动 d.摆放得当
⑦软面家具	a.无尘,无迹,无破损 b.摆放得当	⑧抽屉	a.清洁,无灰尘,无杂物 b.开关灵便,把手完好 c.用品齐全
⑨电话机	a.无尘,无迹,定期消毒 b.摆放位置正确 c.电话线整齐有序无缠绕 d.使用正常	⑩灯具	a.清洁完好 b.位置正确 c.灯泡功率符合规定 d.灯罩清洁完好,接缝面向墙
⑪镜子	a.清洁明亮,无灰尘,无污迹 b.无破裂 c.镜框清洁完好	⑫挂画	a.清洁完好 b.悬挂端正
⑬电视机	a.表面清洁 b.底座(转盘)清洁完好 c.工作正常 d.频道设置符合规定 e.遥控器清洁完好,能正常使用,并摆放在规定的地方 f.电视机清洁完好,摆放正确	⑭收音机、音响	能正常使用,频道与音量符合规定

续表

检查的内容	检查的标准	检查的内容	检查的标准
⑮垃圾桶	a.清洁完好 b.套有干净的垃圾袋 c.摆放位置正确	⑯窗户	a.窗玻璃清洁完好 b.窗台清洁无杂物 c.关锁闭窗
⑰窗帘	a.清洁完好,无污渍,无脱落 b.开关灵便 c.悬挂美观、对称,皱折均匀	⑱小酒吧	a.吧台、酒架清洁 b.用品配置符合要求,清洁完好 c.酒水配置符合规定
⑲电冰箱	a.清洁卫生,无异味 b.饮料食品配置符合规定 c.用品配置符合规定 d.温度调节符合规定	⑳空调	a.滤网及通风口清洁无积尘 b.能正常工作 c.温度调节符合要求
㉑壁橱	a.内外清洁 b.门开关灵便 c.用品配置符合规定 d.壁橱内的灯能随门的开关而亮灭	㉒保险箱	a.清洁完好 b.有使用说明书
㉓客用物品	a.客用物品的品种数量符合规定 b.质量符合要求 c.摆放符合规定	㉔植物花草	a.清洁无灰尘 b.无枯枝败叶 c.盆套整洁完好 d.定期浇水、施肥、修剪 e.摆放符合要求
(2)卫生间部分 ①门	a.清洁完好 b.开关灵便,能反锁	②墙	a.墙面清洁 b.墙砖完好,无脱落,无裂缝
③天花板	a.无灰尘,无斑迹,无水迹 b.完好无损	④地面	a.无尘,无迹,无毛发 b.地砖完好 c.下水口清洁无异味
⑤便器	a.内外清洁 b.使用正常,不漏水	⑥浴缸	a.内外清洁,无污迹,无水迹 b.金属器件清洁明亮、完好 c.下水口清洁,无毛发,水塞完好 d.浴帘清洁完好 e.晾衣绳能正常使用

续表

检查的内容	检查的标准	检查的内容	检查的标准
⑦脸盆及洗脸台	a.清洁完好,无灰尘,无污迹,无水迹 b.金属器件清洁明亮、完好 c.下水口清洁并用水塞塞好 d.台面清洁整齐	⑧镜子	a.镜框清洁完好 b.镜面清洁明亮,无破裂
⑨灯	清洁完好,灯泡功率符合要求	⑩排风扇	a.清洁完好 b.噪音低
⑪电吹风	a.清洁 b.使用正常	⑫电话机	清洁完好
⑬毛巾架、手纸架	清洁完好,无松动	⑭客用物品	a.品种、数量符合规定 b.质量符合要求 c.摆放符合要求
(3)总体感觉	清扫整理后的客房,给人的总体感觉应该是:清洁、卫生、整齐、美观、舒适、安全		

4.检查的其他相关内容

员工的工作状态、劳动纪律、操作规范、礼节礼貌等都影响其工作的效率和效果。因此,管理人员在检查时不仅须注重员工的工作进程、最终质量效果的检查,而且要重视对员工工作状态、劳动纪律、操作规范、礼节礼貌等方面的检查。

(1)工作状态。员工工作状态主要指员工上班时是否心情愉快、身体健康、精神饱满、态度良好,是否能很快进入工作角色。管理人员应主动关心、爱护员工,若发现员工工作状态不佳,应设法及时了解原因,有的放矢地做好员工的思想工作。此外,从饭店到部门、班组,都应为员工创造一个良好的工作环境。如:有些饭店在后台区域员工通道、员工更衣室、员工食堂、工作间等处张贴标语,内容诸如:“×××(指饭店名称)是我家,我爱我家”;“微笑、问候、让路”;“宾客至上,员工第一”等。

(2)劳动纪律。遵守饭店有关劳动纪律是做好客房清洁保养工作的前提条件。管理人员须每天检查员工的出勤情况,仪表、仪容,有无串岗、脱岗等违反劳动纪律的现象,如有此现象,应及时指出并加以纠正,情节严重的应给予必要的处罚。

(3)操作规范。多数饭店都规定有操作规范,规定了具体工作的步骤方法、技巧、工具用品、标准等内容,但在实际工作中,有些员工不遵守操作规范,工作随意性大,以至影响服务质量。因此,管理人员须将操作规范列入检查范围之内。如服务员清扫整理客房时是否按操作标准进行敲门、通报;清洁工具用品的使用是否合乎规定等。如果发现员工的操作不符合标准,管理人员应立即指出、并采取针对性的整改措施,使员工养成自觉遵守操作规范的良好习惯。

(4)礼节礼貌。礼节礼貌不仅反映员工个人的素质,也反映其工作态度,影响客房工作的效果。管理人员应检查员工能否礼貌服务,能否使用规范的礼貌用语等。

(5)工作进程。客房清洁保养的任务重、技术高、时间紧、工作量变数较大,不易控制。尤其是旅游旺季,客房部经常要组织人力突击清扫客房。所以,工作进程应列为管理人员查房的一项重要内容。工作进程的检查可分为两个方面:一是要检查员工现有的工作进程如何,二是要检查按现有的工作进程,员工能否保质保量地如期完成工作。如发现问题,应及时调整。

(6)最终的质量效果。最终的质量效果,是指客房清洁保养的质量标准,也是客房检查的最终目的。客房日常清洁保养质量应有明确的检查内容及标准。标准应逐项分解、细化、量化,以利于对照检查、考核、培训。

5. 检查的指导思想

树立正确的检查指导思想才能将客房检查工作落到实处、做在细处,收到良好的成效。传统的质量控制是“事后把关”,检查侧重于发现问题、解决问题。管理人员往往成为消防队员,忙于补救工作。客房检查必须贯彻以预防为主的指导思想,加强对员工工作进程的控制,及时发现问题,解决问题。

(1)预防为主。为防止出现差错,为客人提供优质的客房产品,在客房清洁保养质量控制上,必须贯彻“预防为主”的指导思想,将管“结果”变为管“过程”,采取一系列预防性措施,做好计划制定、员工培训、产品设计、流程分析等工作,使客房清洁保养的每一项工作、每一个环节都做到“第一次便做好”,将质量问题消灭于质量管理的过程之中。

(2)及时指导。为加强“过程”管理,管理人员在检查中应对下属进行及时指导,不断改进下属的工作方式和方法,提高其操作技能、技巧,帮助其提高工作效率。

(3)发现问题,解决问题。员工在工作中可能会出现这样那样的问题,管理人员在检查中要善于发现问题、分析问题、解决问题。这样,就可把客房清洁保养的质量问题消灭在质量管理之中,客房产品质量就可以得到不断改进提高。

(4)总结推广经验。善于总结才能得到更快的提高。客房管理人员要不断总结经验、推广经验,使客房清洁保养质量全面提高。总结推广经验可采取多种方式,如利用部门内部刊物、技能竞赛、示范观摩、经验介绍、业务培训等。

(5)激励。就是通过科学的方法激发人的内在潜力,开发人的能力,调动人的积极性和创造性。客房管理人员应根据客房清洁保养的特点及员工特性,采取多种方式激励员工,充分调动员工的积极性,发挥员工的创造性。

(三)严格考核

对客房楼层的员工及其工作进行严格的考核,是客房清洁保养质量管理的又一重要措施。考核的结果要尽量量化,并将考核结果与工资奖金挂钩。考核的标准是 100－1≤0,即有一项过失,该工作项目就不合格。这就要求员工每项工作都达到标准。考核要公开、公平、公正,考核的结果要及时公布、定期汇总、落实兑现。负责考核的人员要大公无私,高度负责。

(四)实行表格化管理

在客房清洁保养管理过程中要重视表格的作用。尽管很多饭店实现了计算机管理,但是一些表格仍然具有生命力。这些表格在日常信息沟通、工作计划、任务分配、工作汇报、业务考核、总结分析等工作中作用重大。当然,要发挥好这些表格的作用,首先必须合理地设计表格,其次是能够规范地使用和保管表格。

表格的设计、使用和保管。各饭店因等级、规模以及管理的风格不同,表格的设计也不尽相同,但都应遵循以下几个原则:够用、适用、实用,方便填写统计。所谓够用,指表格的种类及栏目内容能够满足饭店、部门日常工作运转的需要;适用,即适合本饭店使用;实用,即指各种表格要具有某种特点和功能,那些可有可无的报表及栏目应尽量剔除,以减轻员工的负担。另外,设计表格时还需考虑尽可能为员工填写及有关人员统计提供方便。

客房清洁保养工作的各种表格是对客房服务和管理活动各种原始数据和事实的忠实记录。客房部应培训员工正确使用,规范填写有关表格;定期进行整理、统计、分析,一般每月统计一次,每年做一次汇总。通过比较、分析,发现问题、找出原因、制定措施,以改进、提高客房管理水平。各类表格须妥善保管,通常由客房中心负责归档存放,一般的工作表格通常保管 1 年,以备查阅。

常用表格。客房清洁保养工作常用的表格有:“客房服务员工作报表”、“客房状态报表”、“楼层领班工作单”、“客房服务员工作考核表”、“楼层主管工作单”、“维修通知单”、“宾客意见表”、“综合查房表”等。

(五)加强计划控制

客房部的管理主要是通过各种制度和计划,将客房服务工作科学地组织起来,完成预定的目标。因此,客房部在日常工作中,要根据具体情况制订出各种计划。常见的计划有:《资金投入计划》、《客房产品质量计划》、《客房清洁保养工作日常计划》、《客房清洁保养工作长期计划》、《客房设备维修计划》、《客房更新改造计划》、《员工培训计划》、《环境保护与安全生产计划》等。

计划控制是将计划的实际执行结果和计划本身做对比检查,发现差异、分析原因,采取相应的措施,以保证计划的顺利完成,达到清洁保养的质量要求。计划控制主要应做好以下工作:

明确标准。在一定的时限内,任何计划都必须具有明确的标准。例如员工培训计划要求新员工培训标准为:经过3个月的岗前培训,客房楼层新员工合格率要达到95%。在产品质量计划中,明确规定本年度客人对客房清洁保养投诉率不得高于3%。

反馈、分析偏差。客房部应定期检查客房清洁保养计划的落实完成情况,并将检查结果及时与计划标准做比较,发现偏差,要查找原因,分析是偶然的还是必然的,以便及时采取有效措施加以纠正或调整。

计划调整。俗话说,计划赶不上变化,特别是长期计划,由于时间跨度大,不确定因素多,更容易出现计划与实际情况不相符的情况。客房部应通过过程控制纠正误差,及时调整有关计划,从而保证客房的清洁保养质量。

第二节 饭店公共区域的清洁保养

公共区域是饭店的重要组成部分。公共区域的清洁保养水准直接影响或代表整个饭店的水准,因为客人往往会根据他们对饭店公共区域的感受来评判饭店的管理水平和服务质量。此外,饭店公共区域设施设备很多、投资较大,其清洁保养工作直接影响到饭店的日常运营及设施设备的使用寿命。因此,做好饭店公共区域的清洁保养工作有着特别重要的意义。

一、饭店公共区域的范围及清洁保养特点

(一)饭店公共区域的范围

饭店公共区域是指饭店公众共有、共享的区域和场所。根据饭店公共区域的功能和使用者的类别来划分,可分为客用部分和员工使用部分;根据其所处的位置划分,又可分前台部分和后台部分、室外部分和室内部分。客用部分主要包括停车场、营业场所及客人临时休息处、客用洗手间等。员工使用部分主要包括员工更衣室、员工食堂、倒班宿舍、培训教室、阅览室、活动室等。

(二)饭店公共区域清洁保养特点

众人瞩目,要求高、影响大。饭店公共区域是人流量大的地方,只要到饭店来,任何人都能接触到公共区域,可以说饭店公共区域是饭店的门面。很多人对饭店的第一印象都是从饭店公共区域获得的,这种印象往往影响他们对饭店的选择。

例如,有些人原计划来店住宿或用餐,但如果他们进入饭店后看到大厅不清洁、设备损坏,就有可能联想到客房和餐厅也不清洁、不卫生,设备用品不完好。在这种情况下,除非因为某种原因而迫不得已、别无选择,客人是不会在此住宿用餐或进行其他活动的。所以,饭店必须高度重视公共区域的清洁保养工作,并以此给饭店添光加彩,增强饭店对公众的吸引力。

范围广大,情况多变,任务繁杂。饭店公共区域范围广大、场所多、活动频繁、情况多变。因此,清洁保养工作任务也非常繁杂,而且有些工作难以计划和预见,如人数多少、活动安排、天气变化等多种情况都可能带来额外的任务。

专业性较强,技术含量较高。饭店公共区域的清洁保养工作尤其是其中一些专门性工作,与其他清洁保养工作相比,专业性较强,技术含量较高,工作中所需要使用的设备、工具、用品繁多,所清洁保养的设备设施和材料众多,员工必须掌握比较全面的专业知识和熟练的操作技能才能胜任此项工作。

二、公共区域的清洁任务和要求

(一)大厅

大厅是饭店的门面和窗口,也是饭店日夜使用的场所,大量的过往客人和短暂逗留者不时带进尘土、脚印、烟灰、烟蒂、纸屑等杂物,而每一位宾客又在这里感受到至关重要的第一印象,所以需要持续不断地进行清洁保养。

入口。大厅入口处的清洁保养工作主要是清洁地面和指示牌等,入口处通常都有车道,由于车辆和人员往来很容易带来尘土、杂物,白天需要不断地清扫,夜间要进行冲洗。但北方地区的饭店冬季最好不要冲洗,以防止地面结冰,导致行人滑倒或车辆交通事故。为了防止或减少行人将尘土、砂石带进室内,要在大门入口处设置防尘格、铺上踏脚垫,踏脚垫需及时更换清洗。另外,门口还要配置雨伞架及伞套,在雨雪天气,安排专人照看,防止客人将雨水带进室内,减轻室内的污染。入口处的指示标牌也要经常擦拭,保持清洁光亮。

门、拉手。门和拉手需经常擦拭,清除灰尘、手印、污迹,保持清洁光亮。

扶手。扶手需要经常擦拭,保持无灰尘、无手印、无锈蚀,光洁明亮。金属扶手须用金属上光剂(省铜剂、不锈钢清洁剂)擦拭,木质扶手用家具蜡除污上光,通常每天一次。

室内地面。大厅通常是硬质地面,在客人活动频繁的白天,必须用尘推、拖把或吸尘器清除灰尘、杂物、脚印等。晚间客人较少时,用打蜡机抛光,还要定期清洁打蜡。大厅地面必须保持无灰尘、无污迹、无杂物,清洁明亮。

沙发、座椅、茶几、茶台。大厅供客人休息等候使用的沙发、座椅、茶几、茶台等,由于使用频繁,必须随时整理,保持清洁整齐。沙发、座椅上面的灰尘、杂物要随时清除,并经常整理复位,如果有污迹,要及时安排清洗,保证清洁。茶几、茶台上的烟灰缸要经常更换。客人已在使用的烟灰缸,里面的烟灰、烟蒂不得积聚过多,更换整理烟灰缸时要注意是否有尚未熄灭的烟头,确保安全。要经常擦拭台面,保证无灰尘、无污迹、无杂物,物品摆放整齐。

电话、电话间。要经常清洁电话机及电话间,保证无灰尘、无污迹、无垃圾杂物,电话机要整理复位并经常消毒,要及时清倒更换电话间内的垃圾桶和烟灰缸。

植物花草。每天要及时清除枯死的树叶、花朵,并按规定浇水施肥、喷药,及时清除花草中的烟蒂杂物和花盆、盆套上的泥土、灰尘、污迹。如果是人造植物花草,可以直接清洗。

水池。要及时清除水池中的杂物及沉积的泥沙,定期洗刷。

告示牌、画牌。要经常擦拭告示牌及画牌的玻璃、金属框架,并整理复位,保证无灰尘、无污迹,摆放整齐。

烟灰筒。饭店大厅通常有许多烟灰筒(兼作垃圾桶),这些烟灰筒要经常清洁、定期清洗,平时还要检查有无未熄灭的烟头、火种等。

(二)电梯、自动扶梯

电梯、自动扶梯使用频繁,是需要经常清洁保养的地方。

饭店使用的电梯大多是自控电梯,无需专门人员操纵。饭店对电梯的使用不易控制,难免会出现弄脏、碰撞、摩擦等现象,尤其是地面和厢壁,容易留下脚印、手印和行李碰撞摩擦留下的痕迹。所以,需要经常不断地清洁保养电梯。具体内容包括地面、四壁顶部的除尘、除迹,金属部分用金属上光剂擦试,如果地面铺设地毯,要经常吸尘、除迹,适时更换清洗。白天吸尘时,应避免噪音对客人的影响。此外,对电梯进行清洁保养时要合理安排时间,既要保持电梯清洁,又要防止影响电梯的正常运行和客人的进出。

可以在自动扶梯运行时擦拭扶手、清除染物。停止运行后,进一步清洁保养,主要工作有:清除油污和台阶护板上的尘土污迹,检查灯厢,更换烧坏的灯泡等。

(三)餐厅、酒吧

餐厅、酒吧是客人的饮食场所,其清洁保养工作尤为重要,客房部和餐饮部要很好地分工协作,将此项工作做好。客房部在计划安排餐厅、酒吧清洁保养工作时,必须与餐饮部协商,并充分考虑各餐厅、酒吧的营业时间、活动安排等具体情况。餐饮部在清洁保养工作中必须大力协助和配合,餐厅、酒吧服务员要有清洁保养意识和责任心,在工作中尽量采取必要措施,防止或减轻污染,发现问题及时处理或通知客房部。清洁保养餐厅、酒吧时,必须注意尽量不影响客人的活动或给客人留下不好的印象，尽可能安排在营业结束后或非营业高峰时间进行，所使用的工具要清洁美观，化学清洁剂无刺激性气味等。

餐厅、酒吧的清洁保养工作主要有下列内容：

(1)清除餐桌、工作台等处的食物、酒水饮料等的残留物和污迹。

(2)沙发、坐椅的除尘、除迹。

(3)地面的除尘、除迹，定期清洗、打蜡。

(4)墙面的除尘、除迹。

(5)灯具及装饰物体的除尘、除迹。

(6)金属器件的除锈上光。

(7)门、窗、风口处的除尘、除迹。

(8)木质家具及装饰物的打蜡保养。

(9)植物花草的清洁与养护。

(10)除虫灭害。

(四)多功能厅

多功能厅是举行大型宴会及其他大型活动的场所，使用频率通常没有餐厅、酒吧高，一般无需每天进行清洁保养，而是根据活动来安排清洁保养工作。活动前，客房部要对多功能厅进行全面的清洁保养，并协助有关部门进行场地布置；活动中，客房部要合理调配人力，保持场地的清洁；活动后，客房部要及时协助有关部门清理场地，并做必要的清洁保养工作。此外，客房部还要做好计划，定期对多功能厅进行全面彻底的清洁保养，如清洗地毯、清洁天花板及吊灯、墙面的除尘除迹等。

(五)康乐场所

饭店的康乐场所较多，各个康乐场所的营业时间、设施、设备配置及活动内容各有不同，因此，安排康乐场所清洁保养工作时必须考虑具体情况，并与相关部门协调配合，既要保证康乐场所清洁保养的质量，又不能影响其正常经营活动。

(六)客用洗手间

饭店客用洗手间使用者众多、使用频繁，清洁保养工作要求高、难度大，饭店必须保证客用洗手间设备完好、用品齐全和清洁卫生。

客用洗手间的清洁保养工作可分为一般性清洁保养和全面彻底的清洁保养。一般性清洁保养可随时进行，不影响正常使用，主要内容有：清洁卫生洁具并进行杀菌消毒，对地面、墙面、镜面、门、拉手、手纸架、烘手器进行除尘、除迹，清除异味，清除垃圾、杂物，更换、补充及整理用品；全面彻底的清洁保养工作，往往会影响洗手间的正常使用，因此，安排时间要有所讲究。其具体内容有洗刷地面、墙面，地面打蜡抛光，清除水垢等。在对洗手间进行全面彻底的清洁保养时，应在门外放置告示牌，解释说明暂停使用的原因、何时重新启用，并告知附近洗手间的位置。

(七)后台区域

各家饭店都有后台区域，即员工活动的区域，包括员工走道、电梯、更衣室、员工卫生间、员工食堂、办公室、倒班宿舍等。后台区域使用频率高、区域范围广、清洁保养难度大。饭店后台清洁保养工作做得好坏，能直接反映饭店的管理水平并影响员工的工作环境质量和士气。布置后台区域清洁保养工作时，应根据各场所的功能用途、使用频率等具体情况进行合理安排。

走道。员工走道通常都是水泥或砖石地面，日常清洁保养主要是清除地面的垃圾、杂物及污迹，但要注意防滑。定期清洁保养主要是洗刷地面、清除墙面污迹。

员工电梯。员工电梯清洁保养工作与客用电梯清洁保养工作基本相同。

员工更衣室。员工更衣室通常安排专人照看，清洁保养工作的内容和要求有：保持地面清洁、清除垃圾、杂物、收拾衣架并送布件房，整理长条凳、清洁浴室卫生间，补充卫生用品、家具设备的除尘、除迹等。

办公室。办公室清洁保养工作一般在下班前或下班后进行，中间方便的时候整理一次，清倒垃圾。清洁保养办公室时要特别小心，防止文件丢失。有些办公室由于保密和安全的原因，清洁保养应做特别的安排，通常要与有关人员或部门协调安排。

(八)吊灯

饭店大厅、多功能厅等处一般都装有大型吊灯。吊灯的清洁保养工作是一项比较复杂细致的工作，必须周密计划、合理安排，主要注意以下几点：

(1)清洁保养公共区域的吊灯应选择适当的时间，以不影响这些场所的使用为原则。

(2)清洁保养吊灯的工作必须由有经验、责任心强、工作细致认真的服务员承担，因为饭店使用的吊灯大多价格昂贵、易损坏，甚至有些配件还不易采购。在作业过程中，领班或主管要加强现场监督，并要求工程部配合协助。

(3)大型吊灯一般都有很多灯泡，有些饭店要求在每次清洁保养时将全部灯泡换掉，已烧坏的丢弃，尚能使用的用到别处。

(4)配齐设备、工具、用品。

(5)清洁保养吊灯时，必须注意安全，防止发生工伤事故、损坏灯具。

(九)除虫灭害

除虫灭害是饭店一项不容忽视的重要任务，因为虫害几乎是无孔不入，不仅会对饭店设施、设备及物品造成直接的损坏，而且还可污染环境、传播疾病，酿成事故甚至灾难。饭店要根据虫害的诱因及类别采取相应的预防措施，定期喷洒杀虫剂、杀虫药,消灭虫害。

(十)饭店垃圾的处理

饭店每天都会产生大量的垃圾,因此要重视和做好垃圾的处理工作。

(1)饭店所有垃圾必须集中到垃圾房,统一处理。

(2)要注意垃圾中有无物品,对从垃圾中发现的有用物品进行登记,并移交有关部门,有严重问题的要调查处理,追究责任。

(3)对经过清理的垃圾喷洒药物,然后装进垃圾桶并加盖,以杀灭虫害和细菌。

(4)定时将垃圾运往垃圾工厂或垃圾处理场,如果饭店配有垃圾处理设施,可先将垃圾处理后(焚烧、粉碎等)再运往垃圾场。

(5)垃圾不能"隔夜",当天的垃圾要当天处理。

(6)保持垃圾箱、垃圾房的清洁卫生,不能散发异味。

(7)无关人员不得进入垃圾房拣拾物品。

(8)防止有人利用搬运垃圾偷盗财物。

三、饭店公共区域清洁保养的安排

饭店公共区域不同于客房,范围广,区域分散。且各区域装修、布置差异较大,客流量及活动特点不一,不易控制。管理人员应加强计划安排,才能保证公共区域清洁保养工作有条不紊、按部就班地进行。

制定工作计划,列出工作内容。客房管理人员应根据各个区域的特点和需要,分区域制定清洁保养工作计划,逐一列出各项清洁保养工作的内容。

明确岗位、班次工作内容。列出工作计划和内容后,管理人员应结合不同区域环境要求、人员及设备器具等情况,确定每个岗位、每个班次的具体工作内容。因为各个区域活动各异、特点不同,工作内容不同,即使是同一区域,不同时间通常也需要安排不同的工作内容。管理人员必须合理安排各岗位及每一班次具体的工作内容,并使员工知晓。

合理配置人力、设备资源。为合理配置人力、设备资源,更好地控制公共区域的清洁保养工作,管理人员最好将需要使用大型清洁设备及对操作人员要求较高的技术性工作,综合起来统筹安排,制定出详细的工作计划表,再安排专人负责。

四、饭店公共区域清洁保养的控制

1. 重视员工的选择和培训

饭店公共区域清洁保养工作要求高、任务重、技术性强、劳动强度大,要确保做好此项工作,首先必须选择合适的员工,并加强对他们的培训,使他们具备应有的素质，一个合格的公共区域员工，必须符合下列条件：

(1)敬业爱岗，自觉性、责任感强。

(2)身体健康，能吃苦耐劳。

(3)具有丰富的清洁保养知识和熟练的操作技能。

(4)熟悉饭店情况，能提供一般的问讯服务。

(5)有良好的服务态度及较强的应变能力。

2. 配量齐全的设备用品

"工欲善其事，必先利其器"。一些专门的清洁设备、工具和用品，是做好公共区域清洁保养工作的基本条件之一。饭店要根据具体的任务、要求，配齐、配全、配好清洁设备、工具和用品，并加强管理。

3. 划片包干，分工负责

公共区域范围大、任务杂，饭店通常采用划片包干、分工负责的方法，使每一个区域、每一项工作都有专人负责。每一个员工都有明确的责任范围和具体的工作任务。划片包干要做到无遗漏、不交叉，同时要尽可能有利于设备、工具和用品的调配使用，利于各班组、各岗位的分工专业化。

4. 制定质量标准，规定工作流程

通常，一个公共区域的员工负责一个区域内的多项清洁保养工作，且各工作的频率和具体时间有所不同。为了防止遗漏和怠工等现象，保证质量，便于管理人员的检查，饭店应为每一区域的服务员制定一套工作程序。在工作程序中，明确质量标准和工作流程，具体说明"在何时、何地、做何工作、达到何要求"(表 9-3)。

表 9-3 ××区域清洁工(早班)工作程序

时　间	地　点	工作任务	要　求	备　注
×时×分～×时×分	×××	①××××× ②×××××	①××××× ②×××××	

5. 制定操作规范

公共区域清洁保养工作项目繁多，有些工作技术性、专业性较强，为提高工作效率和效果，保证操作的安全，饭店应制定每一项工作的操作程序，并培训员工，使其按规范进行操作。表 9-4 为墙壁的清洁程序。

表 9－4　墙壁的清洁程序

步　骤	要　求
1. 准备	准备工作车、工作器械及工具
2. 除尘	使用吸尘器清除墙壁上的灰尘
3. 去污	①将 Dumaid 清洁剂喷洒在墙壁污迹处，并用抹布轻轻擦拭 ②注意不得使用 Easy 清洁剂，以免破坏墙漆
4. 工程报告	①发现墙壁有破损处及无法清除的污迹，要向办公室报告，并填写派工单 ②将需修理的工程问题标注在工作单上

6. 加强检查督导

客房部的有关管理人员应经常巡视检查公共区域，一方面了解各个区域、各项工作是否达到了规定标准，发现问题及时处理；另一方面检查员工是否按规定流程工作，是否处于良好的工作状态，并对员工进行监督和指导。此外，饭店有关人员（质检员、大堂副理、值班经理、各部门的管理人员甚至普通服务员）要对公共区域清洁保养工作进行检查和监督，没有检查、监督就没有效率和质量。

本章小结

1. 客房部负责清洁保养的范围包括客房及饭店主要公共区域。

2. 无论饭店的档次高低，其清洁保养工作都应该合理安排，严格要求，做到高效率、高标准。

复习与思考

1. 正确理解清洁保养的概念。
2. 了解客房及饭店公共区域清洁保养工作的内容与要求。
3. 写出各种状态的客房的日常清扫整理程序。
4. 如何安排客房的"计划卫生"？
5. 客房清洁保养的质量标准包括哪些具体要求？
6. 客房清洁保养的质量检查制度包括哪些内容？各种检查的意义是什么？
7. 管理饭店公共区域的清洁保养工作应该注意些什么？
8. 如何才能有效地控制清洁保养工作中的人力消耗和物资消耗？

第10章

客房部对客服务

课前导读

饭店宾客的类型有哪些,他们的基本需求是什么,如何为宾客提供针对性的个性化服务,各项服务工作应该怎样做、标准是什么,如何才能控制好对客服务的质量,这些内容是本章的学习要点。

教学目标

- 了解饭店宾客的主要类型及其特点
- 了解客房对客服务工作的主要特点与基本要求
- 熟悉客房对客服务的主要内容(项目)。
- 了解各种客房对客服务模式的做法与特点,并能够根据实际情况设计选择有效的客房对客服务模式
- 熟悉各项对客服务工作的操作规程与注意事项
- 能够有效地控制客房对客服务的质量

第一节　对客服务的特点和要求

对宾客进行分类,了解客房服务的特点和要求,并提供针对性服务,是确保高质量对客服务的前提。

一、宾客的类型与特点

饭店的宾客来源于世界各地及社会的各阶层,他们的旅行组织方式及旅行目的不一,他们有着不同的背景、不同的生活习惯、不同的兴趣爱好,以及不同的宗教信仰等。现根据不同的划分方法来探讨一下宾客的类型及特点。

(一)按旅行的组织方式划分

散客。散客,主要是指个人、家庭及15人以下自行结伴的旅游者。其中,大部

分是因公出差的商务客人，少部分是旅游观光客人。散客在店滞留时间较长，平均消费水平较高，对客房的硬件和软件都有较高要求。在客房的硬件方面，他们多选择大床间，要求客房内有电脑接口及不间断电源、办公设备及用品齐全，还要有电热水壶、熨斗、熨板、变压器、国内国际直拨电话、小酒吧等；在客房软件方面，他们要求客房的服务项目齐全、服务快捷高效，客房清扫整理的时间安排要合理且水准要高。他们不希望经常被打扰。

团队。团体客人大多数以旅游观光为目的，旅游团的活动一般有组织、有计划，日程紧、时间少。饭店虽然给团体客人的房价折扣较大，但由于出租的房间数量多，因此，其客房收入对饭店来说也很可观。在接待中，应注意对旅游团每一位成员一视同仁，不谈及有关房价、餐费问题，不介入他们的矛盾，遇到问题时，与接待单位或旅行社的陪同联系，要充分做好团队进、离店前后的各项工作。为更好地服务于客人，可以根据旅行社通知的预计抵达时间，提前将开水送到客人房间，在气温很高或很低的季节，提前调好室内温度；对于晚上进店的团队房，白天做床时就把夜房做好，既可以节省人力，又能方便客人；在房内小酒吧服务方面做好饮料消费检查的计划，每天研究次日团队离店表，根据客人的计划安排检查时间。

例如，某团客人预计早晨 8 点离店，那么客人一般在 7 点 20 分左右用早餐，客房部便应安排在 7 点半左右进房检查该团客人小酒吧的消费。

除旅游观光团队客人外，还有为执行公务、商务或专业考察、访问及参加比赛或演出的团体客人。

(二)按旅游目的划分

观光客人。这类客人以游览为主要目的，喜欢购买旅游纪念品、照相等。此类客人对当地的名胜较感兴趣，他们需要冲胶卷、邮寄信件或明信片等委托服务。

商务、公务型客人。据统计，全世界饭店客源中，此类型客人占 53%，因此，接待好他们，对饭店经营至关重要。此类客人喜欢选择熟悉的饭店或曾住过的客房，对饭店服务及设施要求较高，忌讳服务人员挪动他们的办公用品、办公资料等物品，因此在处理此类客用品时要特别小心。这些客人因工作关系对自身形象也较注意。他们要求饭店提供高质量的洗衣、擦鞋服务等。

疗养、度假型客人。此类客人中以国内宾客为主，他们多选择度假型饭店。例如：我国北戴河或有温泉的地区就有此类饭店。此类型客人与观光旅游型客人的区别在于，他们的目的地一般只有一个，而观光旅游客人有两个以上的目的地。因此此类客人对客房的要求较高，如 24 小时有热水、外景较好、室内冷暖适度等。他们对其他一些辅助服务也有要求，如送餐、小酒吧、委托代办、托婴服务等。另外，此类客人对饭店的建筑格局也有一定喜好（如园林式、别墅式建筑），对客房的安全也很在意。

蜜月旅游客人。此类客人一般对房间有一定要求,如大床间、外景佳、房间整洁等,如果为他们做特别布置,效果更佳。他们比较反感被打扰,因此在服务上要注意时间的安排。

会议旅游客人。此类客人人数多、用房多、活动有规律,且时间集中,因此客房服务任务重、要求严格。客房部在服务时要注意服务人员的灵活调配及会议室、客房、公共场所的合理布置和利用等,并随时留意房间内信封、信纸、笔等文具、用具的配备。

竞赛、演出型客人。这类客人以参加当地比赛或演出为目的,一般以团队的形式出现。他们对客房洗衣服务的要求较高,且服务需求较集中。客房部要妥善安排调配。

例如,一些文艺演出团队对服饰非常讲究,要求洗衣服务较多,而且要求质量高、时间短。他们的活动安排紧凑,常常晚间演出白天休息,其生活习惯或生活规律与其他客人不同,因此在客房安排上,既要避免影响其他客人休息,又要避免他们被其他客人打扰。

又如,一些体育代表团对休息和饮食要求高,在客房安排上要充分考虑到能够让他们休息好,且不被打扰,还必须24小时有热水供应。另外,文艺演出团和体育代表团中的明星,很容易招来一大批的“追星族”,因此,为他们保密及在安全上的服务尤为重要。

其他类型的客人。因旅游者旅游的目的不同,又分购物型、探亲访友型、宗教朝拜型等。其中,购物型客人一般选择商业较发达的大城市,以购物为主要目的;探亲访友型的客人一般以散客的形式为主;宗教朝拜型客人多以团队的形式为主,对客房的要求相对没有对餐饮的要求高。各种不同类型的客人有其不同的特点,接待时注意要有针对性和灵活性。

(三)按宾客身份划分

政府官员。此类客人对服务及接待标准要求很高,住店期间,客房服务人员应避免过多进入客人房间,注意尊重客人的隐私,并提供高质量的客房对客服务。

新闻记者。此类客人生活节奏快,因此对服务的效率有一定要求。

专家学者。此类客人多喜欢清净的客房及舒适周到的服务。

体育、文艺工作人员。此类客人以团体形式为主,其特点和要求已在前文中介绍。

此外,各饭店都有自己的接待重点,这部分客人被称为贵宾或“VIP”。饭店业非常重视对贵宾的接待,凡符合以下条件之一者,均被大部分饭店视为贵宾:政府要员、著名企业家、艺术家及社会名流等;对饭店业务有极大帮助,或可能给饭店带来效益者;与饭店同系统的机构负责人或高级职员;饭店同行等。一般来说,对于贵宾的接待规格要高于普通客人,但贵宾中的接待规格也有所不同,饭店往往对其进行分级并制定相应的接待标准。

(四)按宾客国别划分

外宾。在生活习惯方面,外宾习惯于晚睡晚起,对窗帘的遮光效果要求较高;对客房的卫生设施、设备非常敏感,喜欢淋浴,24 小时热水供应对他们来说是一种必需;对室内的温度要求也较高,大多数外宾夏天喜欢把室内温度调得很低,很多人一年四季食用冰快;在消费方面,习惯于享用饭店提供的洗衣服务、房内用膳服务、房内小酒吧等服务。从事外宾接待工作,对客房服务人员的语言有一定的要求,同时还要求服务人员尊重客人的不同文化。

内宾。一般以公务散客为主,观光旅游团队也占一定比例。他们习惯于随叫随到的服务方式,希望楼层有值台服务员。相当一些内宾有午睡习惯,不希望在中午被打扰。此外,内宾喜欢在客房内会客,访客较多。

港、澳、台地区客人。此类客人基本上分商务型、探亲型和旅游型,接待中要注意有热情的态度、周到的服务,如介绍当地的风土人情、购物场所等,给他们以宾至如归的感觉。

(五)按宾客逗留时间的长短划分

按宾客在饭店的逗留时间,可以分为长住客人和短期逗留客人。在饭店就住达 1 个月以上的客人,为长住客人。各饭店也可根据其接待政策自行定义。饭店通常把长住客人视为贵宾接待,接待他们时要注意客房的清扫尽量安排在客人非办公时间进行;提供足够的衣架及其他用品;谨慎处理房内垃圾,不要随便挪动客人的办公设备和办公用品;注意亲疏有度。另外,还要定期征询此类客人的意见,这对客房管理有很大的帮助。除长住客人以外,大多数客人为短期逗留客人。在接待短期逗留的客人时,要注意提供针对性的服务,给客人留下深刻美好的印象,争取将他们发展为饭店的忠实顾客。

二、对客服务的特点

客房服务与饭店的前厅、餐饮等服务既有相同之点又有不同之处,对其特点进行研究有利于服务的针对性。

1. 体现出"家"的环境与气氛

既然饭店的宗旨是为客人提供一个"家外之家",因此,是否能够体现出"家"的温馨、舒适、安全、方便等,就成为客房对客服务成败的因素之一。在对客服务中,我们的客房服务人员扮演着"管家"、"侍者"的身份，因此要留意客人的生活习惯等，以便提供针对性服务，给客人"家"的感受。

如客房服务人员清晨为客人整理房间时，如果发现客人毛毯上盖着床罩，说明客人夜里嫌冷，那么应在交班时请中班服务员在做夜床时加床被子。对客服务要做在客人开口之前，给客人留下深刻的印象，让这个"家"的感觉更温馨、更美好。

2. 对客服务的表现形式"明""暗"兼有

前厅和餐饮部等部门的对客服务表现为频繁地接触客人，提供面对面的服务，而客房部有别于这些部门，其服务是通过有形的客房产品表现出来的。如客人进入客房后，是通过床铺的整洁、地面的洁净、服务指南的方便程度等感受到客房服务人员的服务。客房对客服务的这一特点，使客房服务人员成为饭店的幕后英雄，但这并不表示没有面对面的对客服务，如送、取客衣，客房清扫，递送客用品等等。因此，服务人员在对客服务时也要讲究礼节、礼貌。客房对客服务形式"明""暗"兼有的这一特点对客房服务人员的素质提出了很高的要求。

三、对客服务的要求

曾有业内人士对"服务"一词进行分析，它由七重含义构成，并且这七重含义的英文开头字母刚好构成了 service，它们分别是：真诚(sincere)、效率(efficient)、随时做好服务准备(ready to serve)、"可见"(visible)、全员销售意识(informative)、礼貌(courteous)、出色(excellent)。由此可见，这七重含义贯穿着对客服务的全过程。客房对客服务是饭店服务的主体之一。客人在下榻期间，逗留在客房内的时间最长，客房部对客服务水准的高低，在很大程度上决定了客人对饭店产品的满意程度。这就要求客房部的对客服务要以与其星级相称的服务程序及制度为基础。以整洁、舒适、安全和具有魅力的客房为前提，随时为客人提供真诚主动、礼貌热情、耐心周到、准确高效的服务，使客人"高兴而来、满意而归"。

1. 真诚主动

员工对客人的态度，通常是客人衡量一个饭店服务质量优劣的标尺。真诚是员工对客人态度好的最直接的表现形式。因此，客房服务首先要突出真诚二字，实行感情服务，避免单纯的任务服务。我们通常所说的提供主动的服务，是以真诚为基础的一种自然、亲切的服务。主动服务来源于细心，即在预测到客人的需要时，就把服务工作做在客人开口之前。如客人接待朋友时主动送上茶水；客人不舒服，及时帮助请医生诊治。这些看似分外的工作，却是客房服务人员应尽的义务，更是优质服务的具体体现。客房服务人员要把客人当作自己请来的朋友一样接待，真诚地想客人之所想、急客人之所急。这是提高服务质量的有效方法。

2. 礼貌热情

喜来登饭店管理集团曾花巨资对饭店顾客进行了三年的专项调查，调查发现客人将员工是否“在遇见客人时，先微笑，然后再礼貌地打招呼”列为对饭店服务员是否满意的第一个标准。由此可见礼貌热情对客人的重要程度。

礼貌待客是处理好对客关系的最基本的手段，在服务人员的外表上表现为整洁的仪容、仪表；在语言上表现为自然得体的词语及悦耳动听的语音语调；在态度上表现为落落大方的气质。热情待客会使得客人消除异地的陌生感和不安全感，增强对服务人员的信赖。客房服务人员应做到：客来热情欢迎、客住热情服务、客走热情欢送，还要把微笑贯穿到服务的全过程，这样才能表现出服务人员自身的良好素质，塑造饭店的良好形象。

3. 耐心周到

客人的多样性和服务工作的多变性，要求服务人员要能正确处理各种各样的问题，必须能经得起委屈、责备、刁难，摆正心态，“把对让给客人”，耐心地、持之以恒地做好对客服务工作。服务人员要掌握客人在客房生活期间的心理特点、生活习惯等，从各方面为客人创造舒适的住宿环境。通过对客人方方面面的照顾、关心，把周到的服务做到实处，才能体现“家外之家”的真正含义。

4. 舒适方便

舒适方便是住店客人最基本的要求。客房是宾客入住饭店后长时间逗留的场所，因此，宾客对客房的舒适、方便要求也是最高的。如服务员应定期翻转床垫，以保证床垫不会产生局部凹陷；服务员应留意宾客用品的日常摆放，以方便客人使用。这也是饭店为宾客提供一个家外之家的前提。

5. 尊重隐私

客房是客人的“家外之家”，客人是“家”的主人，而服务人员则是客人的管家或侍者，尊重主人隐私是管家和侍者应具备的基本素质。作为饭店工作人员，特别是接触客人时间最长的客房部服务人员，有义务尊重住店客人的隐私。在尊重客人隐私方面，客房部服务人员应不打听、不议论、不传播、不翻看客人的书刊资料等，要为客人保密。

6. 准确高效

准确高效就是为客人提供快速而准确的服务。效率服务是现代快节奏生活的需要，是优质服务的重要保证。饭店服务质量中最容易引起客人投诉的就是等待时间长。客房部应对所提供的服务在时间上进行量化规定，制定切实可行的标准。速度和质量是一对矛盾，在制定标准及具体服务工作中，需正确处理两者之间的关系，切忌只求速度，不求质量。

第二节　对客服务的项目及模式

客房部提供哪些服务项目，采用什么样的对客服务模式，会在一定程度上影响顾客的满意度。由于各饭店的星级高低不一，目标客源市场需求不同，再加上其他的诸多因素，这就要求客房部要根据各自的具体情况，考虑多种因素，确定所要提供的服务项目，并选择恰当的服务模式。

一、客房部对客服务项目的设立

(一)客房部对客服务项目

根据《旅游饭店星级的划分与评定》(GB/T 14308－2003)，星级饭店客房部应提供以下服务：

一星：1.客房、卫生间每天全面整理1次，隔日更换床单及枕套。

2.16小时供应冷热饮用水。

二星：1.客房、卫生间每天全面整理1次，每日更换床单与枕套。

2.24小时提供冷热饮水。

3.一般洗衣服务。

4.应客人要求提供送餐服务。

三星：1.客房、卫生间每天全面整理1次，每日更换床单及枕套，客用品和消耗品补充齐全。

2.提供开夜床服务，放置晚安卡。

3.24小时供应冷热饮用水及冰块，并免费提供茶叶或咖啡。

4.房内一般设微型酒吧(包括小冰箱)，提供适量饮料，并在适当位置放置烈性酒，备有饮酒器具和酒单。

5.客人在房间会客，可应要求提供加椅和茶水服务。

6.提供叫醒服务和留言服务。

7.提供衣装干洗、湿洗和熨烫服务。

8.有送餐单和饮料单，18小时中西式早餐或便餐送餐服务，有可挂置门外的送餐牌。

9.提供擦鞋服务。

四星、五星：除了提供三星级的服务外，还应提供以下服务：

1.应客人要求随时进房清扫整理，补充客用品和消耗品(夜床提供鲜花或赠品)。

2.提供客衣修补服务，16小时提供洗烫客衣加急服务，可在24小时内交还客人。

3. 对送餐服务提出了更高要求，即要 24 小时提供中西式早餐、正餐送餐服务。送餐菜式品种不少于 10 种，饮料品种不少于 8 种，甜食品种不少于 6 种。

此外，三星级以上饭店还有选择项目，饭店可根据经营实际来确定该设立哪些对客服务项目。

(二)客房部对客服务项目的设立

客房部在设立对客服务项目时，要考虑诸多方面的因素，这些因素是：

国家及行业标准。国家和行业标准是评定某一饭店是否符合其星级要求的主要标准，也是各饭店客房部在设立服务项目时考虑的最主要因素。

国际惯例。参照国际惯例设立服务项目是与国际同行业接轨的具体体现，而且饭店的客人也期望能享受到国际标准的服务。例如，对于遗留物品的保管、物品的租借等服务，大多数星级饭店的客人都有此需求。

本饭店客源市场的需求。满足客人的需求始终应是饭店努力的方向。饭店的类型不同，客源市场也会不同，不同的客源市场对客房服务有不同的要求。在一些以接待国内会议为主的饭店，客人普遍有午休的习惯，因此，早晨的客房清扫、下午的客房小整理就会受到客人的欢迎；而对于大多数境外商务客人来说，下午的小整理可能就没有意义。在一些以接待首长为主的宾馆，楼层的值台及“客到、茶到、毛巾到”的三到服务就显得非常重要，而对于大部分商务饭店来说，则可以省去这些服务。

其他因素。其他一些因素也会对客房服务项目的设立及其具体的服务内容有一定的影响。这些因素有：饭店的类型、硬件条件、房价、成本费用及劳动力市场等。

饭店为客人提供尽可能全面的服务，不仅可以满足客人的需求，使其更觉舒适与方便，而且还可体现饭店的规格和档次，引导和刺激客人消费，最终达到名利双收的目的。

二、客房部对客服务模式的选择

客房部不同的对客服务模式具有不同的特点，对软硬件有不同的要求，从效果上看各有利弊，重要的是我们是否在综合考虑各种因素的基础上进行选择。

(一)对客服务的模式

目前，国内饭店客房主要有楼层值台服务和客房中心服务两种模式。

1. 楼层值台服务模式

该模式即在客房楼层设立服务台，配备专职服务员。这种模式是我国客房服务中最基本、最传统、最普通的一种模式。

楼层值台服务的优点是有利于加强面对面的对客服务，突出人情味，还有利于对楼层的安全管理,尤其适合于车站等人流量大、治安较乱的地区。但这种模式也有不足的一面,就是花费的人力较多,不太适合现在饭店"开源节流"的趋势。

2.客房中心服务模式

从20世纪80年代初期开始,随着国际饭店管理模式的引入,我国饭店业逐步出现了客房中心服务模式。这种模式具有减少人员编制、建立专业化对客服务组织及强化客房管理的特点。

由于对客服务沟通方式由客人找楼层服务员转变为打电话给客房中心联络员,原来在楼层值台的人员就可省去,每个楼层1天3个班次可省去3名员工,10个楼层就可省去30名,加上休息替班的人员就会超过这个数字。所用人员减少,费用就会大大降低,对客服务将会更专业,服务质量也更容易控制。

客房中心联络员以电话服务为主,由于人数不多,所以招聘、培训及管理工作相对来说要容易得多。除了提供电话服务以外,客房中心还承担着客房与其他部门、客房部内部的信息传递、工作协调、出勤控制、钥匙管理、遗留物品管理、资料汇集等工作,从而使得部门的管理更加规范化。目前,我国大部分中、高档饭店都采用这一服务模式。

除了以上两种模式外,有些饭店采用既设立客房中心、又设立楼层服务台的综合模式,以吸取前两种模式的优点而克服其部分缺点。白天,楼层服务台有专职服务员,因为白天楼层事务以及对客服务工作任务较多,楼层服务员的工作量较为饱和,而夜间大多数住客都已休息,对客服务的工作也较少,一般可不安排专人值台。如果客人需要服务,可由夜班服务员提供。夜班服务员一般在客房中心待命,上楼层服务时,将电话转移到总机,由其提供电话服务。

(二)对客服务模式的选择和设计

饭店采用什么样的客房对客服务模式,取决于多方面的因素:

客源的类别与层次。通常情况下,高档次饭店特别是涉外饭店和以商务客人为主的饭店,采用客房中心的模式较为可行;以会议团体客人为主的饭店,采用楼层值台的服务模式较为适合;特别豪华的饭店为进一步提高其服务规格,往往会在一部分楼层提供值台服务,我们把这些楼层称为商务楼层。该楼层的值台员被称为侍者或管家。他们所提供的服务项目和服务规格要多于也高于一般的值台服务。

硬件条件。饭店在选择服务模式时,首先要考虑到服务的垂直交通问题,相当一部分饭店,在建筑设计时没考虑到员工电梯,或电梯数量严重不足,如果设立客房中心就会影响对客服务的速度。其次要考虑通讯条件,是否能确保客房中心与楼层服务员的及时沟通。因此,饭店通常采用店内寻呼系统,此外,根据楼的形状,还可考虑使用子母机电话。如果没有良好的通讯条件,客房中心就无法迅速把客人的需求及其他对客服务信息传递给楼层服务员。第三是要考虑安全监控系统、锁匙系统是否完善,能否适应客房中心的需要。最后还应考虑饭店建筑特点,客房是集中于一幢建筑里,还是分散在各个小楼或别墅,不同类型的建筑对服务模式有不同的要求,客房部的管理人员应分别对待。

安全条件。饭店所在地区的安全情况及本饭店的安全设施,也是在选择服务模式时应考虑的条件之一。安全性高、安全设施完备的饭店,采用客房中心模式较适合;反之,则采用楼层值台服务模式较好。

劳动力成本。从成本的角度考虑,饭店还要根据当地劳动力成本的高低,去选择其服务模式。一般在经济发达地区劳动力成本较高,员工的素质也较高,采用客房中心模式较可行;反之,则采用楼层服务台较合适。

(三)对客服务模式的发展趋势

从国际上客房服务的发展趋势看,在对客服务模式方面将会出现以下趋势:

(1)客房中心服务模式将逐步取代楼层值台服务模式。

(2)提供商务楼层服务的饭店将逐步减少。

(3)夜班客房中心联络员与客房部夜班服务员的岗位合二为一。服务员在上楼层服务或巡视时,电话转移到总机或总台,由其接收客房电话。

(4)中、小型饭店客房中心的职能将由饭店总台取代,大型饭店的总台将取代客房中心的对客电话服务。

第三节 对客服务的要点

大多数饭店都制定了对客服务规范,客房部管理人员还应在此基础上对客房部各项服务的要点进行更深入的研究,以确保为宾客提供优质的服务。

一、贵宾服务

贵宾是接待的重点,在贵宾接待中应特别注意以下问题:

及时传递信息。保持信息传递的畅通和及时是做好服务工作的一个重要环节,这在贵宾接待中显得尤为重要。贵宾接待通知单是客房部接待贵宾的主要信息来源和依据,客房部管理人员应对此单认真研究,并将有关信息和需要采取的措施传达到所有有关人员,以确保其根据此单的要求进行准备。

注意细节,精益求精。饭店管理和服务水平的高低,往往见于细节之中,因此,在接待贵宾过程中要特别注意细节、精益求精。通常,有经验的管理人员会给贵宾房选用新的印刷品、棉织品及其他用品;在使用两层床单的饭店增加一层床单,即护单,以提高其档次;对房间进行大清扫,完成所有的计划清洁项目,必要时,甚至要对地毯进行彻底的清洗;注意将电视的频道调到客人的母语频道;由于检查客房的人员较多,最好在贵宾抵达前进行地毯吸尘和家具设备除尘。

确保员工尽可能地用姓氏或尊称称呼客人。通常,客房中心将贵宾通知单放在醒目的位置,贵宾的姓名和房号写在客房部、洗衣房办公室以及楼层工作间的告示白板上。客房部管理人员的任务是确保部门员工记住有关的信息,并在与客人的交往中加以使用。

在硬件上,饭店应在客房中心、洗衣场客衣服务接线员处配置显示电话,最好在显示房号的同时还显示客人的姓名和性别,以便服务人员在接电话时能立刻以姓氏称呼客人。

提供针对性的服务。客房部的管理人员应认真查看客史档案和贵宾接待通知单,并根据客人的具体情况提供针对性的服务。善于观察细节并提供相应的服务是高质量客房服务的体现,客房服务员在整理客房时往往能从某个细节了解到客人的需求。

例如,早晨床上有床罩说明客人夜里嫌冷;床上有多余的枕头说明客人喜欢高枕头;开好的夜床没用而另用它床,说明客人喜欢另一张床的位置;所放的水果没用,说明客人可能喜欢其他品种的水果。如果服务员不注意研究客人的需求,那这些信号就不能引起他们的重视,客人的需求也将得不到很好的满足。训练有素的客房服务员决不会放过这些细节,他们会将这些情况报告给上司,或在交班时转给中班服务员,由其对服务做出相应的调整,以争取最大限度地满足客人的需求。

尽量不打扰客人。在接待贵宾中常出现的一个问题是因过多地关心客人而造成对客人的打扰,清扫客房的时间安排不当是其表现之一。由于是重要客人,楼层服务员往往会首先去清扫他们的房间,而饭店的重要客人一般晚上应酬较多,早晨起床可能会相对迟一些,这就造成了对客人的打扰。因此,除非确定客人已离开房间,一般不要过早去敲门,清扫时间安排在早晨9:30以后比较合理。过多地检查是另一种打扰的表现。大多数饭店对贵宾房每天要清洁三次以上,即早晨的清洁、下午的小整理及晚上的做夜床,正常的检查要达三次,如果主管和经理再查的话,进房要达6次~7次,加上服务员的三次进房及送报、换水、补充饮料等,进房的次数可高达十几次,这对于客人来说是无法接受的。因此,对客房清洁、检查的时间和次数一定要掌握好,既要保证客房的清洁,又要不打扰客人。

服务适度。有些饭店的客房管理人员过分地重视贵宾,从而过多地提供了一些不必要的服务,反而引起了宾客的不满,除上述过多地打扰外,还存在着一次性消耗物品更换过于频繁等问题。对客人而言,他们大多认为自己所使用过的物品是干净物品，如：牙刷、牙膏、梳子、香皂等，服务员完全没有必要把刚刚使用一次的用品给换掉，这反而给客人以浪费的感觉。高星级的饭店甚至就客人使用过的卫生间棉织品是否需要换洗，还要征求客人的意见。很多贵宾对房内茶水被频繁更换表示不满。客人在沏好茶后常会因某种原因而暂时离开房间，回房后还要继续用茶，并不希望在此期间茶被换掉。

协助前厅选好用房。接待贵宾中常见的另一个问题是客房服务员根据前厅的安排准备好了客房，而管理人员检查时却发现该房因某些问题而不能使用，其结果是浪费了宝贵的准备时间。从理论上讲，所有可供出租的客房都应处于百分之百的完好状况，而对于一个运转数年的国内饭店来说，要做到这一点却非常困难。因此，客房部管理人员应对饭店的客房完好状况非常了解，为前厅部的选房提供帮助。

二、洗衣服务

国家旅游局要求二星级以上的饭店为住店客人提供洗衣服务。对于星级饭店的客人来说，洗衣服务是他们很重视的一项服务，因为他们需要整洁的外表。从客人对客房的投诉来看，对洗衣服务方面的投诉已占相当的比例，因此，提供优质的洗衣服务对提高客人对客房工作的满意率具有非常重要的意义。

电话接受客衣是国际上大部分饭店的例行做法。客衣服务员在电话中往往需提醒客人填写洗衣单，并将所需洗烫的衣物一同装入洗衣袋，放于客房内。客人有时会有一些特别要求，服务员应问清楚并做好记录。在收取客衣的过程中，要特别注意以下一些问题：

(1)客衣组在接到快洗及贵宾送衣电话后，应在 10 分钟内赶到楼层收取客衣，在接到正常收衣电话后，应在 30 分钟内赶到楼层收取客衣。

(2)凡是放在床上、沙发上，未经客人吩咐、未放在洗衣袋内的衣服不能收取。

(3)在使用塑料洗衣袋的饭店，服务员在收取客衣时应用记号笔在洗衣袋上写上房号。

(4)检查洗衣袋内是否有洗衣单，洗衣单上的房号是否与房间的房号一致，单上的有关项目的填写是否符合要求，衣服的数量是否正确。

(5)不要将客衣随意乱放，不要把客衣袋放在地上拖着走，要爱护客人的衣服，对于需熨烫的高级时装，应用衣架挂好。

(6)楼层服务员要配合客衣服务员的工作，发现客人把客衣袋挂在门外后，要将其收至楼层工作间并电话告知客衣组。

(7)大部分饭店规定了正常送洗的截止时间，客衣组服务员应在此时间后巡视一遍楼层，确保不漏收客衣。有的饭店客房部甚至要求楼层服务员在这一时间进房检查(但不能打扰客人)。

(8)收到的所有送洗衣物均需记录在"客衣收衣记录表"上。

返送客衣主要有两种方式:一种是由客衣服务员直接送回客人房间,另一种是客衣服务员将客衣送至楼层服务台,再由楼层服务员将其送给客人。客衣服务员直接将客衣送到客房的做法是国际上大部分饭店的例行做法。

国内大部分饭店每天在18:00左右将当日洗好的客衣集中送至客人房间。此做法在一定程度上可以节省人力,但也存在着一些问题。一种较好的方法是分批洗涤,洗好一批,返送一批。分批返送的方法首先方便客人,使客人在尽可能短的时间内拿到洗好的衣服,有时客人甚至会因此而感到惊喜;其次,分批返送特别适用于大型饭店,因为集中装包会因衣物太多而增加难度,分批装包则因衣物较少而减少差错;最后,分批装包可以均衡客衣服务员的工作量,因为在一些饭店客衣服务员在客衣检查、打码后事情会变少,而这时安排一定的送衣工作就恰到好处。

客衣服务员上楼层送客衣前应设计好送客衣的线路,从而节省送衣时间。准确无误是送返客衣工作中需要特别注意的问题。常见的错误是送错楼层和送错房号,如618的客衣送到816,或618的客衣送到608等等。送衣车内客衣摆放是否整齐,往往反映客房部管理的正规程度,摆放无序及超载等现象应加以避免。对于"请勿打扰"及双锁房的客人,客衣服务员不可打扰,要把客衣交给客房中心服务员,并从门下放入"衣服已洗好"的说明卡,注意记下客人房号。

为适应环保的需要,国内外一些高星级饭店用本白色棉布洗衣袋替代塑料洗衣袋,用柳藤篮取代塑料送衣袋。

三、房内小酒吧服务

房内酒吧的配备是国家旅游局对三星级以上饭店的要求。国家质量监督检验检疫总局在2003年6月2日发布的《旅游饭店星级的划分与评定》中规定,三星级饭店70%客房内要有小冰箱,提供适量酒和饮料,备有饮具和酒单。

国际饭店业在设立房内小酒吧的初期,大多由餐饮部负责管理和服务,近年来,尤其是国内的饭店,房内小酒吧逐步转由客房部管理。客房部管理房内小酒吧可以减少跑账和打扰客人的次数,增加安全系数并便于沟通协调。

在房内小酒吧的配备方面,客房部管理人员首先根据本饭店的星级及目标市场,确定饮料的配备品种及各品种的数量。然后再设计小酒吧账单,账单上应列出饮料及其他备品的品种、数量、价格及有关注意事项。目前,饭店所用的账单多为无碳复写纸,一式三联,两联送前台收款,其中一联作为计账凭证,第二联以备客人结账时查看,第三联则由客房部留存。但如果用四联小酒吧账单则更好,因为这样就可在检查过饮料消费后，将一联留在客房内，供客人了解饮料的消费情况。此外，房内还需配备饮料杯、酒杯、杯垫、调酒棒、开瓶器等用品。

对于住客房小酒吧的检查，通常由服务员在每次例行进房时进行，如：清扫客房、小整理、做夜床时检查，若有消费，应立即输入账款，并做好补充。如果客人已填好“客房小酒吧账单”，应收取并补充新账单并注意查对账单填写是否正确。

对于离店客人，国内大部分饭店要求总台收款服务员在其结账时通知客房部，由楼层服务员检查客人的饮料消费情况，并立刻电话通知总台结账处。该过程需要一定的时间，客人常常会因等待时间过长而提出投诉。国外绝大部分饭店则在客人结账时询问客人是否消费了小酒吧饮料，根据客人的回答进行结账，从而大大加快了结账速度。国内某高星级饭店曾做了两个月不查房的测试，统计结果是损失了两千多元的饮料。于是，饭店决定客人结账时不查房，用两千多元的损失换取快速结账的效率，将方便让给大部分客人。当然，不同档次、不同客源、不同地区的饭店，应从本饭店的实际出发，根据本饭店饮料损失率的高低，做出相应的决策。如果饭店的房内小酒吧损失率过高，则应考虑本饭店设房内小酒吧是否符合目标客源市场的需求，饭店是否应在所有客房设置小酒吧。小酒吧的一定量的损失率应属正常现象，即使在发达国家，房内小酒吧的损失率也在7%～10%左右，由于饭店房内小酒吧的饮料价格是市场价的数倍，已考虑了损耗，饭店不应在此问题上与客人过分计较。

对于团队房饮料的检查，客房部管理人员应做好计划，每天研究次日团队离店表，根据客人的计划安排确定检查时间。有些地区由于交通原因，离店高峰时间集中在清晨，而这时早班服务员还未上班，因此造成查房不及时。针对这一情况，客房部可对PA夜班服务员进行查房培训，使其在客人离店高峰时帮助查房。

客房部需定期统计和盘点楼层的小酒吧饮料，确保所有房内小酒吧饮料不超过保质期，这是小酒吧服务与管理工作中的一个重点。客房部应每月检查一次楼层所有饮料的保质期，更换快过期的饮料，将其退库，由库房将其调至餐饮及康乐部。在大型饭店，尤其在淡季，会出现餐饮、康乐部消化不了客房部快过期饮料的情况，报损率因此而提高。为解决这一问题，饭店可以与供货商进行协商，将从房内撤出的饮料与供货商调换，但前提通常是撤出的饮料须距保质期三个月以上。

客房部管理人员应注意定期研究客人的消费情况，根据客人的需求定期调整小酒吧的品种。

四、拾遗服务

饭店的住客或来店的其他客人，都有可能在饭店逗留期间或离店时将个人物品遗忘在客房或饭店的公共区域，饭店有责任为其妥善保管遗留物品。

在提供遗留物品保管中，应特别注意以下一些问题：

遗留物品必须归口管理。遗留物品分部门或多部门管理，势必会给失者带来不便。相当一部分丢失物品的客人不会确切知道自己将物品丢失在何处，因而在多部门管理遗留物品的饭店，客人的问询可能被转来转去，从而影响效率。此外，遗留物品的管理需要一套严密的程序，归口管理不仅可提高效率，而且会使错误率降至最低限度。

明确专人管理。在设有客房中心的饭店，一般由中心服务员负责登记和保管。客房部秘书通常分管客房中心，因而对遗留物品保管处理的管理也由秘书负责。一般来说，秘书需每月对遗留物品储存柜进行一次清点和整理。

配备必要的贮存柜。饭店要视自身的规模和星级，配备放置遗留物品的橱柜，一些大型高星级饭店甚至要设专门的遗留物品贮存室。相当一部分饭店遗留物品柜的空间太小，遗留物品塞满了橱柜。这不仅会损坏遗留物品，而且还会使得查找变得非常困难。还有一些饭店的遗留物品柜不上锁，或不随时上锁，这势必造成遗留物品的流失。

确定保管期。饭店行业对遗留物品的保管期没有硬性规定，惯例为 3～6 个月。高星级饭店的遗留物品中，有相当一部分是客人不要的遗弃物，只不过客人没有把它们放入垃圾筒而已，所以遗留物品的量很大，因而保管期也就比低星级的要短。贵重物品和现金的保管期一般为 6～12 个月，水果、食品为 2～3 天，药物为 2 周左右。衣物类保存前应先送洗衣场洗净。

确定保管期后的处理方式。客房部应对遗留物品超过保管期后如何处理做出规定。按国际同行业的惯例，遗留物品应归物品的拾获者，但整瓶的酒须上交给饭店供餐饮部使用，开过封的酒应抛弃。贵重物品和现金须上交给饭店。国外一些饭店在找不到失主的情况下，将物品拍卖并将所得钱款捐给慈善机构。

客房部的员工在处理客人遗留的文件、资料时应特别慎重，凡没被放进垃圾筒的，都应被视为遗留物品，不可将其随意扔掉。

对于客人对遗留物品的问询，客房部应及时给予答复。

五、其他服务

1. 物品租借服务

物品租借已成为客房部的一个重要服务项目，饭店可供客用租借物品的种类取决于饭店的服务标准以及该饭店客人的需求；租借品的数量取决于饭店的大小以及预计的需求量。客人对各种租借品的需求量是不一样的，这主要取决于饭店的类型、出租率、进店和离店的时间规律、主要客源的类型,客房部经理需与市场营销部和总经理共同决定客用租借品的品种及数量,而确保向客人提供充足的租借品则是客房部经理的责任。客房管理人员应根据客人需求的变化,不断补充租借物品的品种,调整其数量。

客房部应对租借物品进行编号,根据本饭店的实际情况,确定存放位置,最好将不太常用的物品存放于客房中心,将常用的物品存放于楼层工作间内。

客房管理人员须制定服务的时间标准,即在接到客人电话或通知后,必须在多长时间内将客人需要租借的物品送到房间。

借出物品时,要检查其清洁、完好情况,对电器类物品,还须当面演示使用方法。服务员在将转换插座或接线板送至客人房间后不应立即离开,而应主动帮助客人接好插头,看所提供的转换插座或接线板是否符合要求。同时,这也给服务员提供了一次观察机会,看客人是否准备使用饭店禁用的电器。

收回租借物品后,要检查完好情况,并用酒精棉球进行清洁、消毒。

客房部可通过"租借物品记录表"了解宾客需求。该记录表记录了借出物品的名称、客人房间号码、客人请求借用的时间以及借出和收回的时间。在有些情况下还应将客人预计离店的时间备注上,因为特别的枕头、床板、婴儿床等物品,通常要在离店时才归还。该统计表可反映出客人需求量最大的租借物品,各种物品需要借出的时间以及客人借用时间的长短。此外,该统计表还能反映各借出物品目前所在的房间,从而可以确保所有物品能够收回。

2.访客接待

做好访客的接待也是客房部的一项对客服务工作,接待中应注意以下事项:

(1)热情地接待来访者,问清被访住客的姓名及房号,通过电话与该住客联系。

(2)如果住客不在房内,向访客说明,并提示其可以去总台办理留言手续;如果住客不愿接见访客,应先向访客致歉,然后委婉地请其离开,不得擅自将住客情况告知访客;如果住客同意会见,按住客的意思为客人引路;如果住店客人事先要求服务人员为来访客人开门,要请住客去大堂副理处办理有关手续。来访客人抵达时,服务人员须与大堂副理联系,证实无误后方可开门。

(3)如果会客地点是在客房,将来访者引领进房后,礼貌地询问住客是否需要茶水、毛巾,若访客超过三人,还要询问住客是否需要座椅。并主动询问住客有无其他服务要求。

(4)若会客时间较长或人较多,应及时为客人补充茶水。

(5)会客完毕后如有需要,应再次整理好房间,以利住客休息。提供这项服务时,客房部服务员应特别注意,要在先征得住店客人的同意后方可将来访者带到客房,在住客不在时,除非住客事先书面说明,不得将访客带进住客房。

3.擦鞋服务

国家旅游局规定,三星级以上饭店须向住店客人提供免费擦鞋服务。楼层服务员在接到客人要求擦鞋的电话或通知后,应在饭店规定的时间内赶到客人房间收取皮鞋,到工作间擦试;收取皮鞋时,应在小纸条上写明房号放入皮鞋内,以防送还时出现差错;擦鞋时,先在鞋下垫上一张废报纸,将表面的尘土擦去,然后根据客人皮鞋的面料、颜色选择合适的鞋油或鞋粉,仔细擦试、抛光;将擦净的鞋及时送至客人房间,如果客人不在,应放于壁橱内的鞋篓旁。

楼层服务员在住客房工作时发现脏皮鞋,应主动询问客人是否需要擦鞋服务。如果客人不在,可先将皮鞋收回,留一张擦鞋单于门底缝隙处,让客人知道服务员正在为其擦鞋;如果皮鞋置于房间门口或鞋篓里,可直接收取到工作间。

若遇雨、雪天气,服务员应在客人外出归来时主动询问客人是否需要擦鞋。

4.托婴服务

托婴服务是高星级饭店向客人提供的一个服务项目。该项服务可为携带孩子的客人提供方便,使其可以摆脱孩子的拖累而不致影响外出活动。饭店一般不设专职的人员负责托婴,此项服务大多由客房部服务员在班后承担。兼职的服务员须接受照料孩子的专业培训,懂得照看孩子的专业知识和技能,有照看婴幼儿的经验并略懂外语。

在接受客人托婴服务时,客房服务员应请客人填写"婴儿看护申请单",了解客人的要求及婴幼儿的特点,并就有关注意事项向客人说明。

看护者在规定区域内照看婴幼儿,严格遵照家长和饭店的要求看护,不随便给婴幼儿食物吃,不将尖利物品及其他危险物品充当玩具,不托付他人看管。在照看期间,若婴幼儿突发疾病,应立即报告上级,请示客房部经理,以便得到妥善处理。

5.加床服务

加床服务是客房部提供的服务项目之一。有时客人会直接向楼层服务人员提出加床服务要求,客房部服务员应礼貌地请客人到总台办理有关手续,不可随意答应客人的要求,更不得私自向客人提供加床服务。

客房服务员接到总台有关提供加床服务的通知后,应立即在工作单上做好记录,随后将所需物品送至客房,如果客人在房内,主动询问客人,按客人要求摆放好加床,如客人无特别要求,则移开沙发、茶几,将加床放于墙角位置,为客人铺好床。在加床的同时,还须为客人增加一套客房棉织品、杯具、茶叶及卫生间日耗品。

第四节　对客服务的质量控制

客房部是饭店一个主要的对客服务部门,该部门对客服务质量的高低,在很大程度上决定了饭店产品的品质。因此客房部管理人员必须把对客服务质量的控制当作一项最重要的工作去抓。

一、对客服务程序的制定

(一)对客服务程序的重要性

对客服务程序是指用书面的形式对某一服务进行描述。其重要性在于:

使客房服务规范化。对客服务程序的制定,使饭店服务摆脱传统作业方式,使本来较琐碎的看似杂乱无章、随机性很大的服务工作能够规范化,有章可循,使服务工作从随心所欲的状态转为有规则的和有一定标准的状态。

便于培训。有了书面程序,培训就有章可循,在操作上也简单易行。而且还可避免不同的培训员培训内容不一致的问题。

对客服务程序的重要性还表现在便于对服务质量的控制上。

(二)对客服务程序的制定

对客服务程序的制定是一项十分重要的工作。服务程序科学与否,直接影响客房的服务质量,决定了客房服务水平的高低,因此制定服务程序是一项慎重而细致的工作。在制定对客服务程序时要考虑以下因素:

宾客的需求。服务是为宾客提供的,服务程序也要满足客人需求,制定程序前必须对客人对客房服务的需求做详细的调查和分析。

本饭店的特点。服务程序要与本饭店的档次、风格、管理等特点协调一致,研究本饭店特点时,要考虑饭店的接待对象、客房部组织形式、服务模式、员工素质等各方面的情况。

国内外的先进水平。服务程序要有时代感,并具有一定的超前性,因而要了解国内外饭店业客房服务的先进水平,洞悉各种服务的合理和不合理之处,从而集各家之长为己所用。

动作及作业研究。在编制程序前,要对每个作业进行过程分析和动作分析,把这些资料作为依据保存起来。

客房部管理人员是对客服务程序制定的参与者和组织者,在制定服务程序的过程中,要尽可能地让客房员工参与讨论,该过程本身就是对员工的一种培训。由员工参与制定的服务程序不仅更加符合实际、操作性强,而且在程序的落实过程中效果会更好。以下是某饭店贵宾接待程序：

(1)客房中心在接到“贵宾接待通知单”后，应熟悉有关内容，了解贵宾的日程安排、生活习惯与爱好等，并及时通知相关楼层，做好准备工作。

(2)楼层服务员提前清扫好房间，协助花房服务员、房内用膳服务员将增放的物品放入房间。

(3)房间布置完毕，领班进行严格检查，发现问题，立即纠正。

(4)领班检查合格后，通知楼层主管前往检查。

(5)楼层主管检查合格后，通知客房部经理前往检查。

(6)客房部经理检查合格后，通知大堂副理前往检查。

(7)楼层服务员再进房巡视一遍并吸尘，确保万无一失。

(8)贵宾住店期间，客人一出客房即进行小整理。

(9)根据贵宾的生活习惯和爱好，提供针对性服务。

(10)留心贵宾喜好，做好记录并将有关信息传递到总台，以便完善客史档案。

二、对客服务标准的制定

(一)建立优质服务标准的重要性

确立目标。书面的服务标准为客房部的所有成员确立了努力目标，使他们明确为什么而努力，以及要努力到什么程度，从而使工作有重点，不偏离方向。

传达期望。准确、简洁、可衡量以及可操作的服务标准，形成了对所有服务行业的期望基础。通过标准的建立，向所有成员传达了“这是我们大家共同期望的，这是我们所有人都要求的，这就是出色工作的确切含义”。标准的建立实际是对客房部的所有成员大声而明确地传达了宾客和领导的期望，大家应就此达成共识。

创造有价值的管理工具。一旦制定出一整套的服务标准，就会成为招聘新员工、制定工作职责以及任免决定的部分依据。服务标准还是培训的重要内容之一，成为员工能否上岗的重要标准。此外，服务标准还是有效的员工表现评估制度的基础。

(二)对客服务标准的制定

客房部所追求的高质量对客服务标准应是准确—表达清楚而准确；简洁—短而说明问题；可衡量—可以看得到，可以被衡量；可操作—实用并能达到。

1. 在制定标准时，应注意的问题

(1)标准的制定应让所有有关员工参与，并能为大家所接受；如果可能，最好也能有顾客参与并为他们所接受。

(2)标准对服务的要求应最大限度地接近完美。

(3)标准应用书面的形式完整、明确地描述出。

(4)标准必须能满足顾客的需求。

(5)标准必须可行、易懂。

(6)标准必须得到上一管理层的支持(否则将不能生效)。

(7)标准一旦确定,在工作中就不允许出现偏差。

(8)对过时和不能发挥作用的标准应加以修改。

(9)应根据需要增加新的标准,任何新的标准必须为大多数员工所接受。

(10)标准必须反映组织目标。

2. 应制定的标准

(1)服务程序标准。是服务环节的时间顺序标准,即在服务操作上先做什么、后做什么。该标准是保证服务全面、准确及流畅的前提条件。

(2)服务效率标准。是对客服务的时效标准。这项标准是保证客人能得到及时、快捷、有效服务的前提条件,也是客房服务质量的保证。不过对于这项标准的制定,要视各个饭店的具体情况进行,且要有专业管理人员的参与。

(3)服务设施、用品标准。是饭店为客人所提供的设施、用品的质量、数量标准。这项标准是控制硬件方面影响服务质量的有效方法。它是从质量、数量、状态三个方面去制定的标准。例如,在质量上四星级饭店所用的浴巾不得小于1400mm×800mm,重量不得低于600g;数量上要求每间客房备冰桶一只,并配冰夹;状态上要求提供24小时的冷热水及空调服务。

(4)服务状态标准。是对服务人员言行举止所规定的标准。如接待客人时要站立服务、面带微笑、使用敬语。

(5)服务技能标准。是对客房服务人员应达到的服务操作水平所制定的标准,如各式铺床标准、浴室清洁标准、抹浮尘标准、做夜床标准等,只有熟练掌握服务技能,才能提供优质的服务。

(6)服务规格标准。是针对不同类型宾客制定的不同规格标准。如在贵宾的房间放置鲜花、水果,根据贵宾的不同级别还需布置其他物品,根据长住客人的客史档案记录布置房间等。

(7)服务质量检查和事故处理标准。是对上述各项标准贯彻执行情况的检查标准,也是衡量客房服务质量是否有效的尺度。此标准重点由两方面构成:一方面是对员工的奖惩标准,另一方面是对宾客补偿及挽回影响的具体措施。

三、对客服务工作的质量控制

客房部管理人员应把质量控制的重点放在事先控制、事中控制及事后控制三个环节。三个环节中无论哪个环节发生问题,都会破坏整个服务循环,使服务工作不能进行而产生不良影响,所造成的损失又常常难以弥补。

(一)事先控制

在事先控制环节中,管理者们应注意以下要点:

制定程序和标准。程序和标准的制定属管理中的基本建设,是管理的基础、是质量控制的依据。管理者们不仅要重视程序和标准的制定,而且还要注意根据各种因素的变化,不断对其进行修改和完善。

加强培训。加强对员工的培训是确保对客服务质量的重要手段。在对员工对客服务规范培训的基础上,着重进行个性化服务的培训,提高员工对客服务的灵活性,把正确处理宾客投诉作为重点中的重点。培训的形式要多样化,组织员工对典型问题进行讨论,不仅可以找到正确的服务方法,而且该过程本身就是一种极好的培训。

预测问题并采取积极有效的防范措施。在管理上"防患于未然"比"亡羊补牢"要更经济、更有效。客房部管理人员最好能每月预测次月在对客服务中可能出现的问题。其方法是查阅前两年的资料,找出同期所发生的问题。此外,根据次月的客情预测及本饭店所要开展的活动,再结合其他各方面的情况,分析可能出现的问题。例如:在春节来临前,应估计到春节期间员工要过节,人手不够,班次难排将是可能出现的一个问题;另一个可能出现的问题是春节期间家庭旅游者较多,要求加床的客人将会增多;在夏季来临前,要预计到天气变热对客房服务的要求,如蚊虫的预防等。针对可能出现的问题,部门管理人员研究出对策,并采取具体的措施。一般来说,预测的问题不宜太多,以每月2～4个为宜。客房部管理人员如能始终坚持这种预测方法,必定能收到事半功倍的效果,部门的对客服务质量就会因此而不断提高。

加强沟通和协调。要建立良好的信息沟通系统,疏通沟通渠道。客房部所设计的表格及工作程序要便于信息的传递和反馈,要完善会议及交班制度。通过以上方法,确保对客服务信息的畅通,使客人的需求得到满足。

建立客房部内部检查体系。只有建立了检查体系,才能确保对客服务的正常进行。客房部内部实行逐级检查制,管理人员不仅要注意清洁工作的逐级检查制,更要重视对客服务方面的质量检查。

(二)事中控制

在事中控制环节中,客房部管理人员的走动式管理显得比其他部门更重要,因为客房部人员相对分散,要确保对客服务质量,管理人员就必须多走动,亲临现场,只有这样,才能及时发现问题并采取补救措施。客房管理人员还应重视搜集宾客反馈,以了解宾客需求、发现问题。《宾客意见书》是饭店常用的一种信息反馈文件,除此之外还可用《长住客人需求征询表》(见表 10－1)、《宾客维修意见卡》(见表 10－2)等。定期或不定期地拜访客人,邀请长住客人参加饭店专门为其组织的活动,也可获得宝贵的对客服务的第一手资料。对于宾客的意见和投诉,要尽可能在客人离店前将问题解决,使客人满意而去。如遇到超出客房部权限方面的问题,客房部经理应及时向上级汇报,以确保问题的妥善解决。

表 10－1 长住客人需求征询表

尊敬的宾客:

首先请允许我对阁下长住我酒店表示热烈的欢迎。如您需要我店客房和洗衣部的任何额外服务,请拨分机____找我。为给您提供尽可能满意的服务,请将您的需求填入下表:

1. 您希望我们何时清洁您的房间?____________
2. 您希望我们晚上几点为您做夜床?____________
3. 您喜欢羽绒枕头还是木棉枕头?____________
4. 您喜欢每晚将早餐卡放在床上吗?____________
5. 您喜欢每天几点叫醒?____________
6. 还需什么其他服务?____________

祝您住店愉快!

____

客房部经理

表 10－2 宾客维修意见卡

尊敬的宾客:

如果我们在客房的维修保养上有什么疏忽,请通知我们。如果需要立刻维修,请拨电话×××,通知大堂副理。

姓名________

房号________

日期________

备注________

注:为更快进行维修,请将该表交给大堂副理。谢谢您的帮助,祝您住店愉快!

(三)事后控制

虽然从时间上说晚了些,但“亡羊补牢,犹未为晚”。客房部在对客服务方面的事后控制方法有:

定期分析宾客意见。对宾客意见进行分类,排出宾客投诉的主要问题,分析原因,并采取相应措施。部门管理水平和对客服务质量就是要在不断解决主要矛盾的过程中得以提高。

定期召开部门质量分析会。客房部的主要管理人员要负责此项工作,会前要有专人进行准备,参加者们也应有所准备。这类会议不仅能找到部门对客服务中存在的问题,研究出对策,而且能增强部门全体员工的质量意识。

及时进行整改。根据宾客需求的变化,对服务程序和标准进行修改,对服务用品进行调整。

例如,某饭店在程序中规定服务员在客人进店时,要求客人查点小酒吧饮料,该做法受到了部分客人的投诉,经研究将程序做了修改,取消了该做法。又如,饭店从安全考虑一般不将熨斗、熨衣板作为借用物品,但近年来客人对其需求量增大,一些饭店开始配备出借,受到了宾客的好评。

将宾客投诉的问题与工作表现评估挂钩。对于宾客投诉率高的问题,评估分将相对占较大比重。例如,如果客人普遍投诉服务态度不好,那么在考察员工工作表现时,对服务态度一项的评估分将占较大的比重。采取这样的措施后,员工将特别注意改善对客服务态度,宾客对这方面的投诉势必减少。随着宾客对服务态度投诉的减少,对其他问题的投诉率就会相对增加,客房部可建议饭店根据新的情况制定新的评估评分标准,长此以往,宾客的投诉将大大减少。

本章小结

1. 服务人员只有“与时俱进”,更新观念,改变模式,讲究方法,提高标准,才能把服务工作做到位、做到家。

2. 了解宾客的特点和需求,为宾客提供“定制化”服务,是优质服务的基本要求。

复习与思考

1. 行业内是如何对宾客进行分类的?常说的宾客类型有哪些?各类宾客的特点是什么?

2. 设立客房对客服务项目应考虑哪些因素?

3. 常见的客房对客服务模式有哪些?试对这些模式进行分析和比较。

4. 一家饭店究竟应该选择何种客房对客服务模式,其决定性因素有哪些?

5. 通过角色扮演等多种形式,熟悉各项对客服务的操作规程。

6. 优质服务必须符合哪些标准?

7. 如何才能有效地控制客房对客服务工作的质量?

第11章

洗衣场、布草房的运行与管理

课前导读

洗衣场、布草房的功能、布局、设备用品的配备及洗衣房、布草房的运行程序与管理方法是本章的主要内容。了解和掌握这些内容,对于专业的客房部工作人员具有非常重要的意义。

教学目标

- 熟悉洗衣房、布草房的功能布局
- 熟悉洗衣房、布草房设备用品的配备及性能用途和使用方法
- 熟悉洗衣房、布草房的运行程序,掌握其管理要求与方法

第一节　洗衣场的运行与管理

一、洗衣场的设置

国内饭店大多设有店属洗衣场,负责饭店棉织品、员工制服和客人衣物的洗涤与熨烫。有些饭店洗衣场设备较好、技术力量较为雄厚,还兼营店外的洗涤业务。饭店是否配置店属洗衣场,必须综合考虑下列因素:

饭店的规模。饭店规模的大小是考虑是否设置店属洗衣场的一个重要因素。通常规模大的饭店,布草的日常洗涤量大,如果送到店外洗衣公司洗涤,一是洗涤费用高,二是洗涤质量不易控制,三是布草损耗大,四是周转速度慢。所以,大型饭店一般都设有店属洗衣场。小型饭店通常布草洗涤量少,考虑到资金、场地、人员、技术力量等方面的因素,一般不设店属洗衣场。

饭店的场地。洗衣场占地面积比较大,如果饭店场地较大,空间允许,可以考虑设置洗衣房;反之,则不予考虑。

饭店的资金。洗衣场投资比较大,饭店在决定是否设置店属洗衣场时,必须考

虑饭店的资金情况，考虑投入与产出的关系。

饭店的技术。洗衣场技术要求高，饭店应考虑自身的技术力量及有无专业的洗衣技术人才来确定是否设置洗衣场。

本地洗涤业的社会化程度。饭店所在地洗涤业的社会化程度如何，也是考虑是否设置店属洗衣场的重要因素，如果当地洗涤业社会化程度较高，饭店可采用与店外洗衣公司签订长期洗涤合同的方式，由洗衣公司负责饭店的洗涤业务。如在香港地区，社会化服务程度高，饭店基本上都不设洗衣场，洗涤业务由专业的洗衣公司承担。

二、洗衣场的布局

洗衣场应最大限度地利用空间，节约能源，提高工作效率，减少噪音污染等负面影响。在选择洗衣场位置时，一定要充分考虑能源供应、噪音、排污及方便运行等问题。洗衣场的内部布局要根据其功能及洗涤流程设计，方便运行，提高效率。

洗衣场通常可分以下几个功能区：脏布草、脏衣物处理区，水洗区、干洗区、熨烫折叠区、内部办公区等。

1. 脏布草、脏衣物处理区

脏布草、衣物与干净的布草、衣物，应从不同的出入口进出。送进洗衣场的脏布草需要分类，所以靠近进口处应留有分拣的地方，并配有打码机和称重器，以便衣物打码、编号、布草称重。

2. 水洗区

通常设在脏布草、脏衣物处理区的近旁。一般饭店配有容量不同的洗衣脱水机若干台。小型饭店如资金、场地有限，可配有两台小容量的洗衣机。洗衣机旁应放置烘干机。

3. 熨烫折叠区

应靠近干衣机，以便于对洗过、烘干的布草进行熨平、折叠处理。熨烫折叠区配有熨平机、折叠机等设备。

4. 干洗区

通常在洗衣场内单独划出，将所有与干洗有关的设备放置在一起，如干洗机、光面熨衣机、绒面熨衣机、人像熨衣机、抽湿机等。机器熨烫和人工熨烫部分相对集中在一起，最好靠近出口处。

5. 内部办公区

通常设在进出口处，办公区内设有洗涤用品储存室。洗衣场布局平面图可参见图 11－1。

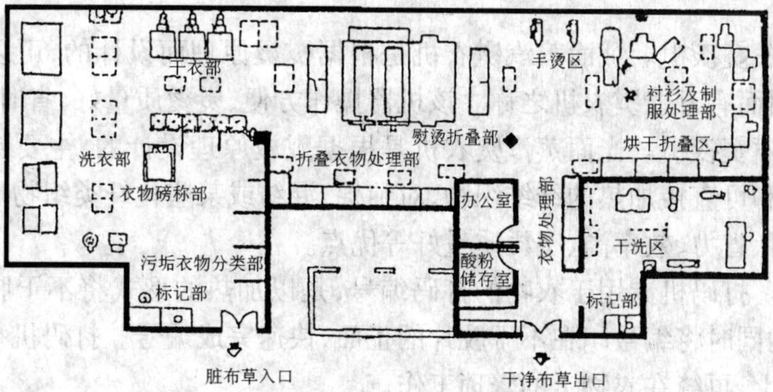

图 11－1 ××饭店（客房 800 间）洗衣场平面图

三、饭店洗衣场的设备工具

饭店应根据自身规模、资金来源、洗涤业务等来配备洗衣场的设备工具，并合理使用设备工具，提高工作效率。

1. 机器设备

湿洗机。主要用于洗涤床单、枕套、毛巾等布件，分全自动、半自动、机械操作三种，容量大小有 50kg～140kg。洗衣场最好能同时配备大小容量不同的湿洗机，既保证大宗布件的洗涤效率，又能满足小件衣物的洗涤需要，节省能源。

烘干机。经湿洗机洗净甩干后的布件及衣物仍含有较多水分，若直接整烫，耗时、耗力，所以洗衣场应配置不同容量的烘干机。烘干机分电和蒸汽两种，饭店应根据能源供应情况选择。

棉织品熨平机。专门用于熨烫床单、枕套、台布等面积较大的棉织品。其原理是通过蒸汽高温杠杆滚压，平整和干燥棉织品。新一代的熨平机只需人工将甩干后的棉织品平整送入熨平机传送带，机器便自动熨平、熨干、折叠，有些机器还能在折叠时辨别棉织品的洗净度和破损情况，不合要求会自动剔除。

干洗机。干洗机用于洗涤不能水洗的衣物，工作原理同湿洗机，所不同的是除有主洗机外，还增加了回收干洗液的装置。另外，现在普遍使用的干洗剂为有毒溶剂，所以还附有安全装置。

人像熨衣机。人像熨衣机是根据熨烫的原理设计而成的，利用蒸汽和压力共同作用来达到平整、定型衣物的效果，由于外表酷似人型，所以称人像熨衣机。该机器用于一般的衣服的熨平，如西服、夹克、衬衣、运动衣等。机器的人型套袋肩膀可以根据衣物肩膀的大小进行手工调节，其胸部、腰、下摆也可以按需要调节，使用较为方便。

绒面蒸汽熨衣机。绒面蒸汽熨衣机是根据熨烫原理而设计的，可以熨烫大部分的衣物，因而有万能熨衣机之称。该机器操作方便、熨烫质量好、省时省力。

光面蒸汽熨衣机。光面蒸汽熨衣机是根据熨烫原理设计的，主要熨烫一些能耐一定温度和可直接加热的纤维织物，对纯棉、混纺或某些化纤类织物熨烫效果更好，具有省时、省力、效率高、熨烫质量好等优点。

打码机。打码机专用于衣物的打码编号，是以加热的形式将不干胶打压到衣物上，打压的同时将编号印在不干胶片的正面，快速完成编号。打码机替代了将编号写在布条上，再缝在衣物上的繁琐工作。

去渍台。去渍台用于布草衣物的去渍，在去渍台上能对织物各部位进行清楚的检查和去渍，与真空抽湿机配套使用。

2. 手工工具

熨斗。几乎可以熨烫所有的衣物，特别适宜熨烫某些特殊的服装或衣物的某些部位，如肩、领。洗衣场通常选用自动调温型蒸汽电熨斗。根据蒸汽的不同提供方式，这种电熨斗可分为两类：一是外接蒸汽式，由中央蒸汽系统提供蒸汽；二是内置蒸汽发生器，使用时不断补充水源即可。

烫床。与熨斗配套使用，可以将整件衣物平铺在上面熨烫。

烫台板。烫台板的面积只有普通烫床的1/3～1/4，熨烫西裤、裙子、衬衣等比较灵活方便。

喷水壶。即普通市售喷雾式塑料喷水器，熨烫衣物时根据需要喷水。

棉枕头。用棉花作枕心，外包软布缝制而成，作为垫子用在一些不规则形状的衣物部位，如某些衣物的肩部、胸部、裤腰等。棉枕头以长15cm、宽9cm、厚5cm为适宜。

木手骨。用木板制成，侧剖视图似⊐型，木板以长70cm、宽12cm为宜。上层木板垫有棉毯，用软白布包好并缝合，上下两板相隔20cm左右，熨烫衣物袖子等处时使用。

去渍刷。用于刷除衣物上的污渍，有黑鬃刷和白鬃刷两种。黑鬃刷一般用于干性溶剂，白鬃刷用于湿性溶剂。

刮板。是一种去渍的辅助工具，用来软化污渍，使去渍剂更易渗透到织物中。刮板可用骨头、金属或塑料制成。

地磅秤。专用于称布草重量，根据布草重量投放洗涤剂用量以达到最佳清洗效果为好。

桌子。洗衣场应配有若干张桌子，用于折叠布草、衣物。

3. 用品

(1)洗涤用品

棉织品主洗剂。目前,通用的主洗剂均为有机合成类,除含碱外,还含有表面活性剂、过氧化氢、增白剂、泡沫稳定剂、酶制剂和香精等,pH 值=10。主洗剂有液体和粉状两种,液体主洗剂含有机成分多、易溶化;粉状除垢效果好(含碱量高),但不能完全溶化和均匀分布。全自动洗衣机最好使用液体主洗剂。

化油剂。化油剂是专为洗涤餐巾和台布而配置的,与主洗剂同时使用。pH 值=13~14。

酸粉。一般为柠檬酸和醋酸,pH 值=3,有粉状和液体两种,用于中和碱。主洗剂的碱性在漂洗时不容易过清,因此,在棉织品洗涤最后一次过水时,加入适量的酸粉去中和碱,能使棉织品的 pH 值降至 6~6.7,以增加使用时的舒适度,延长棉织品的使用寿命。

氧漂剂。过氧化氢漂白剂 pH 值=3~4。专用于彩色织物,主洗时适量加入,可避免碱对色彩的破坏作用,从而保持布件原有的光泽。

氯漂剂。有次氯化钠和过硼酸两种,前者 pH 值=8~9,后者 pH 值=10,起漂白作用,主洗时适量加入。

上浆粉。上浆粉主要针对台布、餐巾、某些制服等配置的,通过上浆,能使被浆织物表面挺括、防止纤维起毛,有良好的观感,同时使被浆织物表面有一保护层面,可延长织物的使用寿命。洗衣场常用的有淀粉和聚乙烯醇两种浆料。淀粉价格低廉,在洗衣场使用广泛。聚乙烯醇的价格为淀粉的数倍,因其对合成纤维及纤维素纤维有良好的上浆性能,所以多用于小批量衣物的上浆,一般不用于台布、餐巾的上浆处理。

柔软剂。洗衣场的织物水洗属于工业形式洗涤,通过洗涤,织物可达到良好清洁度,但有明显的粗糙手感,如床单、内衣,尤其是毛巾,使用时会使人的皮肤有不舒适之感,柔软剂是为解决这一问题而配置的。在洗涤的最后一次过水时加入适量的柔软剂,可使织物表面和内部平滑,增加其柔软感。

干洗剂。四氯乙烯,专用于干洗织物。目前饭店使用的四氯乙烯主要是进口的。国产四氯乙烯为工业用料,并非专门为织物洗涤而研制生产,所以杂质较多,对织物纽扣的腐蚀性较严重,不适于蒸馏织物。

领洁净。用于清洗衣物污渍,可洗去油斑、色斑和其他脏迹,洗前使用,不影响衣物色泽。

(2)服务用品

衣架。洗衣场应备有一定数量的大衣架、衬衣架及裙裤架,以便挂衣。

包装袋。主要用于包装客衣,分别有小包装袋(用于小件衣物)、衬衣包装袋(包装衬衣)、吊挂包装袋(用于外套)。

表格。洗衣场运行的各类表格。

四、洗衣场的流程设计与控制管理

饭店洗衣场每天都要洗涤大量的布草、员工制服及客衣,任务繁重,要达到良好的工作效率和质量,必须科学合理地设计各类布草、员工制服及客衣洗涤的运作流程,加强对洗衣场的控制与管理。

1.洗衣场运行流程设计

每一件布草或衣服从脏到干净,必须经过一系列的过程,这个过程就是洗衣场生产的运行流程。运行流程的设计要本着省时、省力、提高工作时效的原则,明确每一环节的任务、责任,以保证洗衣场工作正常、有效地运行。下面以客房床单、枕套的运行流程为例,做一说明(见图 11-2)。

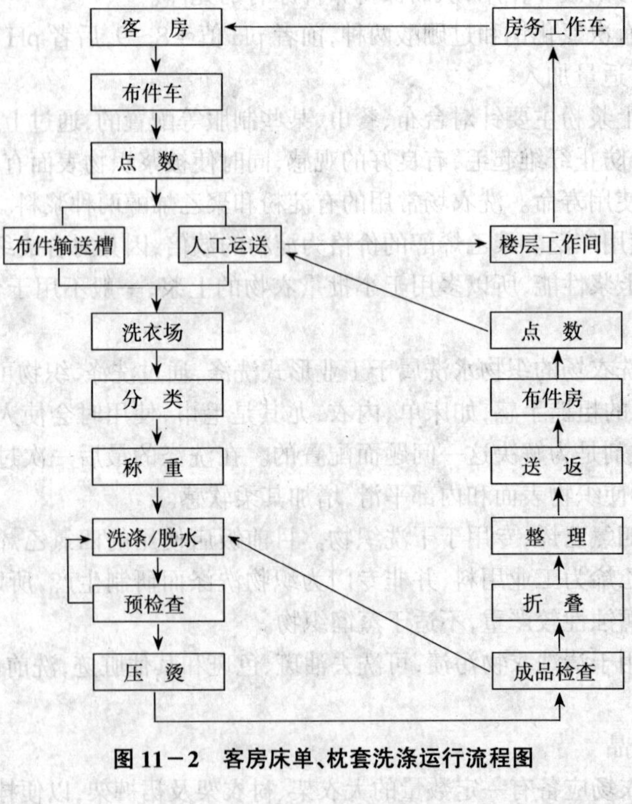

图 11-2 客房床单、枕套洗涤运行流程图

从图 11－2 中可以看出，床单、枕套洗涤运行流程环节较多：

(1)客人结账离店后，客房服务员必须更换床单、枕套，已出租的客房根据客人需要，适时更换。

(2)将客房撤出的脏床单、枕套放入布件车。

(3)在设有布草输送槽的饭店，对脏布草点数后，包扎好放入布草输送槽。布草输送槽设在每一楼层工作间，平时不用时需上锁，以免发生安全事故。若饭店没有布草输送槽，则由布草房或洗衣场派人将布草送至洗衣场，人工运送要用专门的推车，不能将布草在地上拖拉。

(4)布草运送到洗衣场。

(5)根据布草的种类、污染程度与洗涤方式分类。

(6)根据洗衣机的洗涤容量将布草称重后放入洗衣机。

(7)布草洗涤并脱水。

(8)整理床单、枕套，并同时做预检查，发现未洗净的，剔除出来再处理。

(9)床单、枕套压烫处理。

(10)自动折叠机折叠的床单，因无法对成品再检查，所以必须进行预检。人工折叠前要注意成品检查，发现问题(如未洗净、破损等)，剔除出来再处理。

(11)对压烫好的床单、枕套机器折叠或人工折叠。

(12)根据不同的要求整理床单、枕套。床单、枕套每十条做一个包装捆扎。

(13)送返到布件房存放。

(14)设有布件输送槽的饭店，布件房按楼层客房要求领用数量点数后送到各楼层工作间，由客房服务员点收，或者由客房服务员到布草房领取。没有布草输送槽的饭店，通常采用以一换一的方式，即在客房服务员交送脏布草到洗衣场的同时，到布草房领回同等数量的干净布草。

(15)客房服务员按工作车配备要求，将适量布草放在工作车上。

(16)清扫整理客房时，补充干净布草进房。

2.洗衣场的质量控制与设备管理

(1)质量控制

洗衣场洗涤质量主要包括两个方面的内容：一是出品质量，即洗烫、包装的质量；二是服务质量，指对顾客的服务质量。

在出品质量控制方面要注意：

①明确各类出品的质量标准。洗过的布草衣物如何才算是符合质量要求，不少饭店没有明确的标准。由于洗衣设备欠佳、洗涤技术不过关、员工培训不到位等原因，洗过的布草发灰泛黄、衣物洗不干净是洗衣场常见的问题。因此，要保证出

品质量，首先应明确质量标准。衣物洗涤的出品质量无异味、无串色现象，无明显可洗脱的污渍，无变形、缩水、脱线，无熨烫的双重折痕和不平整现象，无灰尘污染。布草洗涤质量标准参见第四章第四节。

②制定质量保证计划和制度。这是为落实洗衣场出品质量要求而制订的可靠的技术和组织措施。主要包括：资金投入计划，洗衣设备维护保养制度，员工培训计划，洗衣场运行流程设计，员工培训计划，安全生产制度，质量管理计划等。

③加强工序、步骤的质量控制。洗衣场内部分工比较明确，每一出品的洗烫工作都有一整套工序(程序)，每一道工序里又可分为多个步骤。如床单的洗涤，需经过收取、点数、运送、洗涤、熨烫、整理送回等多道工序，而整理工序中又包括检查、折叠等小步骤。要确保出品质量，必须道道把关、步步控制，明确每一道工序的质量标准，加强对每一道工序、每一个步骤的质量控制。

④建立完善的质量保证体系。完善的质量保证体系，是洗衣场质量管理高水平的重要标志，其根本任务是通过对洗衣场产品质量的检验，保证出品的质量。

部门建立个人自我检查、互相检查、管理人员抽查、质检员全面检查制度。

自检——各工序完成某一工作时，应做自我检查，发现问题及时处理，为下一道工序提供良好的出品质量。

互检——是下一道工序对上道工序出品的再检查，以弥补上一道工序的某些遗漏与失误，与自检形成双重质量控制。

抽检——是洗衣场管理人员对各工序的出品或成品做随机性检查，以及时找出问题，加以改进。

全面检查——大型饭店洗衣场通常设有质检员，负责全面检查各类布草、衣物出品的质量；定期或不定期地举行质量分析会，由洗衣房各工种人员及饭店其他相关部门人员参加；管理人员必须在出现出品质量问题后，及时查找原因，并提出整改措施，限期改进。造成事故的当事人，必须填写《事故登记表》并存入部门档案。

在服务质量控制方面要注意：

洗衣场服务质量的优劣，关系到客人的满意程度、饭店的形象、声誉及日常运转效率。客房部管理人员对此应予以足够的重视。

洗衣场的服务对象包括外部顾客(客人)和内部顾客(饭店其他部门及员工)，洗衣场作为二线部门，每天要洗涤大量的床单、枕套、毛巾、口布、台布、员工制服及客衣等，没有良好的服务意识及态度就不可能提供优质服务。

①制定服务质量标准。为保证服务质量，洗衣场应制定有关服务质量标准，以此考核培训员工。

②强化"顾客第一"观念。不论是对外部顾客还是饭店内部顾客，洗衣场员工

都要树立“顾客第一”、“下一道工序是顾客”的观念，生产顾客满意的产品，提供顾客满意的服务。管理人员应通过多种途径、采用多种方式强化员工的服务意识。

③讲信誉、创品牌。从经营的角度，洗衣场尤其是对社会营业的洗衣场在服务质量控制上，应讲究信誉、创出品牌，为饭店争得更多的效益。

(2)设备管理

加强对设备的管理，既可以减少维修次数、延长设备的使用寿命、降低成本，又能保证前台工作的正常运转。在大多数饭店，洗衣场设备的管理一般由工程部负责，但洗衣场管理人员及员工也应懂得设备管理，在日常工作中与工程部密切合作，确保设备的正常运行。

①做好固定资产管理。洗衣场设备属于饭店的固定资产，建立设备账卡档案，是做好设备管理的基础工作(参见第三章第二节设备管理)。

②加强设备使用前的培训工作。洗衣场设备操作技术性较强，在使用前应做好员工的培训工作，使员工掌握设备的性能、操作技术和相关的维护知识。员工经培训合格后才能上岗操作。此项培训工作最好由设备供应商承担，也可由饭店专业人员负责。

③制定设备操作规程。为了确保设备的正常运行，操作设备必须按照一定的规程进行。表 11-1 为洗衣机操作规程。

表 11-1　洗衣机操作规程

步　骤	做法及标准
1. 准备工作	①使用前，对洗衣机的机门、滚筒、洗涤用品加注器、传动皮带等做目视检查。 ②打开各机位电闸，检查各按钮、开关的灵敏度，温度、蒸汽、气压是否正常。
2. 将待洗衣物分类	①将不同质地、颜色、洗涤温度的衣物分别堆放。 ②检查客衣、制服有无破损、褪色等情况。
3. 装机	①将不同洗涤要求的衣物分别放入机内。 ②装载量为洗衣机设计容量的 85%，不得超负荷洗涤。 ③关机门时应注意切勿使机门夹住衣物。
4. 开机洗涤	①根据洗涤要求，选择洗涤程序。 ②洗衣原料应在进足水位后再投入机内，不可与干衣物同时投入。 ③衣物若要做漂白处理，应按要求操作。 ④机器运行过程中员工不得离开岗位，应注意观察工作情况，若有意外马上切断电源、水源、汽源。
5. 关机装衣	①洗衣机使用完毕后，关闭机内电源开关。 ②准备好干净装衣车，将洗净的衣物装入车内，注意检查机器有无小件衣物遗留。
6. 结束工作	①每天机器使用完毕后，都应检查电动机及传动系统是否有异常。 ②关闭蒸汽阀、冷热水开关、总电源开关。 ③对洗衣机做适当清洁工作，保证机器内外洁净。 ④按要求做好洗衣机的保养工作。

④建立设备维护保养制度。不同的洗烫设备应根据其保养要求，建立相应的维护保养制度，对设备进行有计划的保养，以保证并延长设备的预期寿命。

例：××饭店洗衣房设备维护保养制度

①设备维护保养方法

所有设备均由专人负责并报办公室备案(人员可定期轮换)，并签订责任状。

②设备清洁保养标准

a. 设备周围地面清洁整齐。

b. 设备内外凡是可以清洁到的部位，要求无灰尘、无油污、无杂物。

c. 清洁设备的顶部。

d. 电器部位只清洁表面，不得随意清洁内部，以免发生危险。

e. 需要更换的附件，如衬垫、人像机罩等，应及时报告上级，进行更换。

f. 合理安排设备负荷。

洗衣场设备都有一定的运转负荷，做好设备管理，应合理安排设备的负荷，既不能使设备长期闲置，造成损耗浪费，又不能使设备超负荷运转，影响设备的使用效果和使用寿命，严重的还会引起安全事故。

③设备清洁保养项目及要求(见下表)

设备清洁保养项目及要求

设备名称	清洁保养项目	要　求
1. 水洗机	①投料器 ②机器表面	每天清洁 每天清洁
2. 烘干机	接尘器尘毛	每天清除
3. 干洗机	①机器表面 ②接尘器 ③主轴 ④风扇电机	每天清洁 每天加油 每天加油 每天加油
4. 工衣夹机	①机器表面 ②衬垫	每天清洁 损坏或用脏后及时更换
5. 空气压缩机	排水、放气	每天进行
6. 人像熨衣机	①人像机罩 ②机器表面	用脏或破损后及时更换 每天清洁
7. 熨平机	①机器表面 ②传动部位	每天清洁 每天或每周加油 1 次
8. 各类熨衣机	①机器表面 ②衬垫	每天清洁 用坏或用脏后更换
9. 打码机	机器表面	每天清洁

续表

设备名称	清洁保养项目	要　求
10. 吸湿机	①机器表面 ②排放冷却水	每天清洁 每班后排放
11. 电熨斗	底座及表面	每天清洁

④建立检查监督制度。设备清洁保养由专人完成，领班督促检查，主管及部门经理不定期进行抽查。

⑤建立奖惩制度。凡清洁保养不符合质量要求的员工，第一次给予口头警告，第二次部门书面警告并存档，第三次填写过失单。成绩显著者，由部门给予表扬并酌情奖励。

(3)安全管理

安全管理是洗衣场管理的一个重要方面，洗衣场必须在确保员工安全、设备和饭店财产安全的基础上，进行高效生产。

①建立安全生产管理责任制。为加强员工责任心，确保安全生产，洗衣场应建立岗位安全生产责任制，将安全管理落实到每个岗位上去，做到人人重视安全、保证安全生产。

例：××饭店洗衣场消防队岗位责任制

● 洗衣场消防队员组织编制

队长：洗衣场经理×××

副队长：洗衣场副经理×××

队员：×××　×××

● 消防队消防工作方针

预防为主，防消结合，加强宣传，组织落实，措施落实，定期培训，考核上岗。

● 消防队员消防工作原则

谁在岗谁负责，谁主管谁负责。

● 消防队消防岗位责任制

消防队队长、副队长每天必须检查、巡视洗衣场，一天两次，上下午各一次，发现问题及时处理。

每天下午 17:00～次日 8:00 由值班人员自行代理队长职责，做巡视检查。

②制定安全管理制度。制度是确保安全管理的一项重要措施，洗衣场安全管理制度包括安全生产守则、安全生产检查制度、消防安全制度、安全操作制度等。有了相应的制度，客房部还要运用行政和经济手段确保安全制度的实施。

例：××饭店安全操作制度

为保证员工人身及设备安全，员工操作机器时应遵守下列制度：

● 接通电源前，应检查机器的电器部位是否有漏电处。

- 正式工作前应先试机，以确定机器是否运转正常。
- 机器运行时操作工不能离岗，并随时观察运行情况，发现异常及时处理。
- 使用各类熨烫机时，应集中注意力，严格按操作规程操作。
- 使用电熨斗，应做到人离开即切断电源，防止发生安全事故。
- 工作中若发现机器设备有故障，或其他不安全因素，应及时上报。
- 工作结束后，须关闭机器电源、切断所有输入电源。物品应远离电源、码放整齐、保持清洁通风。
- 所有机器设备应按规定的操作程序操作，按要求进行维护保养。

③加强员工的安全教育。管理人员应定期对洗衣场员工进行安全教育，使每个员工都明白安全生产的重要性、熟悉各自岗位的安全生产管理制度、掌握对不安全问题的应对措施。新员工上岗前，首先应接受整体的安全生产教育，再进行岗位安全培训教育，考核合格后才能上岗。为了强化员工的安全生产意识，洗衣场可不定期地举办安全管理讲座、安全知识竞赛、安全防火实地演习等活动。

④制定劳动卫生措施。为消除洗衣场生产中潜在的危及员工身体健康的不卫生因素，预防职业病，保证员工身体健康，管理人员应制定相关的劳动卫生措施，并加以落实。

现场防护。采取治理措施，改善作业现场条件，尽量避免有毒、有害物质危及员工健康。如通风系统性能良好，保持空气流畅；操作者严格遵守操作规程；尽可能选择无毒性或毒性小的洗涤剂；做好设备管理。

个体防护。洗衣场应给相关岗位的员工配备个人防护用品，如防毒面具、手套等，防止有毒、有害物质进入人体。

第二节 布草房的运行与管理

布草是饭店业对棉织品的一种专称。在饭店经营活动中，无论有无店属洗衣房，布草房都是必须设立的，其主要功能是负责饭店所有布草、制服洗涤后的交换业务，保证饭店布草、制服的及时供应。布草房的管理水平和服务质量，直接影响到饭店经营活动的开展。因此，饭店应加强布草房的管理工作，力求减少费用、降低成本，为饭店提供良好的后勤服务。

一、布草房的布局

布草房通常分为棉织品房和制服房。为利于布草的运送，棉织品房一般设在洗衣场附近；制服房则设在邻近员工更衣室、员工浴室之处，以方便员工交换制服。

布草房主要包括收发区、贮存区、加工区和内部办公区。饭店要根据不同区域的功能,合理地进行内部布局,以方便运转,提高效率。

(1)收发区应设在邻近布草房门口的地方,有些饭店设有开放式的收发台,且收发台设计成可活动式的,以便于布草的交换。收发区应备有布草分拣筐。

(2)贮存区是布草房的主要功能区,配有棉织品架及制服架,设在收发区的内侧。

(3)加工区一般设在布草房的里侧,靠近窗户、自然采光比较好的地方,或室内灯光比较明亮之处。加工区配有缝纫机和工作台。

(4)内部办公区通常设在收发区附近,以便控制管理。

二、布草房的设备用品

棉织品架。棉织品架用于存放床单、枕套、毛巾等棉织品,应设计成开放式的,以利棉织品通风散热。棉织品架上需贴有标签,注上分类号,以方便查找。

挂衣架。制服房需配有若干高低不同的挂衣架,衣架杆上最好有固定挂钩并标有工号或姓名,以利制服对号上架。工号或姓名可按数序或姓名拼音字母顺序排列,以方便存取,提高效率。

工作台。棉织品房及制服房应配有若干工作台,用于收发、登记、临时放置布草。

缝纫机。布草房配有若干台缝纫机、锁边机等缝纫设备,以供缝补加工布草、制服之用。

布草分拣筐。用于分拣棉织品及制服,一般是塑料制品,也可用竹制的或柳编制品。

叉衣杆。制服房应配有叉衣杆若干个,长短可灵活调节,用于挂取制服。

包装袋。制服房应备有大小不同的包装袋,用于存放制服。

表格。布草房的各类表格用于记录布草房的运行情况。

三、布草房的运行与管理

(一)布草房的运行流程

布草房每天需收发大量的布草、制服,工作任务比较重,为保证运行效率和效果,必须科学合理地设计布草房各项工作的运行流程。

1.布草的收发

(1)客房布草的收发

①楼层提出申请。每天由楼层客房服务员根据出租率提出“每天楼层布草需求单”,并交领班核准签名。

②配货。布草收发员根据需求单上的需求品种和数量准备干净布草待运。

③运送。用布草车将配好的干净布草送到楼层。

④签收。布草收发员将送到楼层的干净布草与需求单一起带到楼层，让该楼服务员核对，并在需求单上签收。

(2)餐厅布草的发放

①接收。布草收发员逐一点收餐厅脏布草的品种、数量并做好记录。

②发放。收发员按记录本上的数量逐一清点，发放干净布草。餐厅布草一般采用“以一换一”的发放方法，即以脏布草换回同等数量的干净布草。

③签收。餐厅服务员在领取干净布草后，要在表单上签字。

2. 制服的领换

(1)制服的领发

①申领。由申领部门填写“制服申领单”，注明员工部门、工种，部门经理审批。

②发放。制服房根据员工身材准备制服，可能需要加工或改动制服的肥瘦、长短。员工试穿合适后，将号码标记在制服上，并将配套的其他物件按规定统一发给员工。一套制服交员工自己保管，另一套由制服房保存。

③记录。将发放制服情况登记在“员工制服登记卡”(见表 11－3)上，并存档。

(2)制服的换洗

①收取脏制服。制服房服务员将员工送洗的脏制服清点准确。

②分类。将脏制服分类放入不同的布草分拣筐内。

③发放干净制服。取出相应的干净制服(干净制服与脏制服号码须一致)，员工领用时，再次核对，并送交员工手中。

④换洗制服应按规定时间进行。

(3)布草的修补加工

①检查。从洗衣房返回的所有布草和制服，都要彻底检查是否有破损。

②修补。能够修补的布草、制服，都要交缝纫工做必要的缝补。

③鉴定。所有低于标准的布草，都要经客房部经理鉴定后，才能决定是否继续使用或作报废处理。

表 11－3 员工制服登记卡

姓　　名＿＿＿＿＿＿　　　　员工号码＿＿＿＿＿＿

部门职位＿＿＿＿＿＿　　　　职　　务＿＿＿＿＿＿

日期	服装式样	数量	签字	归还日期	由谁接收	其他

④加工。将可再利用的报废布草进行加工,改制成婴儿床单、枕套、洗衣袋等。

3.布草的盘点

(1)客房布草的盘点

①通知。预先通知有关部门及人员做好准备。

②清点。对所有布草进行清点,包括贮存在楼层工作间、工作车和洗衣房、布草房的布草。根据不同的规格,在同一时间段内对所有项目进行清点。清点时,需停止布草的流动,防止漏盘和重盘。

③记录。将全部盘点结果填写在盘点表上。

(2)餐厅布草的盘点

①通知。预先通知餐饮部和洗衣房、布草房做好准备。

②清点。检查餐饮部存放的脏布草和干净布草。根据不同的规格、颜色,在同一时间内对所有项目进行清点,盘点时要停止布草的流动,防止漏盘和重盘。

③记录。将全部盘点结果填写在盘点表上。

4.布草的报废与再利用

(1)提出申请。因下列情况布草可以申请报废:①布草破损或有无法清除的污迹。②使用年限已到。③统一调换新品种、新规格等。

通常由布草房主管核对需报废的布草,并填写报废单。

(2)审批。布草的报废由洗衣场经理或客房部经理审批。

(3)报废布草的处理。报废布草应洗净、做上标记,捆扎好集中存放。

(4)报废布草的再利用。报废的布草如果可以再利用,可由布草房缝纫工加工,改制成其他用品。

5.布草的添补与更新

(1)申领。根据布草的报废情况,确定需申领的种类和数量。

(2)填写申领单。将布草申领单上各栏目填写清楚,如:数量、规格、颜色等。申领单交客房部经理审批。

(3)领取与核实。凭申领单到总库房领取所需补充的布草,提取布草时,应仔细检查布草数量、种类、规格等,是否与领用单相符,质量是否合乎标准要求。

(4)洗熨。领回的布草需全部拆封,送洗衣场洗熨后再使用。

(二)布草房的管理

布草房主要是做好设备、安全管理及日常工作的安排。

1.布草房的设备管理

(1)专人负责。布草房所有设备均须指定专人负责,并报客房部办公室备案。

(2)做好日常清洁工作。布草房必须保持整洁,设备周围地面清洁,每天擦拭设备,设备内外凡是可以清洁到的部位,要求无灰尘、无杂物、无油污。

(3)制定维护保养方法。布草房每一种设备都应有规定的维护保养方法,并培训员工,使其掌握设备日常保养的基本内容。其主要包括以下几点:

①除尘。每次机器使用完毕,即进行除尘工作,保持机器干净、运转正常。

②上油。每周一、四给机器除尘并上油保养,要求无遗漏。

③检查。上油后检查机器使用是否正常,有无污染布料等异常情况。

(4)建立定期检修制度。有关人员应定期检查布草房设备,以便及时发现问题进行处理,保证设备处于正常完好的状态。

2.布草房的安全管理

(1)员工的安全。培训员工正确使用布草房设备,制定安全操作规范,如搬运重物操作规范;给员工灌输安全生产意识,避免一切不安全事故的发生。

(2)设备的安全。布草房的设备较多,有关人员必须重视设备的安全管理,要正确使用和保养各种设备,尽量减少设备损坏,以保证布草房工作的正常运行。

(3)防盗。布草房为饭店棉织品及员工制服的集中存放处,日常工作中应落实防盗措施,如布草房门窗的防盗;制定有关制度,如交接班制度、定期盘点制度等,加强对内部员工的管理,防止偷盗事件的发生。

(4)防火。布草房物品大多是易燃物品,客房部必领采取有效措施,防止火灾事故的发生。要加强对员工防火意识的教育,普及灭火知识与技能的教育与训练,提高火灾发生时的自救能力;制定防火措施;配置防火及灭火设施,并定期检查。

3.布草房的工作安排

(1)加强计划安排

①一日工作的安排。布草房工作有一定的规律性及阶段性。管理人员应合理安排一天的工作,做到忙时不慌乱、闲时有事做。

②员工制服更换的安排。布草房应主动与洗衣房取得联系,对不同部门、不同岗位员工制服的换洗频率、换洗时间做出统一安排。

③布草盘点、大批更换的控制。布草盘点、大批更换工作的工作量大、涉及的部门岗位多,布草房在进行这两项工作前,一定要考虑周全、合理安排、制定计划、预先通知,尽可能不影响相关部门工作的正常运行。

(2)做好人员安排

布草房的工作通常分为两个班次,日常工作量受饭店经营活动的影响,不易控制。因此,管理人员应合理安排各岗位员工的工作量,避免出现忙闲不均的现象。另外,必须重视布草房不同岗位员工之间的交叉培训工作,把员工培训成为“多面手”,以利于内部人员的调配。

(3)制定规章制度

没有规矩,不成方圆。必要的规章制度是布草房管理的重要组成部分。布草房规章制度主要有:①员工劳动纪律;②交接班制度;③清洁卫生规定;④布草存放规定;⑤安全管理制度。

本章小结

1.随着社会化程度的提高,洗衣房已经不再是每家饭店必配的设施,但无论有无店属洗衣房,布草房的配置还是很有必要的。

2.无论是洗衣房还是布草房,都要合理布局,一要保证空间能够得到充分合理的利用,二要做到功能完善,三要合理安排作业流程,以保证运行的快捷、高效、安全、低耗。

3.洗涤工作的技术性强,质量要求高。

复习与思考

1.饭店是否配置店属洗衣房,主要考虑哪些因素?

2.洗衣房一般都有哪些功能区域?

3.洗衣房一般配备哪些洗烫设备和用品?简述这些设备用品的主要性能与用途。

4.简述饭店布草洗烫的运行程序。

5.简述布草房的功能与运行程序。

6.如何做好洗衣房、布草房的质量与成本控制?

第12章

客房部的安全管理

课前导读

客房部是饭店安全事故的重灾区，安全管理是客房工作的重要内容。增强安全意识、提高对安全事故的预防与处理能力，是本章程教学的重点。

教学目标

- 充分认识客房部安全管理工作的重要意义
- 了解客房部安全管理工作的任务及目标
- 了解客房部安全事故起因及对各种安全事故的预防与处理办法
- 熟悉安全设施设备的功能与使用方法

第一节　客房部安全管理工作概述

客房安全不仅指饭店客房以及来店客人的人身和财物不受侵害，而且指不存在其他因素导致这种侵害的发生，即饭店客房安全状态是一种既没有危险也没有可能发生危险的状态。一个饭店的客房如果存在下列因素，又没有相应的防范措施，就很难说是安全的。例如，客房中混进了流氓、骗子、盗贼、精神病人和其他违法犯罪分子；客房通道地面湿滑或地毯破损、铺垫不平；客房的门锁损坏、钥匙管理混乱；安全通道和安全门失灵或无明显的标志等。因为，所有这些因素都会在一定条件、一定场合、一定时间内突然导致发生危险，从而造成人身伤亡和财产损失。

客房安全是整个饭店安全工作的一个重要方面。客房部负责住店客人的起居生活，客房部管理着大量的饭店财产，客房部员工每天都在从事着各种各样的清洁保养和对客服务工作。无论是客人还是饭店员工，安全都是大家共同关心的突出问题，因此，安全管理就成了客房部工作的重中之重。

一、客房部安全管理工作的意义

(一)客房安全与否,直接关系到客人的满意程度

安全是客人的基本需要,要提高客人的满意程度,有一个安全的住宿环境是很重要的因素。如果在客房工作中忽视必要的安全防范意识,客人要求开门不核实身份、非住店客人进入楼层不询问,那么就可能给犯罪分子以可乘之机。试想,一位客人在客房住了几天,对客房服务赞不绝口,但就在他离开的那一天,一只钱包在客房被盗,客人对饭店的好印象就会一扫而光,留下的只有遗憾和不满。

(二)客房安全与否,直接关系到饭店的经济效益

安全工作不力所造成的损失不仅表现为直接的经济损失,如发生火灾、财物被盗,而且更主要地表现为一种声誉的损失,即形象的破坏。这种损失具有一种辐射作用,往往难以用数量来衡量。如果一家饭店刚开业不久,客房就发生两起较大的盗窃案件,使受损的客人叫苦不迭、怨声载道,而其他客人胆战心惊,饭店因此而报上有名,则会使客人望而却步,从此,饭店便会门庭冷落,经济效益一落千丈。

(三)客房安全与否,直接关系到员工的积极性

安全不仅指客人的安全,也包括员工的安全。如果客房安全管理工作混乱,各种防范和保护措施不力,工伤事故不断,员工的安全没有保障,就很难使员工安心,积极而有效地工作。

二、客房部安全管理工作的主要任务

根据公安机关安全工作的有关规定和安保部门对客房部安全管理工作的具体要求,结合部门工作的基本特点,可以把客房部安全管理工作的主要任务总结为以下几点:

(1)做好安全宣传工作,经常进行安全培训,增强员工的法制观念和安全意识。

(2)做好客房的防火、防盗,防灾害、事故等工作,确保宾客和饭店员工人身及财产安全。

(3)制定客房部安全管理规章制度和工作计划,建立和健全安全防范措施。

(4)根据“谁主管、谁负责”的原则,落实客房部各项安全岗位责任制;监督、检查、指导各个岗位的安全工作。

(5)协助公安机关和饭店保安部门,做好案件的侦破及事故预防和处理工作。

(6)在饭店的统一领导下,做好社会治安综合治理工作,确保客房区域的安全,维护客房的正常秩序。

三、客房安全的侵害因素

客房安全的侵害因素种类多、范围广、变化快。按照侵害因素产生的原因和性质，大致可以分为人为侵害因素和自然侵害因素两大类。

(一)人为侵害因素

包括违法犯罪行为、非违法犯罪行为和由于工作失职造成的安全事故。

1.违法犯罪行为

违法犯罪行为是指行为者违反了法律规定，实施了法律所禁止的行为，或不去实施法律所规定的必须实施的行为，行为者的心理状态大多为故意，即明知自己的行为会发生危害他人的结果，但仍然希望或放任这种结果的发生。在饭店所发生的违法犯罪行为，其行为者都是以饭店和客人的人、财、物作为侵害目标，作案地点大多在客人活动的范围之内。客房是违法犯罪分子在饭店作案的重要区域。犯罪分子作案手法隐蔽、目标明确，往往装扮成客人或访客的模样，混入客房区域，伺机作案。除了故意的违法犯罪行为以外，也有一些是由于过失而造成的违法犯罪行为，如失火、过失伤害等。

2.非违法犯罪行为

非违法犯罪行为是指其行为本身多数属于行为者道德观念、思想品德和生活作风等问题，如打架斗殴、酗酒闹事等。其行为并不属于违法范畴，但确实影响了客房安全。处理这些问题，必须谨慎，更须注意方法。

3.工作失职引起的安全事故

据有关资料统计，饭店中60%的安全事故是由于职工不安全操作而造成的，包括超重运载、贪图方便、急躁情绪、漫不经心等以及不安全的工作环境，如潮湿、油腻、不平的地板路面，照明不足，缺乏安全装置等。另一项研究表明，那些心不在焉、社会责任感差、对本职工作不感兴趣、情绪容易波动以及接受能力差的人，特别容易促成安全事故。因此，强化职工的工作责任心和安全意识十分重要。

(二)自然侵害因素

是指由于自然力的作用而直接影响客房安全的因素。自然侵害因素具有很大的危险性，会给饭店和客人造成严重损失。根据人们对自然侵害因素的认识程度，可以把自然因素分为下列三种：

1.能够预料并能预防的自然侵害因素

自然侵害因素是多种多样的，有些是可以为人们所预料并能预防的。如房屋年久失修造成屋顶泥灰脱落、大风刮破门窗而引起的伤害客人事件；电源线老化而引起火灾等等。这些因素普遍存在，往往被忽视，但又经常引起安全事故，必须引起我们的重视，提高警惕，尽可能减少和消除这种自然因素所造成的侵害。

2. 难以预料或不可抗拒的自然侵害因素

有些自然因素是难以预料的，有些自然因素即使可以预料但又是不可抗拒的，如台风、洪水、雷击、地震等。难以预料并不是不要去预料，而是应该通过多种途径了解其发生的准确时间、途经路线和危害程度，做好充分的准备。不可抗拒也不是不要抗拒，而是应该力尽所能，把损失减少到最低的限度。

3. 无法预料的自然侵害因素

自然侵害因素的难以预料是指因侵害因素的突发性和偶然性而造成的人们认识上的障碍；而无法预料则是由于现代科学技术的限制，人们对于某些物质的特性及其变化尚未认识。这些物质在人们并不知晓的条件下发生变化，从而发生或造成事故。对于这种自然侵害因素，除人们密切注意客房各方面的变化和工作上特别加以注意外，似乎别无他法。当然，在这些侵害事故发生之后，要及时研究总结，以便制定防范措施，改进客房的安全保卫工作。

客房安全保卫工作就是向人为侵害因素和自然侵害因素作斗争，其中更为重要的是同各种人为侵害因素作斗争。

四、客房安全管理的特性

（一）复杂性

客房安全的侵害因素普遍存在，而且不断变化。仅违法犯罪这类侵害因素就有 8 类 130 多种，其他侵害因素则更为复杂多样。它们以不同的形态、不同的方式存在着，若疏于防范，就会危及客人及饭店的安全。

饭店属公共场所，客房是来店客人的主要逗留之地。宾客来自四面八方，其国籍、职业、文化程度、社会背景、宗教信仰、兴趣爱好、住店目的多种多样。从客房安全工作的性质及任务来看，客房部的安全管理工作具有多样性。例如客房的安全管理不仅涉及到治安、消防等，还涉及到国家安全、社会综合治理等多方面的内容。

（二）长期性

客房安全的侵害因素不仅广泛存在而且长期存在。即使是某些侵害因素在某些时候、某些地方被消灭了，只要气候适当、条件具备，又会卷土重来，或以新的形式实现新的侵害。特别是某些自然因素造成的侵害，当未发现发生灾害的原因时，往往会一再发生，如火灾等。所以安全保卫工作是一项十分艰巨和长期的工作。

（三）紧迫性

从宏观上看，客房安全是一项长期性的工作，必须常抓不懈。从微观上看，客房安全又具有紧迫性，遇到具体的事故必须及时处理，例如发生火灾时，饭店必须及时、迅速地做出反应和处理,否则将酿成大祸,造成不应有的重大损失。

(四)预防性

客房安全工作应以预防为主。一般来说,客房安全的各种侵害因素在发生作用前,多数会有各种迹象和征兆。如犯罪分子实施犯罪行为,一般都会有一个计划、预谋、准备的过程,违法行为的产生与当时环境、气氛及违法人的心理情绪有一定关系。人们只要认真研究违法犯罪的种种规律、违法犯罪人员的心理特征,就可以采取预防措施,争取减少违法犯罪行为的发生。同样,自然因素的侵害要有一定的"气候"和条件。只要了解侵害产生的条件,做到防患于未然,就可以尽量减少侵害对人身、财产所造成的损失。在一定的条件下,客房安全的侵害因素也会发生转化,或者停止侵害,或者由侵害因素转化为有利因素。

(五)服务性

客房安全工作的最终目的之一是给住店客人提供安全保障,即为客人创造一个安全、舒适的生活和工作环境。客房安全也是客房对客服务的一项重要内容,也要贯彻"宾客至上,服务第一"的宗旨,把客房安全寓于客房服务之中,优质的客房服务必须要有安全作保证。

五、客房安全管理工作的手段

(一)思想教育手段

采取多种形式提高职工群众的思想政治觉悟、道德水平和科学文化知识,增强安全意识,特别重视对新职工的法制教育和安全教育,重视对违纪人员的教育和管理,并要尽可能采取多种形式,对住店客人进行必要的安全教育。

(二)法律手段

根据现行的法律、法规和规章,依法维护客房部的治安秩序,做好各项安全保卫业务工作。对各种违法犯罪行为,依据法律予以制裁。通过贯彻实施法律、法规和规章,做好各种形式的安全防范工作,最大限度地减少违法犯罪行为的发生。

(三)技术防范手段

采用现代化的设备,安装电视监控装置、自动防火、防爆、防盗系统,做到能够及时发现和掌握违法犯罪活动和其他侵害因素,并加以制止。

(四)经济手段

实行安保责任制,把客房部安全工作的各种目标或要求,同酒店全体职工的岗位考核联系起来。凡是安全保卫工作做得好的,给予奖励。

(五)行政手段

要做好客房的安全保卫工作,就必须通过有力的行政管理手段,建立健全必要的客房安全管理工作标准。标准是衡量事物的准则、尺度。所谓客房安全工作标准,就是衡量和确保客房安全与否的一系列措施和具体规范。客房部制定客房安全管理工作标准的一般做法是:

1.收集客房安全方面的有关法规和条例,并以此作为制定客房安全标准的依据。如有关客房建筑的防火标准,法规做了具体的规定。

2.根据客房工作的特点及实际情况,制定各个工作岗位的安全规范。如客房楼层的安全管理、钥匙的控制、通道和电梯的安全控制、财产的保管、安全设备的保管和使用、紧急情况的处理等。

六、客房安全管理工作力量的组成

客房安全保卫工作是一项十分重要的工作。客房部除了积极配合饭店保安部门的工作外,还要在本部门充分发动群众培养安保骨干分子,上上下下齐抓共管。

(一)管理力量

管理人员应充分重视安全工作的重要性,具体负责,分工落实,要教育客房部员工重视安全保卫工作,增强安全防范意识;经常检查督促各项安全保卫措施的落实情况;积极支持安全保卫部门开展工作;对做好安全保卫工作的个人予以表扬奖励;对忽视安全保卫工作,疏于防范或工作失职者予以惩处。

(二)群众力量

客房部的全体员工是维护客房安全保卫工作的基础力量。各个岗位的职工都要通过安全保卫岗位责任制,把规定的安全要求贯彻到自己的工作、业务中去,以保证本岗位的安全,自觉遵守饭店安保的有关规定,维护客房安全。

第二节 客房部安全设施的配备

安全设施是指一切能够预防、发现违法犯罪活动、保障安全的技术装备,由一系列机械、仪器、仪表、工具等组合而成。当前,饭店常用的安全设施有:由多类报警器组成的自动报警系统;由摄像机、录像机、电视屏幕组成的电视监控系统;由多类火警报警器、防火门、消防泵、正压送风机等组成的自动灭火系统等。

一、客房安全设施配置的目的

(一)有效地预防、发现、控制和打击违法犯罪活动和各种灾害事故的发生

客房是为客人提供住宿和各项服务的地方,人、财、物比较集中。犯罪分子的犯罪活动正朝着智能化、科技化、集团化的方向发展。不法分子又都善于伪装,犯

罪预谋周密,难以发现和控制,只有使用更加先进的技术装备、采用先进的技术手段,才能更加有效地发现、控制和打击犯罪活动。

(二)满足客人的安全心理要求

客人特别是外国客人住店,首先关心自己的人身和财产是否安全,其次才关心住店是否舒适、温馨。客房配备和使用安全设施,既符合客房安全"外松内紧、预防为主"的特点,又能满足客人快快乐乐、无忧无虑的要求。客房在设置安全设备时,要考虑到危害客房安全的各种因素和危险易发部位。这些部位一旦出现情况,设备要能立即实现报警及扑救。

二、客房安全设施配备的原则

(一)为客人安全服务的原则

客房配备安全设施的主要目的是为了保障客人的人身和财产安全。客人住店需要食宿、文化、娱乐、交通、通讯等各方面的服务设施。其中安全设施也是不可缺少的。因为客人住店首先关心的是饭店有无现代化报警装置和安全疏散指示标志;其次是客人的行李、贵重物品的保管、寄存设施是否可靠;第三是客人如受侵害,饭店能否及时采取保护措施等等。因此,客房配备安全设备,首先要考虑客人的心理需求,尽可能配备足以保障客人人身和财产安全的先进安全装备。

(二)与管理体制相适应的原则

由于饭店的规模大小、建筑结构、功能布局、地理环境等诸多因素各有不同,加上管理体制也有很大区别,因此,客房安全设备的配置应与饭店管理体制相适应,同安全设备的功能和安全保卫力量有机结合。一般有三种配置方法:

(1)安全设备功能齐全,组成整体性安全控制网络。如重点部位、关键道口以及安全人员流动巡查的地段等,均配备现代设备,设置控制中心。

(2)安全设备功能齐全,组成两条中心线安全监控网络。一条以消防中心为主线,另一条以电视监控中心为主线。

(3)安全设备功能齐全,有整体性的消防自动报警和灭火装置以及区域性的监控网络。

(三)积极预防、保障安全的原则

积极预防是客房安全保卫工作的基点,它要求饭店在配置安全设备时,要考虑到危害客人安全的各种因素和危险易发部位。客房有了安全设备,便在硬件上有了保障安全的条件,但这些设备归根结底还需要人来控制和操作。因此,保障安全取决于人的责任心,只有人的高度责任心和现代科学技术、设备功能的有机结合,才能起到积极的作用,达到保障安全的目标。

三、客房安全设施的配置

(一)电视监控系统

饭店设置电视监控系统是现代管理设施的一个重要组成部分,设置的目的是提高安全效益、优化安全服务、预防安全事故的发生、保障客人的安全。它由多台电视屏幕、摄像机、自动或手动图像切换机和录像机组成。安全人员通过屏幕控制各要害部位的情况。电视监控系统主要设置在饭店公共区域、客房走廊和进出口多而又不易控制的地方。

(二)安全报警系统

安全报警系统是饭店组成防盗、防火安全网络的一个重要环节。防盗重点是对非法进入者监督控制,在出现危害客人安全、偷盗财物等情况时,能够及时报警。饭店安全通道一般都昼夜畅通,但一般客人是不会从通道出入客房区域的。违法犯罪分子为逃避监视,会利用通道无人看守而出入客房区域作案。有的饭店为弥补这一漏洞,夜间采取上锁的方法,而这样做又违反了消防安全管理规定,最好是装上监控摄像机,也可装上各种报警器。报警器的种类和性能如下:

1. 微波报警器

微波报警器是根据波的反射原理设计制造的。微波发射器向前发出一束微波信号,微波信号遇到障碍物就会被反射回来,然后由接收器接收,但固定目标和活动目标有差异。固定目标反射回来微波信号的频率和原来相同,活动目标反射回来微波信号的频率则有所改变。微波报警器就是利用这一频率的差异而报警的。所以微波报警器适用于发现动态目标,而对固定目标作用不大。

微波具有一定的穿透能力,将微波报警器用薄木板或塑料板罩上,不会影响微波的作用,所以比较容易隐蔽和伪装。微波的辐射一般不受温度的影响,但受气候的影响较大。下雨、下雪、大风等都会引起报警,所以微波报警器不宜在室外使用。在室内使用时还应考虑报警视角的大小,窄视角适宜控制细长的过道。

2. 被动红外线报警器

任何物体都会发射红外线,物体本身的温度越高,发射的红外线就越强;反之,发射的红外线就弱。被动式红外线报警器是根据物体的这一特点研制而成的。它主要由红外线接收器和控制装置组成。接收器把所控制区域内各物体发射的红外线接收过来,传给控制装置,当红外线达到一定强度时,控制装置就会报警。

被动式红外线报警器最大的缺点是受气温的影响较大,夏天和冬天气温高低相差很大,这种报警器的灵敏度会发生明显变化,夏天气温高,使一些物体发出的红外线增多,有些无生命的物体发出的红外线可能达到了控制装置的报警点,这样就会引起误报。冬天气温低，人们穿戴厚一些的衣物，发射的红外线相对减少，这样就容易出现该报不报的现象，而且在冬天低温情况下，第一次报警灵敏度非常低，甚至用手摸也不报警，需待元件自身温度提高后才恢复灵敏度。这种报警器比较适用于气温宜人的春秋季和有空调的场所。在使用时还应考虑控制的范围，如果用它控制十几米范围，还是相当理想的，超过20米，效果就要差一些。

3. 主动红外线报警器

这种报警器材由收、发和控制装置三部分组成。发射装置发出一束红外线，在离发射装置几十米甚至几百米处，有个和它对准的接收器，当有物体穿越时这束红外线被挡住，接收器接不到红外线而将这一信息传给控制装置，发出报警信号。

控制装置有两个报警点，一是长报，一是瞬报。长报，就是当物体挡住红外线时，报警器就会发出持续报警，只有关机或放到瞬报位置才能解除报警；瞬报，就是物体挡住红外线时即报警，物体离开时就停报，在使用时，一般放在长报位置上。

主动红外线报警器一般受气候影响不大，控制距离长并且成线状，所以适用于室外的开阔地。

4. 开关报警器

开关报警器是以开或关来形成的报警，分为两种形式，一种是短接式，另一种是断接式。短接式就是探头线路短路时形成报警；断接式是在探头线路中断时形成报警。探头的结构形式一般有三种：即微动式、磁控式和金属条断裂式。微动式探头一般适用于保险柜、贵重物品存放处等；磁控式探头一般适用于门窗；金属条断裂式探头除适用于门窗外，也可将金属条粘在玻璃上，玻璃破碎造成金属条断裂，遂发出报警，也可利用其引线形成警戒防护网。

5. 超声波报警器

是以多普勒效应为工作原理的报警器。它的发射装置向控制区域发出超声波，只要入侵者进入控制区域，就会立即被发现。这种报警器材受气候和外界干扰较大，适用密封性较好的仓库和比较安静的客房环境，冬天灵敏度比夏天高。

6. 声控报警器

声控报警器由一个特别敏感的话筒和放大器组成。话筒能接收很微弱的声音信号，放大器将这一声音放大后送入扬声器，使值班人员能清楚地听到现场活动的声音。此报警器适用于室内，具有话筒探头小、便于隐蔽和价格低廉等特点，在实际使用中和其他报警器配套使用效果更好。

（三）钥匙系统

周密的钥匙系统是客房最基本的安全设施。随着电子门锁系统逐渐在饭店广泛使用，老式的金属、塑料门锁由于其易损坏、易仿制等缺陷已不被人们所看好。

使用电子门锁的饭店,客人要进入房间不需要一般的钥匙,而是一种内置密码的磁卡,开门时只需将磁卡插入门上的磁卡阅读器,若密码正确就可以打开房门。

电子门锁在饭店客房所显示的优点主要有四个:一是便于控制。它可以在饭店需要其失效时失效;也可以预设为一天或二天,过时再也无法打开房门。二是具有监控功能。客人和有关工作人员虽都有打开房门的磁卡,但号码不同,因此如果某客房发生失窃,管理人员只要检查门锁系统就可以得到一段时间内所有进入该客房的记录。三是增设服务功能。如果将装在房门上的门锁微处理器连接到主机上,与饭店其他系统配合,将会给饭店的管理及客人带来更多的方便。例如与能源管理系统联网,则客人在开门的同时,即可开通室内空调、照明等;如果与电视、电话系统连接起来,服务人员就不能在客房随意打电话,也不可以收看客人付费的电视,因为其磁卡上的密码不同;还可将门锁系统与饭店物业管理系统相连,客人手上的门锁磁卡就像一张信用卡,凭卡就可以在饭店消费。四是不易仿制。

除了已开始采用的电子门锁系统外,现在还有一种更先进的生物门锁系统。这种系统是利用人的生理特征,如指纹、头像、声音等,作为开启门锁的信息。由于这些生理特征比密码更具有独特性,因而给客人和饭店带来更大的方便和安全。

(四)消防控制系统

即在酒店的客房、走廊等要害部位装置烟感器、温感器等报警器材,由消防控制中心管理。这些地方一旦发生火警苗头,消防控制柜就会显示火警方位,控制室值班人员即可采取紧急扑救措施。

1.火灾的定义和分类

火灾是因失火而造成人员伤亡及物质损失的灾害。按其灾害程度,火灾一般可分为三级:

(1)一般火灾。是指物质损失在1元以上,不到5万元,或人员死亡1~2人,或伤不到10人的火灾。

(2)重大火灾。是指物质损失5万元以上,不到50万元,或人员死亡3人以上,不到10人,或伤10人以上,或虽未达到上述数字,但危及首长、外宾和知名人士的安全,造成严重不良社会政治影响的火灾。

(3)特大火灾。是指物质损失在50万元以上,或人员死亡10人以上的火灾。

2.火灾的预防

根据燃烧的基本原理,防火的主要措施是把燃烧三要素(可燃物质、助燃物质和着火源)分隔开来。

(1)减少可燃物质。饭店建筑要符合《高层民用建筑设计防火规范》和《高层建筑消防管理规则》的要求。其建筑耐火等级定为一级。装修客房应当采用非燃或难燃材料,尽可能减少使用可燃材料。

(2)预防着火源。严格控制明火的使用。建立感温防火系统,及时发现温度异样上升的迹象,采取降温措施,防止火灾的发生。

(3)建立防火分隔。在饭店建筑规划设计时,就要按规定的建筑物防火要求,用防火墙及防火门等将建筑物分隔成若干防火、防烟分区,每层楼之间也要有防火、防烟分隔设施,万一发生火灾,便于控制,防止蔓延。

3. 灭火的基本原理

(1)冷却灭火。指将燃烧物的温度降到燃点以下,使燃烧停止下来。

(2)窒息灭火。指采取隔绝空气或减少空气中的含氧量,使燃烧物得不到足够的氧而停止燃烧。

(3)隔离灭火。指把正在燃烧的物质同未燃烧的物质隔开,使燃烧不能蔓延而停止。

(4)抑制灭火。指用有抑制作用的化学灭火剂喷射到燃烧物上,参与化学反应,与燃烧反应中产生的游离基结合,形成稳定的不燃烧分子结构而使燃烧停止。

4. 常用灭火剂及灭火器

在灭火过程中,最常用的方法是以水来灭火。在饭店建筑物内外,都配置有消防栓和水龙带、水枪等。用水龙灭火要有接水龙放水等一系列准备工作,需要一定的时间,所以还必须辅以必要的灭火剂及灭火器。此外,还有些火灾,如油类、电气等火灾,不宜用水扑救。因此,客房员工要熟悉灭火剂及灭火器的功能。

(1)酸碱灭火剂及其灭火器。适用于一般固体物质的火灾,但不可用来扑救油类及带电的电气设备火灾。其灭火原理是使灭火器内的碳酸氢钠溶液与强酸混合而发生化学反应,产生大量二氧化碳气体,形成强大的压力,通过灭火器喷嘴将水和气射向燃烧物,达到灭火效果。使用手提式酸碱灭火器时,只需把筒身颠倒过来,上下摇晃几下(让筒内的酸、碱充分混合起化学反应),筒内液体即喷出。

(2)泡沫灭火剂及其灭火器。原理与酸碱灭火器基本相同,不同的是在灭火液体中增加了发泡剂,使用时将筒身颠倒晃动即喷出带泡沫的液体。泡沫灭火剂适用于油类火灾、一般固体物质火灾和可燃液体火灾,但不适于忌水物质火灾和带电的电气设备火灾。

(3)二氧化碳灭火剂及其灭火器。二氧化碳是一种比较稳定的不燃烧、不助燃的气体,而且易于液体贮存在钢瓶中,用来灭火既可隔绝空气起到阻燃作用,又在气化过程中吸收大量的热量,使燃烧物的温度降至燃点以下而停止燃烧,而且灭火后没有遗留物和痕迹,因此是一种有效和适应性较广的灭火剂。凡是酸碱、泡沫灭火剂能扑灭的火灾,它都适用,而且还适用于带电的低压电气火灾,对于贵重的仪器、设备、物品和档案资料等火灾更为适宜。但是,它不适用于钾、钠、镁、铝等金属火灾。在使用时,要把二氧化碳灭火器的喇叭式喷嘴靠近燃烧物,先喷旁边再喷中间。对装有阀门的灭火器,应先去掉铅封再打开阀门,装有手柄式阀门的要先拔去保险销再压手柄。

(4)干粉灭火剂及其灭火器。干粉灭火剂是以碳酸氢钠为主要成分的干粉和碱性钠盐干粉组成的,是一种干燥的易于流动的微粒固体粉末,具有灭火效力高、速度快、无毒性、不导电、久贮不变质的优点。其性能与二氧化碳相仿,适用范围也基本相同。但是,由于干粉中的碱性钠盐会残留下来,故不适用于精密仪器、电器设备、档案资料的火灾。使用时应在火场的上风处,将灭火器喷嘴对准着火处,拔去保险销,按下手柄(有的是提起拉环),瓶内压缩气体即将干粉喷向目标。

(5)卤代烷灭火剂及其灭火器。卤代烷由卤素(氟、氯、溴、碘)原子取代烷烃分子的全部或部分氢原子后的有机化合物的总称。常用的有 1211、1202、1301、2402 等。卤代烷灭火效力高,约为二氧化碳的五倍,灭火后不留残迹,毒性低,不导电,久贮不变质,凡能用二氧化碳、干粉、泡沫灭火剂扑灭的火灾,都可用卤代烷扑灭,并特别适用于精密仪器、电气设备、文件档案资料火灾的扑救。使用时,要在火场的上风处接近火点,打开阀门,对准火焰根部,频频扫射,注意死角,以免复燃。

5. 客房消防设备的基本要求

根据《高层民用建筑设计防火规范》(中华人民共和国国家标准 GB45－82)和公安机关消防部门的有关规定,客房消防设备的基本要求大致有以下几个方面:

(1)建筑结构防火的一般要求。凡高度超过 24 米的高层饭店均属于一类建筑物,一类建筑物的耐火等级应为一级。我国现代的建筑物耐火等级分为四级:一级为最高级,其建筑构件都要用非燃烧材料。除耐火墙要求极限为 4 小时外,其他隔墙、柱梁、楼板、疏散楼梯等,都要求有 1～3 小时不同的耐火极限。

(2)防火区的划分。防火分区是指用防火墙及防火门把建筑物分隔为若干防火分区。防火分区的面积不应超过 1 000 平方米,上下层敞开相通的部分作为一个防火分区。安装有自动灭火装置的防火分区面积可扩大 1 倍。防火分区防火墙上开有门窗的,应安装防火极限不低于 1～2 小时的防火门窗。

(3)安全疏散通道。饭店每个防火分区的安全出口不应少于 2 个,并应设防烟疏散楼梯。防烟疏散楼梯要设有前室,前室不少于 6 平方米,并设有防烟、排烟设施。通向前室和楼梯的门均用防火门,并应向疏散方向开启。疏散楼梯在每层的位置不变,底层应设有直通室外的出口。

(4)消防供水系统。饭店应设室内外消防栓给水系统。室外消防给水管道应布置成环状,其进水管道不宜少于两条,并宜从市政给水管道引入,以保证当一条进水管道发生故障时,其余进水管仍能保证全部用水量。消防栓的数量及其与道路、建筑物的距离,都应按规范的要求设置。室内的消防给水管道也应布置成环状,其引入管也不应少于两条。因每根水龙带长度为25米,故消防栓的间距不应大于30米。

(5)防烟、排烟系统。饭店及客房区域一旦发生火灾,除有火焰外还有大量的烟雾。这些烟雾有的是产生于燃烧物的不完全燃烧,高温,一遇到充足的氧气就转为火焰而使火势蔓延开来。因此,一方面要设法防止烟雾的流窜,另一方面要通过排烟管道把烟排到室外。排烟口平时处于关闭状态,采取手动或自动方式开启,排烟口和排烟风机有联锁装置,当任何一个排烟口开启时,排烟风机即自动运行。

第三节　客房部安全计划与制度

一、计划的制订和实施

饭店客房安全工作计划管理是指把客房安全工作作为饭店管理机制的一个有机组成部分,进行规划和付诸实施。星级饭店设施的现代化和服务的高标准必然要求管理现代化。现代化管理的一个重要标志就是计划管理,即用科学的方法进行全面规划,在实施中发现偏差及时纠正,使管理水平不断得到提高。客房的安全工作作为饭店管理工作的一个重要组成部分,也要实行计划管理,即加强安全工作计划,使安全工作规范化、程序化,把安全工作融合于客房的日常管理之中。

(一)计划的制订

实施计划管理首先要制订计划。凡事“预则立,不预则废”,没有计划就没有计划管理,所以,计划是进行管理的最重要的一环,是进行管理的基础。计划的重要性在于它提出了目标,规定了实现目标的方针和政策,是分工和力量组织的依据,是检查和衡量工作的标准。

1.制订客房安全工作计划的依据

(1)领会上级的有关指示精神。上级指示包括国家颁布的有关法规、政策的基本精神;上级主管部门(如旅游局)的批示、指示精神;饭店总经理室根据饭店总体规划提出的安全保卫工作的基本精神和各职能部门岗位责任制中的安全要求;公安机关的治安、保卫、外国人管理等部门提出的公安保卫工作的基本要求。

(2)了解现实社会的治安情况。饭店客房的安全与外界社会治安有着密切的联系,对现实的社会治安状况了解得越充分,安全工作计划的针对性就越强,效果就会越好。现实的社会治安状况包括:本地区的治安案件和刑事案件的发案率、破案率;违法和犯罪的种类、特点;本饭店发生过的内部职工和客人的违法犯罪情况;客人中经常出现的违法犯罪行为的种类和特点。

(3)全面掌握饭店内外部的基本情况。外部情况:如饭店的地理位置;饭店所在城市的人口密度、民族风情;距饭店最近的公安机关,如需警察帮助,需要多少时间;距饭店最近的消防队在哪里,如有意外情况,需要多久才能到达等等。内部情况:如有多少间客房,各房间的位置如何排列;饭店楼高多少层、有无消防云梯、有多少条楼梯及如何分布、有多少部电梯及如何分布;有无中心控制室,包括哪些系统;如发现可疑情况,报告饭店保安部、饭店总经理、公安机关的最快速度是多少;同时还要具体分析客房部安全工作中可运用的人力、物力;了解客房部员工的人数、工作时间的分配、夜班职工的值班情况、员工中有无违纪情况和其他不安定因素;住店客人一般来自哪些国家和地区以及该国家和地区的风俗习惯等。

2. 确定安全工作的总目标和分目标

客房的安全工作计划是饭店全局工作的一部分,要由饭店各个部门和全体职工共同努力才能做好。因此,在饭店安全工作的总体计划中,要提出客房部安全工作的计划或要求,并将其纳入本部门的岗位责任制。客房安全的目标是计划的出发点,要制订计划首先要明确目标。客房安全工作的目标与饭店安全工作的总目标是一致的,即确保饭店、职工和客人的安全,其中又以客人安全为第一位。在总目标下,客房部根据自己工作的实际又可以分若干个分目标,如客房安全目标、楼层安全目标、职工更衣室安全目标等。

(二)计划的实施

1. 计划要由总经理批准

计划经总经理批准即生效。饭店管理实行总经理负责制。总经理的批准认可,说明该项计划符合饭店总体要求,同意付诸实施。反之,凡不批准的,说明该项计划与饭店总体计划不符,不同意实施。同时总经理的批准有利于协调本部门与其他部门的关系,对饭店全体员工都有约束力。

2. 形成有机的管理网络

饭店的管理体制是在总经理统一领导下的各部门的有机结合。因此,客房安全保卫工作计划与各部门的部门工作计划及安全要求应该是一致的,各个计划互相衔接,便于协调地贯彻实施。

3. 实施安全保卫岗位责任制

实行安全保卫岗位责任制是计划实施的关键。目前我国星级饭店多数已经建立起比较先进的管理体制,各个工作岗位都建立起了岗位责任制。其中也包含了安全岗位责任制,即把每个岗位安全保卫的职责,充实到已经建立的岗位责任制中，形成该岗位工作规范的一部分。这样做的好处可以“寓安全于保卫之中”，真正做到安全保卫人人有责。

（三）计划的控制

控制是一种管理活动，是指按照计划标准去衡量计划完成情况和纠正计划执行过程中的偏差，以确保计划目标的实施。

在客房安全管理中，把控制活动作为计划管理的保证手段放在重要位置上，建立起控制系统是非常重要的。在制订计划时就要考虑到便于控制，规定计划实施的同时，也规定实施要求，使之系统化，以便于控制和检查。计划实施时，控制活动要有专门的力量（或机构）系统地进行。饭店实行总经理负责制，各个部门是饭店内相对独立的经营管理部门。部门经理向总经理负责。客房部经理全面负责本部门的经营管理，同样也负责本部门的安全工作，在贯彻安全工作计划管理上，实行“谁主管、谁负责”。部门内各个岗位的责任制中也包括对安全工作的要求，把专门的检查控制、日常制度控制（报表、统计）和技术监控等手段有机地结合起来。控制过程应是个系统，即通过发出指令——执行——出现偏差——反馈——提出纠正措施——发出指令的周而复始的过程，把工作推向前进。

二、客房安全制度

为了使安全工作落实到实处，保证客房的安全和秩序，必须制定一套安全规章制度来制约人们的行为，为人们的行动提供规范依据。

（一）客房部安全管理制度

（1）客房部在日常工作中要贯彻内紧外松，安全第一，搞好服务的原则，做好防火、防盗、防破坏、防自然灾害的工作。

（2）有步骤地、逐级地完善安全岗位责任制，服务员及领班、主管、经理，应熟悉各自工作范围（责任区）的安全要求。

（3）经常检查本部门各部位的安全保卫设备是否齐全与完好。

（4）库房必须设专人管理，做到库存物资有账目，出入库品有登记，账物相符。

（5）经常性地对治安、消防隐患进行自查，并及时采取有效措施加以整改。

（二）楼层安全服务制度

（1）服务员在清扫房间时，必须实行做一间开一间、做完一间锁一间的规定。客人不在房间时，洗衣房送返衣物及遇有工程维修时，服务员必须记录进出时间、员工姓名、房号，必要时还要在场陪同作业。

（2）在客房责任区内发现可疑人员要主动盘问。凡被开除、劝退、辞职和调出的职工，不得进入楼层。其他部门人员不得私自进入楼层区域。客房区域发生治安刑事案件时,应认真保护好现场,积极提供线索,配合保安部做好调查取证工作。

(3)遇到住店客人没带钥匙或丢失钥匙而无法进入房间时,应礼貌地告诉宾客到前台办理进房手续。楼层服务员只有在接到指令后,方可为客人打开房间。

(4)发现客人使用电炉、电烤箱及在房间内多种电器同时用电时,应立即通知保安部,以免因超负荷用电而发生意外。

(5)对客人遗留物品及捡拾物品,要按有关规定及时上交客房服务中心,不得以任何理由截留。

(6)发现各种反动、淫秽的书刊、画报、录像带及封建迷信用品等,一律上交部门经理,由部门经理及时转交保安部。

(7)客房区域内发现易燃、易爆等危险物品时,服务员不得随意翻动,要派人控制,并及时报告保安部处理。

(8)服务员应随身携带所保管使用的万能钥匙,严禁转借他人,每天接交万能钥匙要有严格的登记(签名、签时间)手续。

(三)来访客人管理制度

(1)来访人员需要进入客房的,经服务员认真查验来访者的身份,并填写"来访人员登记表",征得被访人同意后,才可准予进入客房会客。没有有效身份证明的,不准进入客房会客。来访人一天内多次来访同一住客,经查验证件无误,可在其第一次登记表"备注"栏内加注来访次数和来访、离开时间。

(2)凡住客本人引带的来访客人,服务员可不予询问,目送进房,但要在记事本上做好记录,记明进出时间、性别、人数。

(3)来访人员离开时,要在"来访人员登记表"的"来访时间"栏内准确写明时间。来访人员离开时,住客没有送行的,服务员应注意查看被访的客房。

(4)晚上 23:00 到次日 7:00,来访人员不准进入客房访客。来访客人因事要在客房留宿的,必须按规定到总台办理入住登记手续。至晚上 11:30,来访者不办手续,经提醒仍不愿离房的,服务员要及时报告大堂副理。

(四)突发事件处理制度

(1)遇有突发事故,所有员工必须无条件地服从主管经理的指挥调遣。

(2)员工一旦发现可疑情况或各类违法犯罪活动,应立即报告保安部。

(3)发生偷窃、抢劫、凶杀或其他突发事件,应在第一时间报告保安部和值班经理,同时保护好现场,除紧急抢救外,无关人员不得进入现场。

(4)保安人员进行安检和处理案件时,有关员工应积极配合,如实提供情况。

(5)发生火警、火灾时,就近的员工除应立即报告消防中心外,还应马上采取有效措施,先行扑救火灾,扑救完毕保护现场,待有关部门检查后方可清理现场。

（五）客人失窃处理制度

(1)接到客人报失后，立即通知部门经理及保安部。

(2)由部门经理协同保安人员到现场了解情况，不得擅自移动任何东西，并保护现场，不让外人进入。

(3)请客人填写财物遗失报告，询问住客是否有任何线索、怀疑对象等情况。如需要，在客人同意及在场的情况下，由保安人员检查房间。

(4)如果客人需要报警，可由保安部负责联系，经部门经理同意后报告总经理。

（六）客房部防火制度

(1)经常检查防火通道，保证畅通。

(2)经常检查用电线路，如发现电线磨损、接触不良，应立即报告上级主管处理；留意及警觉电器漏电或使用不正确而造成的火灾隐患。

(3)发现客人房间有未熄灭的烟头、火种，应立即处理。

(4)饭店员工必须了解火警系统，熟知消防栓、灭火器及其他灭火用具的位置。

(5)当发生火灾及其他紧急事故时，应保持镇定，在确定出事地点的同时，应立即打电话通知消防中心及部门经理或主管。

(6)报告火警时，应清楚说出火警发生的正确位置、火情及报上自己的姓名，同时将灭火器材取出，拿到着火部位进行灭火。

(7)要先切断电源、空调，采取一切可能采取的措施扑灭火灾于初期。

(8)火势不受控制时，应关掉一切电器用具的开关，离开前把门窗关闭，撤离现场，切勿乘电梯。

（七）洗衣场、布草房安全操作规范

(1)部门主管经常教育员工，严格按照本职工种操作程序进行作业。

(2)每天下班指定专人做到三关、二锁、一检查，即关闭电源，关闭电器，关闭水源；锁好抽屉，锁好门窗；检查有无安全隐患，发现问题要认真处理并记录备查。

(3)室内棉织品的摆放位置要和电源、水泵、机器保持一定的距离。

(4)熨烫后的衣物一定要等散热后再码放成垛，防止热量内蓄自燃。

(5)洗衣部人员到客房取送洗衣时，要在客房服务员协助下办理，不准单人进入客房；要做好收发记录（人员姓名、时间、取送衣物及种类、数量），并存档备查。

（八）员工安全操作制度

(1)不得在饭店内及楼层内奔跑。

(2)不得将手伸进垃圾桶或垃圾袋内，以防利器和碎玻璃把手刺伤。

(3)必须用双手推车，工作场地如有油污或湿滑，应立即擦干净，以免滑倒摔伤。

(4)不要用损坏的清洁器,也不可自行修理。

(5)拿取高处物品时应使用梯子,不应使用任何代用品。

(6)搬运笨重物品时应两人或多人合作,须用脚腿力,勿用背力,最好用手推车。

(7)发现公共区域照明不良或设备有损坏,应马上报告领班,尽快修理,并采取临时救急措施,以免发生危险。

(8)在公共场所清洁时,使用工作车、吸尘器、洗地机和地毯机,应留意是否有电线绊脚的可能性,清洁器具应靠墙边停放。

(9)洗地毯和洗地时,要特别注意是否弄湿了电源插头和插座,小心触电。

(10)当使用较浓的清洁剂时,应戴手套,以免化学剂腐蚀皮肤。

(11)发现房间的玻璃杯或茶杯有裂口,应立即更换,妥善处理;发现桌、椅、床不牢固,应尽快修理,以免伤人。

(12)大块玻璃隔面或大扇门上要贴上有色标志,以免客人或员工不慎撞伤。

本章小结

安全对于饭店来说是极其重要的,哪怕很小的安全事故都可能给饭店造成很坏的影响,甚至巨大的损失。因此,安全管理工作必须常抓不懈。另外,安全工作强调的是防患于未然。

复习与思考

1.客房部安全管理工作的主要任务和基本目标是什么?

2.详述常见的安全侵害因素。

3.为什么说客房部是饭店安全事故的重灾区?

4.论述"客房部安全管理工作具有复杂性、长期性、紧迫性、预防性和服务性"。

5.客房部安全管理的主要手段有哪些?

6.客房部(客房区域)有哪些安全设施和设备?它们的作用是什么?

7.列表概述常用消防器材的种类、用途和使用方法等。

8.客房部安全管理制度包括哪些内容?

9.制定一份《消防演习计划》。

第13章 客房部的人力资源管理

课前导读

“不能吸引顾客的饭店必将死亡，而不能吸引并留住人才的饭店实际已经死亡”……这充分说明了人力资源管理对于企业的重要性。随着人们择业观念的改变、行业竞争的日趋激烈，加之饭店内部改革的不断深化以及客房工作本身所固有的特点，客房部人力资源管理越来越重要，也越来越困难。如何在社会环境和饭店内部环境的双重压力下，选择和培养一支过硬的客房部员工队伍并按照高效、优质、经济的原则用好这支队伍，是本章教学的主要任务和基本目标。

教学目标

- 了解客房部人力资源管理的意义、任务与目标
- 掌握客房部编制定员的标准（数量标准和质量标准）与方法
- 熟悉客房部员工招聘工作的程序与方法
- 树立“学习型的饭店、饭店化的学习”理念，重视学习、重视培训
- 按“以人为本”的原则，做好员工管理
- 能合理控制劳动力成本

第一节 客房部的编制定员

编制定员是人力资源管理的一项重要内容和基础工作，其任务就是合理地确定所需配置的员工数量。

一、编制定员的原则

（一）够用

够用是一种通俗的说法，具体的要求是所确定的员工数量必须与实际需求相

符合,要在满负荷、高效率运作的前提下,高质量地完成各项工作任务。

(二)精简

在编制定员时既要保证够用又要力求精简。要改变那种以为人多好办事的观念。从现代科学管理的角度看,人多未必好办事,人多也未必能够办好事;相反,有时往往因为人多反而导致效率低下、状态不佳、负担沉重、责任不清、是非增多。

(三)高效

客房部在确定所需配置的员工数量时,一定要把满负荷、快节奏、高效率作为前提条件,要确保人人有事做、事事有人做。

二、编制定员的步骤和方法

(一)选择服务模式

每一种服务模式都直接影响客房部的编制定员,所以,饭店应根据自己的具体情况,对客房服务模式做出正确的选择。

(二)设置组织机构

客房部的组织机构如何设置,与所需配置的员工数量有着直接的关系。如果客房部的分支机构、机构层次及所设的工作岗位多,所需配置的员工数量必然也多。客房部在设置组织机构时,应尽量压缩层次、减少分支机构和工作岗位,从而尽量减少人员配置。

(三)预测工作量

工作量是编制定员的重要依据,工作量的大小与所需的员工数量成正比。客房部在编制定员时,必须科学准确地预测部门、各分支机构及各岗位的工作量。对于整个部门而言,客房部的工作量主要包括三个部分:即固定工作量、变动工作量和间断性工作量。

固定工作量。固定工作量是指那些只要饭店开门营业,就必然存在且必须有人去按时完成的日常性例行工作任务,如客房部管理工作、客房中心的工作、布草房的工作、公共区域的日常清洁保养工作等。只有保质保量地完成这些工作,才能保证部门甚至整个饭店的正常运营,保持饭店的规格标准。固定工作量的多少往往反映一个饭店或一个部门工作的基本水准。

变动工作量。变动工作量是指随着饭店业务量等因素的变化而变化的那部分工作量。对客房部来说,其变动工作量主要是指受住客率等因素影响的那部分工作量,如客房的清扫整理、对客服务、洗衣房的布件洗烫等,影响最大的还是客房出租率。因此,客房部在预测这部分工作量时,还是以客房出租率为主要依据。

间断性工作量。间断性工作量通常是指那些时间性、周期性较强,只需定期或定时完成的非日常性工作量，如饭店外墙、外窗的清洗、地毯的清洗、大理石地面的清洗、打蜡等工作。客房部在预测工作量时，不能疏忽这部分工作。

(四)制定工作定额

工作定额是指劳动过程中时间消耗的数量界线，就是在一定的物质技术和劳动组织条件下，在充分发挥员工积极性的基础上，在保证质量的前提下，为生产一定产品或为完成一定的工作量所规定的必要劳动消耗量的标准。工作定额可用时间定额和工作量定额两种方法来表示。时间定额是指在一定的物质技术和劳动组织条件下，采用合理的方法完成某项工作，或生产某一产品所需消耗的时间标准，如按传统方法和要求铺一张单人西式床的标准时间为 2 分 30 秒。工作量定额是由时间定额推算出来的，即在一定的物质技术和劳动组织条件下，采用合理的方法，在单位劳动时间内应该完成的达到合格标准的工作量，如一名早班客房服务员在 8 个小时的工作时间内，应该清扫整理 14 间客房(标准间)，并达到合格标准。

在绝大多数饭店，凡能实行定额管理的部门和岗位，都实行了定额管理。实行定额管理使编制定员、确定用工标准等工作有据可依，能充分调动员工的工作积极性、提高工作效率，也便于检查、考核，还有利于开展劳动竞赛和总结推广经验。

1. 制定工作定额的原则

(1)定额指标必须先进合理。是指所制定的工作定额指标既不能过高也不能过低。如果过高，员工则难以完成，从而挫伤他们的工作积极性；如果过低，就不能充分发挥每个员工的能力水平，难以保证应有的工作效率和正常的工作状态，从而失去定额管理的意义。所谓先进，应该是在平均基础上的先进，既要反映员工能达到的工作效率水平，又要预见进一步提高的可能性；所谓合理，就是要实事求是，从实际出发，全面、充分地考虑设备、管理、员工的思想状况和技术水平等各种主客观因素，尽可能把定额指标定在经过努力能够实现的可靠基础上，使大多数员工可以达到、一部分员工能够超过、少部分员工经过努力可以接近。只有先进合理的定额指标才能对全体员工起到鼓舞和促进作用。

(2)定额水平应尽可能平衡。定额水平是否平衡最终会影响到定额管理制度能否顺利推行以及推行这种制度的实际效果。就整个饭店而言，部门与部门之间、工种与工种之间、岗位与岗位之间，工作定额水平都应尽可能做到平衡，避免松紧不一、忙闲不均，给一些员工造成不良的心理影响。

(3)正确处理定额的稳定与修订的关系。定额首先应保持相对稳定，不宜频繁修改，否则容易挫伤员工的工作积极性和进取精神，但定额也不能一成不变，也需要根据各种相关因素的变化而适时地进行修订，以促使员工工作效率与工作能力持续稳定地提高。

2. 制定工作定额所需考虑的因素

(1)员工素质。员工的年龄、性别、性格、文化程度、专业技术水平、工作习惯等诸多素质因素都对工作定额有一定的影响。因此,客房部在制定工作定额时,应对员工的素质水准有一个准确的判断和了解,不能凭空想象,不切实际。

(2)工作环境。饭店的建筑规模、功能布局、外围环境、客源类别等诸多环境因素也会对定额水平有较大的影响。因此,客房部在制定定额时,决不能简单地照搬别人的经验或做法。

(3)规格标准。规格标准的高低与工作定额的高低有着直接联系。通常规格标准越高,所需投入的劳动时间就越多。客房部在制定工作定额时,必须考虑各项工作的规格标准,使定额水平与工作的规格标准相适应,否则会顾此失彼。

(4)劳动工具。劳动工具既是文明操作的标志,又是工作效率和质量的保证。客房部在制定工作定额时,必须考虑劳动工具的配备情况,包括劳动工具是否齐全、是否精良,员工使用劳动工具的自觉性和熟练程度等。

3. 制定工作定额的方法

(1)经验统计法。包括两层含义:一是以本饭店历史上实际达到的指标为基础,结合现有的设备条件、经营管理水平、员工的思想及业务状况、所需达到的工作标准等,预测工作效率可能提高的幅度,经过综合分析而制定定额;二是参照其他饭店的经验和做法制定定额。用经验统计法制定定额,方法简便,工作量小,易于操作,所制定的定额能够反映员工的实际工作效率,比较适合饭店工作的特点,但这种方法不够细致,定额水平有时会偏向平均化,不够先进。

(2)技术测定法。就是通过分析员工的操作技术,在挖掘潜力的基础上,对各部分工作所消耗的时间进行测定、计算、综合分析,从而制定定额。这种方法包括工作写实、测试、分析和计算分析等多个环节,操作起来比较复杂,但却较为科学。需要注意的是,抽测的对象必须能够客观、真实地反映多数员工的实际水平,测试的手段和方法必须比较先进、科学。

按“单项操作时间测试表”(见表13-1)中所列项目和要求,对一些具体操作项目进行测试,可以获得各单项操作的标准时间,再根据各项工作的具体内容、操作程序和规格标准,将准备工作和善后工作等所花费的时间全部考虑进去,就可确定有关工作的定额标准。此表仅供参考,不作为统一标准。各饭店在实际工作中应根据本饭店的具体情况进行测试、分析和计算。

表 13－1　单项操作时间测试表(样表)

序　号	工 作 项 目	基本时间(分钟)	间歇许可(%)	意外耽搁(%)	标准时间(分钟)
1					
2					
3					

如何使用上述方法制定工作定额呢?

例:某家中高档饭店早班客房服务员的工作时间为 8 小时,其中班前准备和下班结束工作共需0.75小时,工间休息 0.5 小时,对客服务 0.5 小时,更换布草、领取物品 0.5 小时,剩余的 5.75 小时用于清扫整理客房。如果走客房和住客房平均每间清扫整理的时间为 0.45 小时,那么早班客房服务员的工作定额就为 $\frac{5.75}{0.45}\approx$ 12.7(间),如果是专职客房清扫员,其工作定额还可更高一些。

(五)编制定员

客房部编制定员的基本方法有两种,即按劳动效率定员和按岗位定员。

1. 按劳动效率定员

按劳动效率定员,就是根据工作量、员工的劳动效率(工作定额)和出勤率等,计算确定所需配置的员工数量,计算公式为:

$$定员人数=\frac{工作量}{员工劳动效率\times出勤率}$$

按劳动效率定员的方法,主要适用于实行定额管理、从事变动性工作的岗位。

2. 按岗位定员

按岗位定员,就是根据组织机构、服务设施等因素,确定需要人员工作的岗位,再根据岗位职责及业务特点,考虑各岗位的工作量、开动班次、员工的出勤率等,确定各岗位所需配置的人员数量。这种方法适用于从事固定性工作的岗位。

例:某四星级旅游饭店,拥有 480 间客房(均折成标准间计),所有客房平均分布在 20 个楼层。这 20 个楼层中有 5 个楼层专为内宾和有特殊服务要求者开设,设有楼层服务台,配有早、中两班专职值台员,负责楼层对客服务工作(每层每班次安排 1 名服务员值台),其他楼层的对客服务工作由客房服务中心统一调控。客房服务员的工作定额为:早班每人 12 间客房,中班每人 48 间客房。客房楼层管理人员设主管和领班两个层次,该饭店实行每天 8 小时、每周 5 天工作制。员工除固定休息日外,还可享受每年 7 天的有薪假期和 10 天的法定假日,估计员工病事假为年人均 10 天。预计该饭店年均客房出租率为 80%。

根据上面介绍的编制定员方法,该饭店客房楼层部分岗位的人员编制为:

(1)楼层值台员

①每位值台员的年出勤天数为:全年天数 - 每周休息日 - 有薪年假 - 法定假日 - 病事假,即:365 - (52×2) - 7 - 10 - 10 = 234 天

②每天所需值台人数为 10 人,全年所需值台人次为:10×365 = 3 650 人次

③楼层值台员的编制为$\frac{3\ 650}{234}\approx 16$ 人

如果只考虑员工每周的固定休息日,而不考虑其他假期和休息日,可按下列公式计算:$\frac{10\times 7}{5}=14$ 人

(2)客房服务员

①全年客房出租的数量为:480 间×80%×365 天 = 140 160 间/天

②服务员的全年出勤天数与值台员相同,即 234 天

③早班服务员的编制为:$\frac{140\ 160\text{ 间/天}}{12\text{ 间/人天}\times 234\text{ 天}}\approx 50$ 人

④中班服务员的编制为 $50\times\frac{1}{4}=12$ 人

如果也是只考虑服务员每周的固定休息日,而不考虑其他假期和休息日,那么服务员的编制则为:

$$\text{早班服务员}=\frac{480\times 80\%\times 7}{12\times 5}=45\text{ 人}$$

$$\text{中班服务员}=45\times\frac{1}{4}\approx 11\text{ 人}$$

(3)客房楼层领班

由于该饭店每层楼的客房数为 24 间,故为方便管理,每位早班领班可负责 3 个楼层,中班领班负责 6 个楼层,这些楼层所需的领班总数约为 12 人。

(4)楼层主管

客房楼层主管可分早、中、晚 3 班,共需 4 人。

另外,这家饭店还需安排 2 名夜班服务员,负责夜间客房的对客服务工作。

该饭店客房楼层的人员编制为 90 人左右。

第二节 客房部的员工招聘

筹备开业的饭店,在机构设置、编制定员工作结束后,即可着手员工招聘;正在运营中的饭店,也会因为员工的流动和内部人员调整、业务量的增加等原因而需要

招聘员工。员工的招聘工作做得好坏，直接关系到能否建立一支高素质的员工队伍。客房部的员工招聘工作须由人事部和客房部共同负责。人事部承担筛选应聘人等基础工作，客房部则负责最后面试，并决定是否录用。客房部经理通常直接负责客房部的员工招聘工作，以提高这项工作的效率，保证所招聘人员的质量。

一、制定招聘方案

员工招聘是一项较为复杂的工作，其意义也十分重大。因此，有关管理者必须要有远见卓识。在招聘工作正式开始之前，制定一整套招聘工作方案十分必要，有关人员须用方案指导和控制招聘工作。招聘方案的主要内容包括：招聘的岗位、人员数量、质量标准、招聘工作的具体安排等。这里需要特别强调的是，招聘方案中应明确规定质量标准。因为如果对所招聘人员的质量把握不好，会给后期的使用和管理留下很多隐患。负责招聘工作的人员还要把握好如下原则：即不能录用不合格的人、不适宜的人和过分合格的人。所谓不合格的人，是指那些即使通过学习和培训也根本不可能胜任工作的人，招聘这种人就像雇佣了不会加减法的会计；不适宜的人，往往存在心理上和性格上的缺陷，不适合某些岗位的要求或难以成为某些岗位合格的员工；过分合格的人，是指应聘人的资格和能力明显超出了有关岗位的工作要求，或者某些岗位的工作对他们来说没有挑战性，难以发挥他们的能力和工作积极性，如果录用这类人员，会有很多的消极影响。为了使招聘要求具体、明确，便于有关人员把握标准，有关部门最好能制定一套职务说明。

例：关于布件收发员的职务说明

职务名称：布件收发员

工作时间：每周一至五，每天 7:30～16:00

劳工类型：非技术性工种

直接上司：布件房主管

联系员工：负责领用布件及所有穿着制服的员工

职　　责：布件和制服的收发与保管

工　　资：规定标准

有薪年假：两年以下工龄一周，三年以上工龄两周

额外待遇：工作服、免费工作餐

性别要求：女性

年龄限定：20 周岁～50 周岁

智力条件：办事机敏能遵照指示和规定工作

品　　格：诚实、和蔼可亲、周到有礼

外　　貌：端庄大方

工作经验:无特殊要求

文化程度:初中毕业以上

身体状况:身体健康,无传染病史,能承担轻度持久的体力劳动,有一般性臂力,能举起一般重量的物件,能辨别织物的色彩、抽丝、蛀洞等。

其　　他:居住地与饭店之间交通方便;无犯罪记录。

另外,客房部在制定招聘方案时,还须考虑下列问题:

(1)有关岗位的工作对应聘者的要求是哪些,是否包括经验。

(2)管理人员是从内部提升还是从外部招聘,如果从内部提升,则在招聘员工时就要考虑招聘有潜质的人。如果员工晋升与发展的可能性有限,那么,大量招聘有发展前途的人就不实际。因为如果多数受聘人都希望通过努力获得更好的职业或更高的职务,当其愿望得不到实现时就会因失望而产生不满,进而纷纷离职。

(3)在招聘前,应先与相关岗位的现职人员通气,使他们对补充人员和人员变化有所准备,以稳定他们的情绪。

二、选择招聘途径

为了招聘到理想的员工,饭店要设法通过多种渠道招聘和补充人员。

(一)现职人员的推荐介绍

招聘少量人员时,饭店可通过现职人员的推荐介绍提供人选。这种做法当然有利有弊。如果有职位空缺,周围的员工当然会首先知道,如果这些员工热爱饭店、热爱这一职业,就会很自然地将这一信息告知其亲友及熟人,这样招来的人因为有熟人容易与他人相处,能在其熟人的帮助下很快熟悉环境与工作。另外,这种招聘方法省时、省力、节省费用,但这样做往往容易在员工中形成小团体,甚至会让一些不良习气在员工中相互影响。

(二)内部晋升

客房部的某些管理岗位空缺时,未必非要从外部招聘。如果部门内部有合适的人选,从内部晋升则更为明智。

(三)广告招聘

广告通常是招聘的主要途径和方法。招聘广告的主要形式有报纸广告、广播电视广告和海报等。

报纸广告。在报纸上做广告,对于招聘非技术性员工特别有效,而对于招聘管理人员和技术人员,则要看所在地的基础情况。如果当地的经济不景气,有大量失业人员,刊登广告要非常慎重,因为它会吸引大批的人前来应聘,其中必然有大量不合要求的人,要筛选甄别,必然要花费大量的时间和精力,而且还会引起很多落选人的不满。用报纸刊登招聘广告,一定要选择合适的报纸类型。有些人常看刊登刺激性内容的小报,而有些人则喜看正规及比较保守的报纸,因此应视招聘对象选择相应的报纸刊登招聘广告。另外,广告语要引人注目,如果招聘客房服务员,可用"没有经验是您的资本"、"您喜欢有规律的工作吗?"等词语。因为饭店多喜欢招聘从头开始、没有经验即没有陈规旧习的人。如果要招聘高级职员和专业技术人员,广告中必须说明待遇优厚等吸引人的条件,但必须实事求是,不可欺诈;再者,广告中不得有违反有关法律法规的内容。

广播电视广告。广播电视招聘广告最适用于招聘临时工和非全日制员工。要注意的是选择合适的广告时间,只有在合适的时间发布招聘广告,才能使所期望的应聘者获得招聘信息。

海报。在市中心、娱乐场所等人流众多地方的公共广告栏上张贴和分发招聘海报,往往也能收到很好的效果,但要注意不能违反市容管理规定。

职业学校。职业学校是饭店员工的主要来源之一。饭店应与当地甚至外地的一些职业学校建立长期稳定的合作关系。如果能从职业学校招聘员工,将是非常实惠的事。因为职业学校的学生有专业知识和基本技能,少有不良习气,综合素质较高。他们加入饭店后,能给饭店带来新的气息,优化员工队伍。

除了上述几种主要途径外,还有下列一些途径可以利用:职业介绍所、人才市场,同业机构,复员、转业军人安置机构,以往的求职申请表、推荐信等。

三、接受求聘申请和初选

招聘信息发布以后,必然会有一些求职者前来应聘。负责招聘的人员对前来应聘的人员要热情接待,并通过简单的交流与观察,做出筛选。对于明显不合要求的,可礼貌地表明意见,这样做对双方都有一定的好处。对于饭店来说,可减省后期的工作量,节约时间和精力;对于应聘者来说,如果让其过五关斩六将最终还是落选,会更加失望和痛苦。对于那些符合要求的应聘者,招聘人员可让其填写求职申请表,并将面试或测验的时间、地点以及准备事项告知他们,之后,将参加面试或测验的应聘人员名单及其申请表整理好,转交客房部负责人。

四、面试

(一)面试的意义

招聘人员虽然可以通过申请表了解应聘者的基本情况,但仅仅根据申请表的内容,来判断应聘者是否符合要求,并做出录用与否的决定,显然不够慎重。为了对应聘者更加全面深入地了解,面试通常是必不可少的步骤和方法。

面试,就是双方面对面地接触,探讨聘用的可能性。面试可以使招聘方有机会直接地了解应聘者的外表、举止、表达和社交能力、气质、对人对事的基本态度、应变能力等。通过面试,可使招聘人员获得评估应聘者是否可以录用的依据。当然,面试也有一定的局限性,如招聘人员往往很难仅通过短暂的面试过程了解应聘者的诚实、可靠、坚韧等内在性格,也难以了解其技术和实际工作能力等。

面试其实是双方相互了解的一次机会,是一个双向沟通的渠道。在面试过程中,招聘方要向应聘者讲清诸如工作性质、工作时间、工资福利及对应聘者的体力与智力要求等,甚至要把一些工作后可能遇到的困难等不利因素如实相告,使应聘者冷静考虑,理智地做出不会后悔的选择。应聘者则应根据招聘方的要求,如实说明有关情况和想法。总之,主持面试的人不能把面试变成单纯的测验和考试,更不能变成审问,而是应把面试作为双方相互了解、建立良好关系的最初渠道,这样的态度和做法可使应聘者在未加入饭店之前,就了解饭店的良好意愿,正式录用后,劳资双方的关系就有了良好的基础和开端。另外,面试还是饭店树立良好公共形象的一个机会,应聘者在面试过程中如果能对饭店有个良好的印象,无论被录用与否,都不会诋毁饭店的声誉。

(二)面试的准备工作

(1)明确面试的目的、了解有关标准和要求、熟悉有关情况。

(2)拟定面试提纲。

(3)确定对双方都方便的时间。

(4)通知应聘者做好必要的准备。

(5)研究应聘者的个人资料,并做好笔记,以免遗忘。

(6)布置安排面试场地。

(三)面试的场地

面试场所的选择、安排与布置,对面试的成功与否影响极大。由于面试场所会给应聘者认识饭店的第一印象,所以面试的场所必须清洁整齐、安静、舒适、秩序井然、不受干扰且具有保密性,否则,既影响面试的效果,又会给应聘者留下不好的印象。为了不使面试中断,保证面试的速度,面试场所还应设面试等候处,配备必要的家具、报刊、茶水、烟灰缸,灯光要明亮、柔和,附近要有卫生间,这样既可方便应聘者,又可减轻应聘者可能产生的忧虑、烦躁和焦急不安。

(四)面试的过程

主持面试者通常要以友好的问候作为开场白,尽量为应聘者创造轻松愉快的气氛。开始的提问可以与工作无关,但要避免提出无聊的话题。主持面试者不能有匆忙、焦急和不耐烦的表现,也不能以高人一等的姿态与应聘者说话,不要显示权威或进行说教,更不能与应聘者争论。面试是一种艺术。面试人必须扮演好角色,当然这不是说可以不真诚。面试人必须记住,自己的态度甚至说话的语气、腔调等,都会对应聘者产生很大的影响,同样一句话,用不同的态度、语气和腔调说出来,就可能表现出不同的意思,决不能使应聘者有被指责、嘲笑和歧视的感觉。另外,应聘者的条件可能不合适时,如果面试者表现出过分的热情,可能使其产生肯定可以被录用的错觉,这种错觉有时会造成意想不到的麻烦和后果。除此之外,面试人还须具有敏锐、细致的观察力。有时应聘者没说或不说的,可能比说的更重要、更有价值。他们的一些举止和表情可能说明很多重要的问题。因此,在面试过程中,面试人要善于观察和分析,能透过现象看本质。

面试过程中,面试人特别是主持面试的人必须讲究一定的方法和技巧,并遵循下列原则:

(1)认真负责。

(2)设法使应聘者保持平静、轻松。

(3)提问尽可能直接了当。

(4)问题要有启发性,不要用简单的“是”或“否”就能回答,要引导和鼓励应聘者多说话。

(5)让应聘者回答问题时有充分的思考时间。

(6)要善于倾听。一是不要自己唱独角戏,二是听对方说话时,不要只注意对方怎么说,而是要注意对方说了些什么。

(7)多问“怎么样”和“为什么”。

(8)不要随便打断对方的回答和提问,尽可能让其说完。

(9)语言要简明扼要。

(10)不要暴露你的观点和情绪,是你了解对方,而不是让对方了解你的倾向。

(11)如果应聘者回答不够清楚,可归纳一下你所理解的意思,以求澄清。

(12)不要随声附和或喋喋不休。

(13)有疑问时要追问。

(14)要珍惜双方的时间。

(15)要给对方提问的机会。

(16)避免提出一些不便问和不能问的问题。

(17)不要对没有专业经验的人使用行话术语。

(18)实事求是地回答对方提出的问题。

(19)注意观察,所有与应聘者的接触、交流,都带有评估的目的。

(五)面试后的工作

(1)整理面试记录。

(2)进行总结分析,对应聘者做出具体的评价。评价意见和结论不能简单笼统,尽量不用“优、良、中、差”等评语,通常越具体、越形象越好。

(3)核对有关资料。

(4)做出结论或决定,即应聘者是否合格、能否录用等。

(5)尽快将决定告知应聘者。如果决定不录用,告知对方时要注意方法,不能伤害他们的自尊心。特别需要注意的是,有时有的应聘者不能被录用,并非他们不适合饭店的工作,只是饭店暂时没有适合的岗位,尽早、尽快地将录用决定告知被录用的应聘者,可以防止饭店流失理想的人才。

(6)整理并保存所有应聘者的求职申请表。即使未被录用的人,他们的申请表也有保存的价值。饭店可以用这些申请表建立人才信息库。

(7)测验、考试或调查核实。如果面试所掌握的情况还不足以证明应聘者是否合格、能否录用,或对应聘者的某些情况尚有疑问,饭店还可对应聘者进行测验、考试或对某些情况进行专门的调查核实。测验和考试的内容主要是有关知识和技能等,测验和考试的方法主要有笔试、操作考核等。调查核实的方式方法多种多样,如面访、电话、推荐信及其他书面证明材料等,其中面访最可靠,电话核实最省时,推荐信及其他书面材料往往最不可信。

面试最好由用人部门的负责人负责,是否录用的决定权也应在用人部门,而不能由饭店的人事部门一包到底。客房部的招工面试,通常是由客房部经理或副经理负责。在已经运营的饭店里,有时也让有关主管参加,其目的是让主管直接了解应聘者的情况,发表他们的意见。因为主管通过面试,能够判断应聘者将来能否成为与自己和其他同事合作共事的伙伴。员工之间和谐、协调的关系非常重要,是团结合作的基础。经理或副经理在做决定时,应尽量尊重主管的意见。

五、招聘员工时的注意事项

(1)要更新观念,适应社会的进步和行业的发展。

(2)不要以木代林,不能因为应聘者具有某些突出的优点而忽视其整体素质。

(3)不能以貌取人,不可被应聘者漂亮的长相、华贵的服饰、外向的性格所迷惑,因为这些表面的东西与能否做好工作没有内在的联系。

(4)过于笼统的回答、轻率的表态往往不可信。应聘者如果只是简单地说“真的”、“很想”得到这份工作,而说不清或不解释为什么,切勿盲目轻信。

(5)不要过于在乎应聘者的社会地位、资历背景。

(6)不要被口若悬河者所欺骗,也不能认为沉默寡言者就是忠厚老实。

(7)不能混淆优缺点,野心和雄心、狂妄和自信、自卑和谦逊、愚笨和忠厚、狡诈与深沉、随便和灵活、轻浮与热情等并非是一回事。

(8)要避免录用"赶浪头"的人,这种人见异思迁,"追新求异",只要有机会就会改换门庭。

(9)不要过分看重应聘者的"经验",一张白纸容易画出精美的图画。

(10)"内向"、"老实"已不再是现代饭店服务人员的优点。

(11)"不漂亮"、"年纪大"往往也有其独特的优势。

(12)能做经理的人不一定是个合格的服务员,技术能手也未必胜任、经理。

(13)文凭不能代表水平,知识未必就是能力,能力不能完全反应素质。

第三节　客房部的员工培训

饭店管理水平的高低、服务质量的优劣甚至饭店的兴衰成败,很大程度上取决于饭店员工的整体素质,而员工的素质高低又很大程度上取决于饭店对员工培训的重视程度。因此,客房部必须高度重视、认真做好员工的培训工作。

一、培训的意义

(一)提高工作效率和质量

培训,是指培训者将有关理论知识和经长期工作实践证明的最好的方法和经验传授给培训对象。培训对象学会和掌握这些方法和经验,并在工作中加以运用,不仅可以节省时间和体力,而且还能减少失误和差错,保证工作质量,从而达到事半功倍的效果。

(二)降低消耗

经过培训、达到合格标准的员工在工作中可以减少或避免因意识不强、方法不当、经验不足而造成的人力、物力浪费,从而有效地降低消耗。

(三)提供安全保障

员工经过培训,可以增强安全防范意识、掌握安全操作规程、提高预防和处理安全事故的能力,从而降低工作中安全事故的发生率。

(四)加强沟通、改善管理

内容丰富、形式多样的培训,对交流思想、沟通信息、改善环境、活跃气氛、消除隔阂、加强合作等都是十分有益的。管理者可以通过培训,加强与员工之间的沟通和了解,增强集体的凝聚力,从而促进管理水平的提高和服务质量的改善。

(五)提高员工的自信心、增强员工的安全感

员工经过培训,具备了适应和胜任工作的能力,并能在工作中有所作为,自然就会提高自尊心和自信心,增强自己的职业安全感,从而安心工作。

(六)为员工晋升创造条件

培训可以使员工的业务水平和综合素质不断提高,不仅能够胜任本职工作,甚至可以承担更重大的责任,具备获得晋升的条件。

二、培训的类型

(一)入店教育

入店教育的对象是刚招聘的新员工,这项工作通常由饭店的人事培训部负责。在一些规模较大的饭店里,几乎每天都有新员工入职。为了便于统一安排对新员工进行入店教育,饭店通常规定每星期一为新员工入职日,各部门招聘的新员工都在这一天来饭店报到,人事培训部统一对其进行入店教育。入店教育的主要内容包括:举行欢迎仪式;学习饭店的员工手册;熟悉饭店的环境、了解饭店的情况;办理有关手续;解疑释难。

新员工的入店教育是一项非常重要的工作。各饭店的人事培训部门都应有一套完整的方案。入店教育结束后,新员工即可到聘用部门去接受上岗前的培训。

(二)岗前培训

新员工在上岗前必须接受专门的业务培训,培训结束后,还须接受严格的考核。考核合格才能正式上岗。新员工的岗前培训是饭店培养和造就合格员工的最佳时机。客房服务员的岗前培训内容主要有:

本部门的组织机构及岗位职责;本部门的规章制度;安全守则;礼貌礼节;仪表、仪容及个人卫生要求;沟通技巧;客房常识;清洁器具的使用和保养;清洁剂的使用方法和注意事项;客房清洁保养的程序和规范;对客服务的程序和规范;楼层的投资管理;各类表单的使用。

(三)在职培训

对在职员工进行培训是客房部及整个饭店培训工作的重点,也是客房部及整个饭店日常工作的重要内容。那种认为培训只是为了开业、培训只是为了可以上岗的思想是非常错误的。员工的在职培训主要有以下几种形式:

日常培训。日常培训是指在日常工作中对员工进行的培训。这种培训不需专门安排和特别准备,也不会影响正常工作,通常是管理人员对其下属进行临时的个别指导和训示,或者利用各种机会,对某些员工进行适当的提示或帮助。目的在于强化员工的质量意识、培养员工良好的工作习惯、提高员工的业务水平和工作能

力，使部门或班组工作日趋规范和协调。日常培训方便实惠、针对性强。各级管理人员要善于在日常工作中发现机会、合理安排。

专题培训。随着工作标准和要求的不断提高、饭店内外各种因素的经常变化，客房部有必要对员工进行针对性的专题培训，强化员工的进取心、提高适应能力。

交互培训。交互培训是在员工做好本职工作的前提下，安排员工学习其他岗位的业务知识和操作技能。这种培训可以在部门内部进行，也可以跨部门安排。通过交互培训，可以使员工一专多能，既能丰富员工的工作内容，又有利于部门内部或部门之间的人力调配。

下岗培训。对于一些不称职的在职员工，如果尚未达到可以解除劳动合同的地步，可以让他们暂时下岗，接受培训，通过培训重新安排工作。

脱产进修。对于一些专业性较强或准备提拔晋升的人员，以及由于其他某种原因而必须接受培训的人员，饭店或部门可以让他们脱产，参加一些专门的培训班或到专业院校进修学习。虽然这种培训的费用较高，甚至对目前工作有一定的影响，但从长远利益考虑，对个人和单位双方都是有益的。

（四）发展培训

发展培训的主要目的就是培养管理人员和业务骨干。通过培训使其能够担任更高层次的职务或承担更重大的责任，发挥更大的作用。这种培训的内容和方式等需根据培训对象的基础及发展的目标与具体情况来确定和安排，通常要有一套系统的方案，包括培训的内容、要求、时间安排、指导老师、培训方式、考试办法等。

这里需要特别强调的是，对准备提拔和晋升人员的培训问题为许多饭店所忽视。目前，很多饭店存在的共同问题是忽视对这部分人员到职前的培训，往往是一经任命立即就职。例如，今天是客房楼层主管，明天就是客房部经理；今天是客房服务员，明天就是领班、主管。这种做法过于简单，甚至有些草率。尽管这些人员可能是经过长期考察的，有基础也有潜力，但提拔晋升并非简单的职务变更，而最根本的是工作环境、工作内容、责任范围以及工作性质的变化。如果被提拔晋升的人没有经过相应的发展培训，就任新职后往往需要一个较长的适应过程，而在这一期间，他们会遇到很多新的问题和困难，甚至会遭受一些挫折，从而影响信心、影响威信，难以有效地开展工作。

三、培训的原则

（一）因材施教原则

由于员工的智力、能力和经验是有差异的，因此，在对员工进行培训时，一定要针对不同的对象、根据不同的内容和要求，选择适当的培训方式，并合理安排培训进程，保证培训的效率和效果。

（二）压力和动力相结合的原则

要想使员工都能认真刻苦地学习，必须要有一定的压力。常用的办法是规定进程、明确目标实行考核。另外，仅有压力往往是不够的，员工如果只是被动地应付，就难以收到良好的培训效果。因此，动力也是必要的。培训者要注意培养学员的学习兴趣，调动学员的学习积极性。动力是由一系列因素激发出来的，其中很重要的一点，就是让他们感受到学和不学不一样、学好学坏也不一样。有些饭店把培训与定级、晋升、薪金分配等联系起来。在培训中，如果能把动力和压力有机地结合起来，必然能够提高培训工作的效率和质量。

（三）循序渐进的原则

在培训过程中，目标的制定和进程的安排必须遵循循序渐进的原则，不能把目标定得太高，也不能把进程安排得太快，要有一个逐步提高和充分消化的过程。对于没有基础的新员工和学习能力差的在职员工，如果培训目标过高、培训进程太快，常常会因为难以达到要求或跟不上进度而失去信心。

（四）标准化原则

对员工进行业务培训时，必须强调绝对标准。饭店的很多工作都是非对即错、不好就坏，没有模棱两可的结果。例如，客房服务员绝对不能把客用布件当抹布使用，绝对不能与客人争吵，任何时候遇到客人都必须微笑问候等。强调绝对标准，有利于增强员工的质量意识，培养员工良好的工作习惯。当然，强调标准与培养员工的灵活应变能力并不矛盾。灵活应变是指处理问题的方式方法可以灵活多样，但最终的结果必须符合规定的标准，原则上不能有差错。例如对客服务的方式方法可以根据对象的不同而多种多样，但结果都必须使客人满意。能达到客人满意的服务就是好的服务，客人不满意的服务就是不好的服务。

（五）实用性原则

培训必须保证实用。对员工进行培训，在内容、方式、要求上都必须实用，一要适合本饭店的实际需要，二要取得实实在在的效果，不能只是为培训而培训。

（六）系统性原则

培训工作必须讲究系统性。即饭店必须进行全员、全方位、全过程的培训。

全员培训。饭店的全体员工，包括前台和后台、领导和职工、新员工和老员工都必须接受培训。只有进行全员培训，才能统一认识、统一行动、统一标准，如果只重视对前台员工的培训而忽视后台员工的培训；只重视新员工的培训而轻视老员工的培训；只重视基层员工的培训而忽视中高层管理者的培训，其结果可想而知。

全方位培训。培训的主要目的是提高员工的综合素质，而素质包括很多方面，如知识、技能、态度、习惯等。如果培训只重视其中的某个方面,如重技能,轻知识;重动手,轻开口;重表面,轻实质等,就很难提高员工的综合素质,员工也很难成为优秀的员工。

全过程培训。培训是饭店的一项长期性工作,而并非一段时间或某一阶段的突出性任务。社会在进步,行业在发展,人也会变化,如果没有常抓不懈的培训,员工就会落后,饭店就会衰败。因此,饭店必须始终把培训当作一项战略性工作,高度重视,常抓不懈,将培训贯穿于饭店经营管理的全过程。

(七)科学性原则

饭店在制定培训目标、确定培训内容、选择培训方式、安排培训时间等培训的各方面工作时,都要尊重科学,讲求合理,而不能随心所欲,盲目行事。

四、培训的方法

(一)讲解

很多培训都会采用讲解的方法,即通过老师的讲解向学生传授知识和经验。这种方法往往也是最枯燥的方法。采用这种方法,一方面对老师的要求很高,另一方面对场地和教学设备也有很多要求。没有这方面的条件做保障,讲解很难收到很好的效果。

(二)示范训练

这种方法主要适用于技能培训,即通过老师演示、学员模仿来培训学员的操作技能。

(三)专人指导

专人指导多用于对新员工的培训。新员工一般都有一些陌生和局促感,要让他们尽快适应环境,熟悉工作,融入集体,较好的方法就是为其安排专门的指导老师,对其进行个别的、甚至是一对一的帮助和指导。

(四)角色扮演

角色扮演是一种能够将学习和兴趣、特长结合起来的培训方法,常常由学员分别扮演各种特定的角色,如服务员和客人等,这些学员在表演过程中可感受气氛,获得知识,悟出道理,而其他观看的学员也能同时受到启发和教育。

(五)情景教学和案例分析

由培训老师设计一些情景或给出一些案例,让学员进行讨论和分析,找出答案和解决问题的办法。这种方法对于培养员工分析问题、解决问题的能力非常有效。

(六)对话训练

对话训练往往与角色扮演、情景教学结合使用。通过对话训练,提高员工的口头表达能力，这对对客服务的员工来说十分必要。服务人员既要能动手操作，又要会开口说话。从一定意义讲，开口说话比动手操作更重要，不会说话就不能与客人进行交流，就不能对客人进行宣传和推销。

(七)其他方法

客房部的员工培训除了以上几种方法外，还有一些非常方便、很有实效的方法可以采用，如影视录像、照片图表、参观考察、交流研讨、模拟演习、单项竞赛等。总之，教无定法，在实际工作中，可根据需要而灵活多样，原则是重实效、轻形式。

五、培训的注意事项

(1)培训必须由合格的老师来承担。饭店应高度重视对培训老师的培养和选择。

(2)培训普通员工时，只能教“应该怎么做”，而不能讲“不该怎么做”，以免弄巧成拙。

(3)不能使用陈旧过时的培训资料。

(4)不能急于求成，要先保质量，后求速度。

(5)培训技能时，老师应将一套动作完整地演示几次，然后才能分步骤练习。

(6)不要歧视学习能力差的学员，因为这些人虽然要比别人花费更多的时间和精力才能达到培训要求，但他们普遍珍惜工作，一般不会主动要求辞职或调动。

(7)要明确标准，适时评估。

(8)要建立员工的培训档案。

(9)为了防止员工培训后“跳槽”，可签订培训合同或实行有偿培训。

第四节 劳动力的安排与控制

劳动力的安排与控制既是客房部人力资源管理的一项重要内容，又是客房部运营过程中的一项日常性工作。对劳动力进行合理安排和有效控制，一方面能够保证客房部的正常运作，另一方面能够避免人力浪费。

客房部劳动力的安排与控制是一项比较复杂的工作，这是由客房部工作的特点决定的。客房部工作的随机性很强，其工作任务和工作量经常变化，没有一个固定的标准，而劳动力安排与控制的主要依据就是具体的工作任务和工作量。在编制定员时，虽然对各个工种和岗位所需配备的员工数量都是经过科学计算的，但在实际运行中，这一数量与日常工作的实际需要往往并不吻合。例如，客房服务员的编制主要是根据预计平均客房出租率确定的，而客房出租率是受各种因素影响而经常变化的,时高时低。客房出租率的变化,必然造成员工余缺问题的出现。因此,如何避免和有效解决这一问题,就成了客房部管理者必须研究的重要课题。

一、采取合理的用工制度

用工制度对客房部劳动力的安排与控制有着直接的影响。针对客房工作变化多、随机性强这一特点,在企业性质的饭店里,客房部最好采用固定工和临时工相结合的用工制度。如果当地的劳动力资源比较充足,客房部在编制定员时,非技术性工种的固定工人数可适当少一些,以满足最小工作量时的用工需求为标准。这就可以有效地避免因工作量较少而造成的人员闲置和浪费现象。当客房出租率较高、工作量较大时,饭店可适当招聘一些临时工来缓解人员紧张的矛盾。对临时工可采用计时或计件工资制,确保饭店所付出的工资费用与所得到的回报相一致。如果当地的劳动力资源不够充足,客房部则应将固定工的编制定得充裕些,以免一旦忙起来因无法补充人员而使大家都疲于奔命,甚至连正常的工作节奏都被打乱,造成质量下降、缺勤率高而陷入恶性循环的窘境。

对于我国大部分地区的饭店来说,劳动力资源都还是比较充足的。客房部采取固定工和临时工相结合的用工制度是完全可行的,但应处理好质量和效益的关系。首先,要打破计划经济时代的传统习惯,大胆改革用工制度。其次,要高度重视员工队伍的稳定性。相对而言,临时工的稳定性不如固定工,如果使用大量的临时工,一方面会增加饭店的培训工作量,另一方面,员工频繁流动,又会影响饭店的正常运作和工作质量。

目前,很多饭店都与本地甚至外地的职业学校建立良好的合作关系。对于饭店来讲,职业学校的实习生是优质的廉价劳动力,对于职业学校来讲,饭店是稳定的实习基地。但值得饭店注意的是,实习生的供需关系已经发生了变化,在我国的很多地区,过去是学校有求于饭店,而现在是饭店有求于学校,甚至一些境外饭店也在参与竞争,因此,饭店在对实习生的管理上,观念和做法必须进行调整。

二、改革分配制度

分配制度对于调动员工的积极性、提高质量、控制费用等方面起着关键作用。合理安排和控制劳动力的基本目的,也正是为了在充分调动员工积极性的基础上,最大限度地保证运行、提高质量、减少工资支出。

客房部大部分员工所承担的工作都是可以计时计量的,因此,对于这部分员工,完全可以实行计时工资或计件工资。实行计时工资或计件工资制度时,客房部要注意以下几点:第一,要合理制定工资标准,即单位小时或单位工作量的标准工资;第二,根据工种性质和工作任务确定对哪些员工实行计时工资,哪些员工实行计件工资,既要合理,又要便于操作;第三,要建立健全严格的质量考核制度,因为无论计时还是计件,都有可能促使员工过分追求速度而忽视质量;第四,要尽量保证员工的基本收入。对于业务较好的饭店来说,员工基本上都能有比较充足的工作量,而且比较稳定,其收入也比较有保障,因此会安心工作。而在业务比较差的饭店,员工的工作量不稳定,有时甚至可能无事可做,他们的收入就没有保障,工作时就不会安心。在这种情况下,饭店就应该采取适当措施,如保证基本工资等,以保持员工队伍的稳定性。

三、根据客情变化灵活排班

由于客情是不断变化的,客房部的工作量也因此而不断变化。客房部的员工排班必须依据客情变化而灵活操作。原则是首先安排固定工,然后根据工作量的变化而适量安排临时工。要想保证排班的合理性,客房部的有关管理人员必须准确地了解客情、重视客情的预测预报。具体要求有:

(1)客房部经理要提前一周了解下一周的客房出租情况。

(2)客房部经理要提前一周了解下一周的各种重大活动安排计划。

(3)客房部经理每天都要了解当日的客房出租率及客房安排使用情况。

(4)客房部经理每天都要了解当日的客人进离店情况。

(5)客房部经理每天都要了解预计次日客人进离店情况。

客房部必须建立客情预测预报制度,并能做到根据预测预报的客情提前排班,再根据客情的变化灵活调配人力。

四、制定弹性工作计划、控制员工出勤率

制定弹性工作计划、控制员工出勤率是保证客房部正常运行,避免员工余缺的一项有效措施。客房部通过制定各种工作计划来调节日常工作的节奏、平衡日常工作总量,可以保证在客情不好时也能人人有事做,客情很好时也能事事有人做。如计划卫生、临时清洁保养、员工培训等都是很好的调节办法。控制员工出勤率的办法也有多种多样,除了利用工资奖金的分配制度和考核办法外,还可通过合理安排班次、轮休补休等措施,来减少员工缺勤或闲置浪费。

五、在部门内部或跨部门进行劳动力的合理调配

在客房部,经常会出现各岗位之间业务量不均的现象,有些岗位任务繁重、人手不够,而有些岗位则工作量不足、人手富余。就整个饭店而言,这种情况也经常

发生。这时,客房部能在部门内部调配的则在内部调配,如果内部调配仍无法解决问题,则可通过饭店的人力资源部跨部门调配。为了保证做到这一点,饭店管理者首先要在观念上有所突破,不要既分工又分家,各自为政;其次,要在制度上、措施上加以保证。最后,饭店要加强交互培训,使大部分员工一专多能,这既有利于饭店临时性的人力调配,又有利于调动员工积极性和饭店的人员调整。目前,国内有些饭店成立突击小组,由人力资源部管理,其成员都是经过全面培训的多面手,能够胜任饭店前台各岗位的服务工作,且集中住在饭店的倒班宿舍。当某些部门的人手不够时,由这些部门向人力资源部提出申请,经核准,突击小组的员工可以前往帮忙或顶岗。这种做法是一种非常有益的尝试,值得推广。

劳动力的安排与控制是一项原则性和灵活性很强的工作,客房部在劳动力的安排与控制中要注意以下几点:

(1)不得违反国家和地方政府的有关政策法规。

(2)控制工资费用不能以降低质量标准为代价。

(3)要控制用工的主动权,特别是临时工的使用和安排。

(4)不要忽视员工队伍的稳定性。

(5)要把临时工和实习生当作正式工、固定工去使用和管理,尤其要公平对待。

(6)要重视对临时工和实习生的培训,价廉还须质优。

第五节 员工的考核与评估

员工的考核、评估通常是指管理人员依据既定的标准,按照一定的程序,采用适当的方法对下属员工进行综合考核和评定,并提出希望和要求。通过考核、评估,管理者获得对员工进行工资奖金分配、提拔晋级、调职、培训等的依据,有利于发现、选择和使用人才,调动员工的积极性;员工可以了解自己的工作表现和实绩,了解上司对自己的评价及希望和要求,从而认识自己,消除疑虑,明确目标,增强自信。因此,考核、评估对饭店和员工双方都是非常必要的,客房部管理人员必须高度重视并切实做好这项工作。

一、考核、评估的方法

考核、评估的方法多种多样,但其基本内容都是相似的。一般说来,只要简单明了、无需花费太多的时间和精力,能够对员工做出客观公正的评价,并被员工所接受,达到考核、评估基本目的的方法,都是好的考核、评估方法。

(一)计分考核法

所谓计分考核法,就是先确定每项考核内容的分值和要求,考核时,根据员工的具体表现,对照要求,评定出该员工的具体得分。

计分考核的问题是如何解释和说明考核的内容和标准。如积极性,什么是积极性?对积极性有什么要求?做到什么程度才是好的?有些内容和标准很抽象,也很难解释和说明,操作中很难把握,因此,对于考核的内容和标准必须要有统一的解释,考核双方的理解必须一致。

采用计分考核法还要注意权重分配的合理性,要有所侧重。每项考核内容的分值要根据员工所在岗位的职责及工作的性质和特点来确定。另外,评分要有统一的尺度。

(二)表格评估法

表格评估法是将评估的内容、标准及评估的结果等所有项目和要求,用表格的形式详细列出,评估时,双方依据表格逐项讨论,最终由考评者对被考评人进行逐项评定。这种方法简单明了、方便操作,实践中被广泛采用。

(三)重要事件评估法

如果有些工作的实际成绩难以量化,管理人员就可采用重要事件评估法,对有关员工进行评估,其基本做法是对有关员工在某一期间或某项工作中的突出成就或缺点错误进行评估。这一做法实际上与抽样评估相似,而没有全面评估可靠,且管理人员必须将平时所了解和掌握的情况及时记录下来,否则容易遗忘或疏漏。另外,如果管理人员对被评估的员工有成见,采用这种方法进行评估就难免有偏向。

(四)工作效率考核法

工作效率考核法主要用于考核评估员工操作技能的熟练程度及综合业务水平。如客房服务员打扫一间住客房或走客房通常要用多长时间,一个人一个班次能打扫多少间客房等。

(五)排列名次评估法

就是根据员工的实际表现和综合成绩,将对员工的评估结果用名次排列出来。具体做法是从最好和最差排起,如果一个班组有 20 个员工,最好的为 1,依次为 2、3、4……10;最差的为 20,依次为 19、18、17……11。这样就可将全班组人员分别评定为第一到第二十。这种方法比较简单,只适用于不公开评估,如果公开评估采用这种方法,很容易伤害员工的自尊心,也容易掩盖员工突出的优缺点;另外,如果员工数量很多,就很难合理地排定名次,因此,这种方法不宜多用。

(六)对比评估法

对比评估法是将小组某一成员与其他成员进行一一对比,通过对比做出评估结论。这种方法的好处是评估人无需将所有员工的情况全部记住;缺点是费时、烦琐,如果班组成员过多,工作量太大。因此,此方法显得不够实用。

(七)重点考核法

在多项评估内容中,真正能够说明问题、起重要作用的往往只有其中最基本的几项。因此,在对员工进行评估时,要抓住重点,分清主次,注意重点考核,对不太重要、意义不大的项目或适当减少,或所定分值要少。

二、考核评估的程序

(一)观察与记录

客房部各级管理人员在平时的工作中,要对下属员工的工作表现进行细心的观察、严格考核,并注意听取有关人员的反应,包括批评与表扬,做好记录。另外,对平时使用的工作表单要进行收集整理和存档,为评估提供依据,做好准备。观察记录的主要内容有:出勤情况;完成的工作量和工作指标;工作质量;业务水平及工作能力;道德品质;自觉性和责任心;服从性、合作性和可依赖性;进取精神和创新能力;守纪情况;客人及员工投诉;其他。

(二)评估

管理人员对下属进行评估时可采用多种方式,一般以面对面、一对一的方式为宜。采用这种方式有利于双方开诚布公、减少顾虑,能够取得双方满意的结果。评估的过程也是双方沟通交流的过程;再者,评估不是目的,只是形式,评估过程中,双方可以平等交流,就某些问题各抒已见。

(三)形成评估意见

虽然在评估过程中,双方可以讨论,但最终的评估意见仍应由评估人提出。评估人通常需填写评估表格。表格由饭店或部门统一印制。评估人根据表格中所列的内容和要求,对被评估的员工进行最终评定。评定意见形成后,可以与被评估人见面,如果被评估人没有意见,则请其在表格中签名认可。如果被评估人有意见,评估人则需做适当的解释说明。如果经过解释说明仍不能达成一致意见,可由人力资源部负责人约见被评估人,听取其意见并做适当处理。

(四)存档

评估的书面材料要存档保管,正本存入员工个人档案,副本报送部门主管。

三、考核评估的注意事项

(一)考核评估的期限

客房部员工的考核评估最好每半年一次。间隔的时间太长,考核评估人员可能会忘记员工的整个表现，而着重于最近的表现，使考核评估的结果不能全面准确；间隔的时间太短，则会将考核评估变成例行公事。通常对新员工的考核、评估可以多一些，尤其是在试用期间，一般可以每周或每月一次，以促进其努力工作，试用期满后总评一次。平时如遇特殊情况，可对有关员工进行特殊考核评估。

（二）考核评估者的人选及要求

客房部对员工进行考核评估时，可以成立专门小组，小组由被评估者的直接领导、部门负责人、人力资源部的代表及员工代表组成。有些饭店还会邀请工会代表参加。评估由被评估者的直接领导和部门负责人主持，主要意见也应来自于他们。其他人则起辅助和监督作用。负责考核评估的人员必须熟悉考核评估制度，了解考核评估的意义、目的，掌握考核评估的方法和技巧，公正、严明，认真负责。

（三）考核评估制度的制定

任何制度的制定和实施都需要所有相关人员的理解、支持和配合。为了保证这一点，客房部考核评估制度应由全体员工参与制定，而不能只由管理人员或少数人制定。管理人员可以先制定草案，然后交给全体员工讨论，未经全体人员讨论通过的草案不能生效。

（四）考核评估的公正性、合理性和可靠性

客房部的员工考核评估工作必须做得公正、合理、可靠。为了做到这一点，考核评估中要避免犯以下几种错误：

光环效应。很多人都习惯于根据他人最明显的特征对其进行评价。一个人缘好的服务员，要比人缘差的服务员容易被评为优秀服务员。人们如果对守时的人有好感，对一个经常迟到、办事拖拉的人的评价往往比他的实际表现更差。人们很容易只根据他人的某一特征和自己的喜好，给别人贴上“好人”或“坏人”的标签，而不善于全面冷静地分析，做出客观、公正的评价。这种仅凭某些特征来衡量和评价人的优缺点的习惯和做法就叫做光环效应。光环效应往往以某些特征掩盖其他特征，以偏盖全。光环效应可能是正效应，也可能是负效应，但无论哪种效应都不客观。

好人主义。就是考核评估者给每个人都打高分，不愿得罪人。这种情况在实际工作中常常发生，尤其是在对管理人员或某些特殊员工的评估中，这种现象就更为普遍。其实，如果大家都好，真正优秀、杰出的人就得不到承认，对他们就很不公平。

中间倾向。有些考核评估人员总认为人都是差不多的，不好也不坏，于是他们给每个人都打中间分，或接近这个数，而看不到每个人的差异。

(五)考核评估的要求与技巧

(1)要充分肯定员工的优点和长处。

(2)客观地指出员工的缺点错误和不足之处。

(3)要真心诚意地给员工以忠告和帮助。

(4)要帮助员工规划个人目标,并指出努力方向。

(5)要注意保密。

(6)要把常规评估与特殊评估相结合。

特殊评估主要是在员工表现很好、有突出成绩,或员工表现不好、出了问题的时候进行。尤其当发现员工表现不好时,管理人员一定要对其进行评估,及时评估可以给其提供改正错误的机会。在对员工进行特殊评估时(员工表现不好时),应采用下列技巧:

(1)选择合适的场所和时机,与员工进行单独交谈。单独交谈即一对一的交谈,一般不让第三人参加做旁听或记录。交谈要有诚意。

(2)对发生的问题要尽早解决。若不能做到这一点,则说明管理者无能,或缺乏解决问题的诚意。

(3)直接谈及问题,无需绕弯子、兜圈子。

(4)交谈时不要使对方处于防卫状态。

(5)必要时,应对员工表示理解和同情,但不能庇护其缺点和错误。

(6)认真听取对方的说明和解释,要明确对方的真实目的和想法。

(7)避免谈及与现在无关的过去的错误。

(8)交谈发生冲突时,要冷静控制,将焦点放在工作上,避免矛盾扩大化。

第六节 激励法的运用及其注意事项

所谓激励,就是通过科学的方法激发人的内在潜力,开发人的能力,调动人的积极性和创造性,使每个人都能切实感到人有所展、力有所为、劳有所得、功有所奖、过有所罚。激励的过程就是促进员工努力工作的过程。

一、激励的重要性

美国哈佛大学的一位学者曾经指出,绝大部分的员工为了应付企业指派的全部工作,一般只需要付出自己能力的20%~30%,也就是说,员工为了“保住饭碗”,在工作中发挥的效能,只是其本身能力的很小部分。如果员工受到有效的激励,则将付出他们全部能力的80%~90%。由此可见,激励对员工潜在能力和工作表现具有很大的推动力。

激励对饭店员工来说是非常重要的,他们只有在激励的作用下才有可能充分发挥主观能动性和创造性,才能挖掘他们最大的潜能,而这正是饭店工作所需要的。饭店的所有员工,从总经理到服务员都需要激励,激励是针对全体员工的一种人力资源管理方法。另外,管理者要想使员工长期保持较高的工作效能,就必须对他们进行持续有效的激励。

由于人们对饭店客房工作的认识问题,以及客房工作本身所固有的一些特点,客房部员工更需要激励。因此,客房部管理人员不仅要把激励当作人力资源管理的方法,而且还要把激励当作日常管理工作的一部分。

二、激励的方式

信任是对人的价值的一种肯定和认可。员工受到信任,尤其是领导的信任,便会产生荣誉感、增强责任心和自信心,从而在工作中积极主动,充分发挥自己的主观能动性和创造性。管理者要做到这一点,首先要使自己的认识水平和管理水平达到一定的层次;其次要善于授权。对于客房服务员来说,在得到领导的信任后,要合理运用自主权,灵活妥善地处理好服务过程中的一些具体问题,以不违反原则为前提,以做好工作为标准,把工作做得让领导放心,使客人满意。

"员工是企业的主人"这句话几乎成了很多企业管理人员的口头禅,在饭店也是这样,但要真正做到这一点却并不容易。事实上,很多管理者还没有根本改变把员工看成是"经济人"的观念,而把企业与员工的关系看成简单的雇佣关系,因此,也就忽视对员工的尊重。所谓尊重员工,并非只是口号,而是要求管理者切实尊重员工的地位、尊重员工的人格、尊重员工的感情。从目前饭店客房管理工作的现状来看,管理者应特别注意善待员工。

根据客房部工作的特点和员工的某些特性,客房部的员工激励可以细分为两种具体方式,即正激励和反激励。

(一)正激励

所谓正激励,就是采用表扬、奖励等积极的手段和方法,对员工进行激励,这种方式是激励的主要方式。

(1)正确处理与员工的关系。管理者与其下属在工作上是领导与被领导的关系,有上下之分,但在人格上则是完全平等的。饭店为了保证服务质量,要求服务员笑脸迎客、热情待客,这是完全正确而合理的,但如果管理者在服务员面前的表现却是另一番景象:一脸冰霜、不苟言笑、冷漠无情、好摆架子、常发脾气,服务员的感受可想而知。作为管理者必须清醒地认识到其自身的榜样作用对下属的影响是不可估量的。常言道:“上行下效”,管理者怎样对待服务员,服务员就会怎样对待客人,可以说这是一些饭店成功的经验和失败的教训。

(2)正确对待员工的需求。对于员工的需求,管理者要充分理解、正确对待,合理的需求,有条件的应尽快、尽早地予以满足,没有条件的要设法创造条件争取早日予以满足,并进行合理解释。对于不合理或不现实的需求,要认真分析,善意对待,做好针对性的说服教育和解释工作,而不能“饱汉子不知饿汉饥”,不能用自己的观念和水平去要求员工。

(3)正确对待员工的过错。正常情况下,每个员工都是积极向上的,加之管理制度的约束,一般都不想出差错,也害怕出差错。尽管这样,由于种种原因,往往也难免出些差错,对此,管理者不能不分青红皂白,横加指责和训斥,甚至暴跳如雷,而应冷静分析,找出原因,根据问题的性质,给予必要的帮助和指导。即使依照制度必须进行批评和处罚,也要讲究方式方法,使之愉快接受。

南京某饭店客房部经理处理员工过错的原则是:不让员工将苦闷带到家里,不让员工将烦恼带进饭店,下班高高兴兴,上班喜气洋洋。员工有过错时,都会比较紧张、压抑,受到批评和处罚后更会苦闷和烦恼。遇到这种情况,如果按照这位经理的原则去处理,定能取得理想的效果。

(4)善于调节员工的情绪。员工要有很好的心情,才能很好地完成工作。对于客房服务员来说,面对客人时更应该心情愉快、开朗乐观。因此,管理人员在工作中要善于运用各种方法和手段,来调节员工的情绪,让他们心情愉快地工作。要做到这一点,管理者应特别注意自己的情绪、态度、工作作风和方法技巧。

(5)搞好物质奖励和精神奖励。客房部要制定一套奖励制度和办法,要让那些努力工作、成绩突出的员工,获得他们认为应该得到的、有价值的奖励。员工是否真正被激励,取决于两方面的因素:获奖的概率和奖励的效用价值。从这个意义讲,管理者应尽量提高员工获奖的概率、提高奖励的效用价值。所谓效用价值,是指员工对其付出努力后所获得的奖励在主观上的评价。效用价值的高低,并不在于奖励的多少,而在于获奖者主观上所认定的价值。对于大多数员工来说,物质奖励实用,但精神奖励无价。

(二)反激励

反激励则是用批评、惩罚、处分等行为控制的激励手段。这种方式如果运用得当,也能有效地促使员工恪尽职守,起到一定的积极作用。采用反激励的方式时,应注意以下几点:

(1)明确目的。对员工进行批评、惩罚和处分的目的,是使工作表现不好、出了差错或问题的员工认识错误、改正错误,进而努力改进和提高,而并非打击、伤害。

管理者要能通过消极的手段达到积极的目的。

(2)讲究准确性和有效性。所谓准确性,是指批评、惩罚和处分等要以事实为依据、法律为准绳,不能主观臆断,要对事不对人;所谓有效性,则是要讲究方式方法,注意实际效果。

(3)不以经济处罚为主要手段。对犯错误的员工进行经济处罚,固然能够起到一定的效果,可以适当运用,但不能把经济处罚当作主要手段,更不能将其作为惟一的手段。即使采用这种手段,也应掌握合理的尺度,如果处罚过重,甚至影响员工个人及家庭生活,难免会产生一定的负面影响。

三、激励的注意事项

(一)激励要有广泛性

激励的目的是调动全体员工的积极性,而不是调动少数人或个别人的积极性。因此,激励的范围要大,让更多的人获得价值较低的奖励,要比让少数人获得价值甚高的奖励更为重要。对员工来说,获奖越难,激励就越倾向于极少数人,结果大多数人的士气低落。

(二)精神奖励重于物质奖励

对于大多数员工来说,其价值取向是精神奖励比物质奖励更重要、更有意义。

(三)充分利用自身条件,尽量不用现金奖励

饭店完全有条件在不用现金时也能对员工进行奖励,且能做到物质奖励与精神奖励相结合。如让获奖的员工住客房,带上自己的亲友(限人数)在饭店免费享受一次晚餐等。这种做法能够取得一举多得的效果。

(四)讲究公开、公平、公正

受到表扬和奖励的人,必须是按照标准公开确定的,不能有领导的个人主观成分,须得到大家的公认。另外,要标准公开、做法公正。通常应对号入座,而不宜搞“民主评议”。

(五)提倡集体之间的竞争

竞争虽然能够激发员工的积极性和进取心,但如果做法不当、控制不好,也很容易影响人际关系。通常,竞争要侧重于班组之间的竞争,而不宜搞员工个人之间的竞争。如果搞个人竞争,那么每个人都会把自己的合作伙伴当作竞争对手,因而产生不必要的矛盾,从而破坏团队精神。

(六)批评和表扬要注意分寸

无论对员工进行批评还是表扬,都应注意分寸、讲究方法。一般情况下,批评不宜公开,还要避免训斥,否则容易伤害对方的自尊心,甚至可能激化矛盾。表扬

也要适度，过度或过多地表扬，容易给被表扬的人造成太大的压力，也会使其失去群众基础。

本章小结

1.人力资源是指一切能为社会创造财富，能为社会提供劳动的人及其所具有的能力。

2.客房部的人力资源管理工作主要包括编制定员、员工招聘、员工培训、劳动力的安排与控制、员工的考核评估、员工激励等内容。

3.编制定员时就要控制好岗位与员工数量，以免以后再来“减员增效”。员工招聘直接关系到员工队伍整体素质，影响饭店竞争与发展的重要因素。招聘员工所执行的标准必须先进合理，不能因循守旧。培训是提高员工素质的基本手段，没有常抓不懈的良好培训就不可能进步和提高。培训内容丰富、方法多样。合理地安排和控制劳动力有助于提高工作效率，降低劳动成本。通过考核评估和激励，能够调动员工的积极性、激发员工的潜能。

复习与思考

1.客房部人力资源管理的意义何在？当前客房人力资源管理工作有哪些困难？

2.详述客房部编制定员的原则、步骤和方法。

3.员工招聘工作有哪些主要环节？面试应聘者时要注意些什么？

4.怎样才能把客房部建立成为一个“学习型的组织”？

5.拟定一份《客房服务员岗前培训计划》。

6.自定主题，编写一份《教案》，并进行模拟教学。

7.走访饭店，了解目前饭店客房部劳动用工制度的改革情况及劳动力成本控制的主要做法。

8.在对员工的管理过程中，怎样才能真正做到“以人为本”？

第14章

客房部开业筹备与客房的更新改造

课前导读

对于相当一部分客房部管理人员来说,往往因为没有直接参与客房部开业筹备的经历和没有直接参与客房更新改造的机会,从而造成个人专业经验和能力的缺失,进而影响个人事业的发展。因此也就很有必要补上这一课。

教学目标

- 熟悉客房部开业筹备的全过程及具体的任务、要求与作业方法
- 能够制定客房部开业筹备工作计划,能主持实施各项具体工作
- 认清客房更新改造的实质与意义
- 学会制定客房更新改造的方案
- 能对客房更新改造方案的实施过程进行监控

第一节 客房部开业筹备

做好客房部开业前的准备工作,对客房部开业及开业后的工作具有非常重要的意义,对从事客房管理工作的专业人士来说也是一个挑战。

一、客房部开业筹备的任务与要求

客房部开业前的准备工作主要是建立部门运转系统,并为开业及开业后的运营在人、财、物等各方面做好充分的准备。

(一)确定客房部的管辖区域及责任范围

客房部经理到岗后,首先要熟悉饭店的平面布局,最好能实地察看。然后根据实际情况确定客房部的管辖区域及客房部的主要责任范围,以书面的形式将具体的建议和设想呈报总经理。在进行区域及责任划分时,客房部管理人员要从大局

出发,要有良好的服务意识。按专业化的分工要求,饭店的清洁工作最好归口管理,这有利于标准的统一、效率的提高、设备投入的减少、设备的维护和保养及人员的管理。职责的划分要明确,最好以书面的形式加以确定。

(二)设计客房部组织机构

要科学、合理地设计组织机构,客房部经理要综合考虑各种相关因素,如饭店的规模、档次、建筑布局、设施设备、市场定位、经营方针和管理目标等。

(三)制定物品采购清单

饭店开业前事务繁多,经营物品的采购是一项非常耗费精力的工作,仅靠采购部去完成此项任务难度很大,各经营部门应协助其共同完成。无论是采购部还是客房部,在制定客房部部门采购清单时,都应考虑到以下一些问题:

(1)本饭店的建筑特点。物品采购的种类和数量与建筑的特点有着密切的关系。例如,通常客房楼层多需配置工作车,但对于某些别墅式建筑的客房楼层,工作车就无法发挥作用;再者,某些清洁设备的配置数量与楼层的客房数量直接相关,对于每层楼有 18 间～20 间左右客房的饭店,客房部经理就须决定每层楼的主要清洁设备是一套还是两套。此外,客房部某些设备用品的配置还与客房部的劳动组织及相关业务量有关。

(2)行业标准。国家旅游局于 1996 年 7 月 1 日发布了《星级饭店客房客用品质量与配备要求》的行业标准,客房部经理们应参照最新颁布的《旅游饭店星级的划分与评定》(GB/T14038－2003)中的新规定,制定采购清单。

(3)本饭店的设计标准及目标市场定位。客房管理人员应从本饭店的实际出发,根据设计的星级标准,参照国家行业标准制作清单,同时还应根据本饭店的目标市场定位情况,考虑目标客源市场对客房用品的配备需求。

(4)行业发展趋势。饭店管理人员应密切关注本行业的发展趋势,在物品配备方面应有一定的超前意识,不能过于传统和保守。例如,饭店根据客人的需要在客房内适当减少不必要的客用品,就是一种有益的尝试。

(5)其他情况。在制定物资采购清单时,有关部门和人员还应考虑其他相关因素,如客房出租率、饭店的资金状况等。

采购清单的设计必须规范,通常应包括下列栏目:部门、编号、物品名称、规格、单位、数量、参考供货单位、备注等。此外,部门应在制定采购清单的同时确定有关物品的配备标准。

(四)协助采购

客房部经理虽然不直接承担采购任务,但这项工作对客房部的开业及开业后的运营工作影响较大,因此,客房部经理应密切关注并适当参与采购工作。这不仅可以减轻采购部经理的负担，而且还能在很大程度上确保所购物品符合要求。客房部经理要定期对照采购清单检查各项物品的到位情况，而且检查的频率应随着开业的临近而逐渐加大。

(五)参与或负责制服的设计与制作

客房部参与制服的设计与制作是饭店行业的惯例，因为客房部负责制服的洗涤、保管和补充，客房部管理人员在制服的款式和面料的选择方面，往往有其独到的鉴赏能力。

(六)编写部门运转手册

运转手册是部门的工作指南，也是部门员工培训和考核的依据。一般来说，运转手册可包括岗位职责、工作程序、规章制度及运转表格等部分。

(七)参与员工的招聘与培训

通常，客房部的员工招聘与培训须由人事部和客房部共同负责。在员工招聘过程中，人事部根据饭店工作的一般要求，对应聘者进行初步筛选，而客房部经理则负责把好录取关。培训是部门开业前的一项主要任务，客房部经理须从本饭店的实际出发，制定切实可行的部门培训计划、选择培训部门和培训员、指导其编写具体的授课计划、督导培训计划的实施并确保培训工作达到预期的效果。

(八)建立客房档案

开业前即开始建立客房档案，对日后的客房管理具有特别重要的意义。很多饭店的客房部就因在此期间忽视该项工作，而失去了收集大量第一手资料的机会。

(九)参与客房验收

客房的验收一般由基建部、工程部、客房部等部门共同参加。客房部参与客房的验收能在很大程度上确保客房装潢质量达到饭店所要求的标准。客房部在参与验收前，应根据本饭店的情况设计一份客房验收检查表，并对参与验收的部门人员进行相应的培训。验收检查后，部门要留存一份检查表，以便日后跟踪检查。

(十)负责全店的基建清洁工作

客房部在全店的基建清洁工作中扮演着极其重要的角色。该部门除了负责客房区域的所有基建清洁工作外，还负责大堂等相关公共区域的清洁，此外，还承担着指导其他部门的基建清洁工作。开业前基建清洁工作的成功与否，直接影响着对饭店成品的保护。很多饭店就因对此项工作的忽视而留下永久的遗憾。客房部应在开业前与饭店最高管理层及相关负责部门共同确定各部门的基建清洁计划，然后由客房部的PA组对各部门员工进行清洁知识和技能培训，为各部门配备所需的器具及清洁剂，并对清洁过程进行检查和指导。

(十一)部门的模拟运转

客房部在各项准备工作基本到位后,即可进行部门模拟运转。这既是对准备工作的检验,又能为正式运营打下坚实的基础。

二、客房部开业准备计划

制定客房部开业筹备计划是保证部门开业前工作正常进行的关键。开业筹备计划有多种形式,饭店通常采用倒计时法,来保证开业准备工作的正常进行。倒计时法既可用表格的形式(见表 14-1),又可用文字形式表述。

表 14-1 客房部开业前准备工作计划

时间 / 进度 / 项目	季度			季度			季度			备注
	月	月	月	月	月	月	月	月	月	

例:《某饭店客房部开业前准备工作计划》

(一)开业前第 17 周

与工程承包商联系,这是工程协调者或住店经理的职责,但客房部经理必须建立这种沟通渠道,以便日后的联络。

(二)开业前第 16 周至第 13 周

1. 参与选择制服的用料和式样。
2. 了解客房的数量、类别与床的规格等,确认各类客房方位等。
3. 了解饭店康乐等其他配套设施的配置。
4. 明确客房部是否使用电脑。
5. 熟悉所有区域的设计蓝图,并实地察看。
6. 了解有关的订单与现有财产的清单(布草、表格、客用品、清洁用品等)。
7. 了解所有已经落实的订单,补充尚未落实的订单。
8. 确保所有订购物品都能在开业前一个月到位,并与总经理及相关部门商定开业前主要物品的贮存与控制方法,建立订货的验收、入库与查询工作程序。
9. 检查是否有必备家具、设备被遗漏,在补全的同时,要确保开支不超出预算。
10. 如果饭店不设洗衣房,则要考察当地的洗衣场,草签店外洗涤合同。
11. 决定有哪些工作项目要采用外包的形式,并进行相应的投标及谈判。
12. 设计部门组织机构。
13. 写出部门各岗位的职责说明,制定开业前的培训计划。

14. 落实员工招聘事宜。

(三)开业前第12周至第9周

1. 按照饭店的设计要求,确定客房的布置标准。

2. 制定部门的物品库存等一系列的标准和制度。

3. 制定客房部工作钥匙的使用和管理计划。

4. 制定客房部的安全管理制度。

5. 制定清洁剂等化学药品的领发和使用程序。

6. 制定客房设施、设备的检查、报修程序。

7. 制定制服管理制度。

8. 建立客房质量检查制度。

9. 制定遗失物品处理程序。

10. 制定待修房的有关规定。

11. 建立"VIP"房的服务标准。

12. 制定客房的清扫程序。

13. 确定客衣洗涤的价格并设计好相应的表格。

14. 确定客衣洗涤的有关服务规程。

15. 设计部门运转表格。

16. 制定开业前的员工培训计划。

(四)开业前第8周至第6周

1. 审查洗衣房的设计方案。

2. 与清洁用品供应商联系,使其至少能在开业前一个月,将所有必需品供应到位,以确保饭店"开荒"工作的正常进行。

3. 准备一份客房检查验收单,以供客房验收时使用。

4. 核定本部门员工的工资报酬及福利待遇。

5. 核定所有布件及物品的配备标准。

6. 实施开业前的员工培训计划。

(五)开业前第5周

1. 对大理石和其他特殊面层材料的清洁保养计划和程序进行复审。

2. 制定客用物品和清洁用品的供应程序。

3. 制定其他地面清洗方法和保养计划。

4. 建立OK房的检查与报告程序。

5. 确定前厅部与客房部的联系渠道。

6. 制定员工激励方案(奖惩条例)。

7. 制定有关客房计划卫生等工作的周期和工作程序(如翻床垫)。

8. 制定所有前后台的清洁保养计划,明确各相关部门的清洁保养责任。

9. 建立客房部和洗衣房的文档管理程序。

10. 继续实施员工培训计划。

(六)开业前第4周

1. 与财务部合作,根据预计需求量,建立一套布件、器皿、客用品总库存标准。

2. 核定所有客房的交付、接收日期。

3. 准备足够的清洁用品,供开业前清洁使用。

4. 确定各库房物品存放标准。

5. 确保所有客房物品按规范和标准上架存放。

6. 与总经理及相关部门重新审定家具、设备的数量和质量,做出确认和修改。

7. 与财务总监一起准备一份详细的货物贮存与控制程序,以确保开业前各项开支准确、可靠、合理。

8. 如饭店自设洗衣房,则要与社会商业洗衣场取得一定的联系,以便在必要时可以得到必要的援助。

9. 继续实施员工培训计划。

(七)开业前第3周

1. 与工程部经理一起核实洗衣设备的零配件是否已到。

2. 正式确定客房部的组织机构。

3. 根据工作和其他规格要求,制定出人员分配方案。

4. 取得所有客房的设计标准说明书。

5. 按清单同工程负责人一起验收客房,确保每一间房都符合标准。

6. 建立布件和制服的报废程序。

7. 根据店内缝纫工作的任务和要求,确定需要何种缝纫工,确立外联选择对象,以备不时之需。

8. 拟订享受洗衣优惠的店内人员名单及有关规定。

9. 着手准备客房的第一次清洁工作。

(八)开业前第2周

1. 开始逐个打扫客房,配备客用品,以备使用。

2. 对所有布件进行使用前的洗涤,全面洗涤前,必须进行抽样洗涤试验,以确定各种布件在今后营业中的最佳洗涤方法。

3. 按照工程交付计划,会同工程负责人逐个验收和催交有关区域和项目。

4. 开始清扫后台区域和其他公共区域。

开业前的准备工作计划是客房部经理开业前的工作指南。客房部经理应根据计划安排,落实各项准备工作,并在工作过程中对出现的偏差及时加以调整。

三、开业前的试运行

开业前的试运行往往是饭店最忙、最易出现问题的阶段。对此阶段的工作特点及问题的研究有利于减少问题的出现,确保饭店从开业前的准备到正常营业的顺利过渡。客房部的管理人员在开业前试运行期间应特别注意几个方面的问题。

(一)持积极的态度

饭店进入试营业阶段后很多问题会显露出来。对此,部分客房管理人员会表现出急躁情绪,过多地指责下属。正确的方法是持积极的态度,即少抱怨下属,多对下属进行鼓励,帮助其找出解决问题的方法。在与其他部门的沟通中,不应把注意力集中在追究谁的责任上,而应研究如何解决问题。

(二)经常检查物资的到位情况

前文已谈到了客房部管理人员应协助采购、检查物资到位情况。实践中很多饭店的客房部往往会忽视这方面的工作,以至于在快开业的紧要关头发现很多物品尚未到位,从而影响部门开业前的工作。常被遗忘的物品有工作钥匙链、抹布、报废床单、云石刀片等。

(三)重视过程的控制

开业前客房部的清洁工作量大、时间紧,虽然管理人员强调了清洁中的注意事项,但服务员没能理解或“走捷径”的情况普遍存在,如用浓度很强的酸性清洁剂去除污迹,用刀片去除玻璃上的建筑垃圾时不注意方法等等。这些问题一旦发生,就很难采取补救措施。所以,管理人员在布置任务后的及时检查和纠正往往能起到事半功倍的作用。

(四)加强对成品的保护

对饭店地毯、墙纸、家具等成品的最严重的破坏往往发生在开业前这段时间,因为在这个阶段,店内施工队伍最多,大家都在赶工程,而客房部这时的任务也最重,容易忽视保护,而与工程单位的协调难度往往很大。尽管如此,客房部管理人员在对成品保护的问题上不可出现丝毫的懈怠,以免留下永久的遗憾。

为加强对饭店成品的保护,客房部管理人员可采取以下措施:

(1)积极建议。饭店应对空调、水管进行调试后再开始客房的装潢,以免水管漏水破坏墙纸,以及试空调时大量灰尘污染客房。

(2)加强与装潢施工单位的沟通和协调。敦促施工单位的管理人员加强对施工人员的管理。客房部管理人员要加强对尚未接管楼层的检查,尤其要注意装潢工人用强酸清除顽渍的现象,因为强酸虽可除渍,但对洁具的损坏很快就会显现出来,而且是无法弥补的。

(3)尽早接管楼层,加强对楼层的控制。早接管楼层虽然要耗费相当的精力,但对楼层的保护却至关重要。一旦接管过楼层钥匙,客房部就要对客房内的设施、设备的保护负起全部责任。客房部应对如何保护设施设备做出具体明确的规定。在楼层铺设地毯后,客房部应对进入楼层的人员进行更严格的控制,此时,要安排服务员在楼层值班,所有进出人员都必须换上客房部为其准备的拖鞋。部门要在楼层出入口处放些废弃的地毯头,遇到雨雪天气时,还应安放报废的床单,以确保地毯不受到污染。

(4)开始地毯的除迹工作。一铺上地毯就强调保养,不仅可使地毯保持清洁,而且还有助于从一开始就培养员工保护饭店成品的意识,对日后的客房工作将会产生非常积极的影响。

(五)加强对钥匙的管理

开业前及开业期间部门工作特别繁杂,客房管理人员容易忽视对钥匙的管理工作,通用钥匙领用混乱及钥匙丢失是经常发生的问题,这可能造成非常严重的后果。客房部首先要对所有的工作钥匙进行编号,配备钥匙链;其次,对钥匙的领用制定严格的制度,例如,领用和归还必须签字,使用者不得随意将钥匙借给他人以及钥匙不离身等。

(六)确定物品摆放规格

确定物品摆放规格工作应早在样板房确定后就开始进行,但很多客房管理人员往往忽视该项工作,以至于直到要布置客房时,才想到物品摆放规格及规格的培训问题,而此时恰恰是部门最忙的时候,其结果是难以进行有效的培训,造成客房布置不规范,服务员为此不断地返工。正确的方法是将此项工作列入开业前的工作计划,在样板房确定之后,就开始设计客房内的物品布置,确定各类型号客房的布置规格,并将其拍成照片,进而对员工进行培训。有经验的客房部经理还将楼层工作间及工作车的布置加以规范,往往能取得较好的效果。

(七)把好客房质量验收关

客房质量的验收往往由工程部和客房部共同负责,作为使用部门,客房部参与验收对保证客房质量至关重要。客房部在验收前应根据本饭店的实际情况设计客房验收表,将需验收的项目逐一列上,以确保验收时不漏项。客房部应请被验收单位在验收表上签字并留备份,避免日后扯皮。有经验的客房部经理在对客房验收后,会将所有的问题按房号和问题的类别分别列出,以方便安排施工单位返工及本部门掌握对客房间状况。客房部还应根据情况的变化,每天对以上记录进行修正,以保持最新的记录。

(八)注意工作重点的转移,使部门工作逐步过渡到正常运转

虽然开业期间部门工作繁杂,但部门经理应保持清醒的头脑,将各项工作逐步引导到正常的轨道。在这期间,部门经理应特别注意以下问题:

(1)按规范要求员工的礼貌礼节、仪表仪容。由于楼层尚未接待客人、做基建清洁时灰尘大、制服尚未到位等原因,客房部管理人员可能尚未对员工的礼貌礼

节、仪表仪容做较严格的要求。但随着开业的临近,应开始重视这些方面的问题,尤其要提醒员工做到说话轻、动作轻、走路轻。培养员工的良好习惯是做好客房工作的关键所在,而开业期间对员工习惯的培养对今后工作影响极大。

(2)建立正规的沟通体系。部门应开始建立内部会议制度、交接班制度,开始使用表格;使部门间及部门内的沟通逐步走上正轨。

(3)注意后台的清洁、设备和家具的保养。应逐步实施各种清洁保养计划,而不应等问题变得严重时再去应付。

(九)注意吸尘器的使用培训

做基建清洁卫生时会有大量的垃圾,很多员工或不了解吸尘器的使用注意事项,或为图省事,会用吸尘器去吸大的垃圾和尖利的物品,有些甚至吸潮湿的垃圾,从而程度不同地损坏吸尘器。此外,开业期间每天的吸尘量要比平时大得多,需要及时清理尘袋中的垃圾,否则会影响吸尘效果,甚至可能损坏电机。因此,客房管理人员应注意对员工进行使用吸尘器的培训并进行现场督导。

(十)确保提供足够的、合格的客房

国内大部分饭店开业总是匆匆忙忙,抢出的客房也大都存在一定的问题。常出现的问题是前厅部排出了所需的房号,而客房部经理在检查时却发现所要的客房仍存在这样或那样一时不能解决的问题,而再要换房,时间已不允许,以至于影响到客房的质量和客人的满意度。有经验的客房部经理会主动与前厅部经理保持密切的联络,根据前厅的要求及饭店客房现状,主动准备好所需的客房。

(十一)使用电脑的同时,准备手工应急表格

不少饭店开业前由于各种原因,不能对使用电脑的部门进行及时、有效的培训,从而影响饭店的正常运转。为此,客房部有必要准备手工操作的应急表格。

(十二)加强安全意识培训,严防各种事故发生

客房管理人员要特别注意火灾隐患,施工单位在楼层动用明火要及时汇报。此外,还应增强防盗意识,要避免服务人员过分热情,随便为他人开门。

(十三)加强对客房内设施设备使用的培训

很多饭店开业之初常见的问题之一是服务员不完全了解客房设施设备的使用方法,不能给客人以正确的指导和帮助,从而给客人带来一定的不便,如不了解房内冲浪浴缸、多功能抽水马桶的使用等。

第二节 客房的更新改造

一、客房更新改造的目的与意义

饭店进行客房的更新改造主要出于两个方面的原因:一是饭店建造使用时间已很长,装潢和设备都已陈旧老化,继续使用不仅不能保持其设计水准,而且维护费甚高;二是饭店行业竞争日趋激烈,为了满足顾客不断变化的需求。目前,客房更新改造的周期在不断缩短。相当一部分饭店在刚开业后就把客房的更新改造列入议事日程,将其作为饭店周而复始、不间断进行的工作,以保持饭店的常新,使饭店的硬件始终保持领先地位。

在国内,也有较多饭店的更新改造是出于参与国家旅游局评星定级的需要,其中有相当一部分是为了升入更高一个星级。

二、客房更新改造方案的制定

(一)制定客房更新改造方案时应注意的问题

1.进行产品定位

饭店对客房进行改造不能随大流,不根据自身的特点、不管目标客源市场的需求,别人怎么改造,就跟着学,这本身就是个定位的误区。饭店管理层应对饭店的客源市场进行深入的调查,准确地进行市场定位,同时还应对供给市场进行分析。在此基础上,研究本饭店的特点,才可较好地对产品进行定位。

2.进行可行性研究

饭店经营能否取得成功,在很大程度上取决于饭店的投入是否合理。国内相当一部分饭店经营效益不高,除了市场和管理因素外,另外一个主要原因是改造时不做投入和产出的可行性分析和论证,也就是大家所说的盲目投资,过分追“星”。投入不合理、负债过重,致使饭店在日后的经营中无法创利。如果四星级饭店每间客房的综合平均造价达到或超过8万美元,按照1‰定价法,其房价表上的房价超过80美元,但在销售过程中能否达到这一房价标准还是个疑问。

3.重视设计

客房改造能否取得成功,设计也是重要因素。一些饭店只重视材料和设备的高档与豪华,却不注重设计,当然难以取得令人满意的整体效果。设计和装潢分开招标是确保提高设计效果的重要措施。相当一部分饭店为节省设计费用,请承担装潢的公司代为设计,通常难以取得理想的效果。将设计和装潢分开招标突出了设计的重要性，对设计提出了更高的要求，虽然看上去多花了一些费用，但这对于设计质量的保证、装潢的规范、监理的易操作性而言是十分经济的。

4. 聘请专业咨询公司

找到高水平的设计单位是改造成功的重要一步，但设计单位有其局限性。他们对饭店产品了解甚少，这种不足势必在其设计中反映出来。因此，有必要聘请专业咨询公司或饭店业资深人士作为顾问，参与饭店改造方案的审定，以确保方案满足饭店业的特殊需要。

5. 饭店相关管理人员的参与

让饭店相关管理人员尤其是客房部经理参与更新改造方案的制定，能使方案更加科学合理。

(二)客房更新改造方案应体现的特点

1. 前瞻性

要在设计、用材、科技含量及预计客人需求方面具有一定的超前性。

随着信息时代的到来，客人尤其是商务客人对饭店的通讯条件提出了更高的要求。商务客人希望饭店的客房能安装两部电话，每部电话两根线，以满足携带电脑客人的需求及避免电话占线；将来的饭店甚至会在客房内安装无绳电话，以便客人在客房内的任何地方及饭店内的其他区域接收电话。部分高档客房还会在客房内配置传真机，留出互联网的接口。

电视将成为客房中的沟通中心，除了提供正常的电视节目和收费电影节目外，饭店还通过电视系统为客人提供店内服务设施、市内旅游、购物、用餐、娱乐等各种信息。客人可以通过电视预订房内用膳、选看电影、订购商品、查看个人在饭店内的消费情况等。所以，电视屏幕的尺寸将趋大，客房业管理专家认为，将来的电视屏幕尺寸应不小于27英寸。

办公桌的面积应加大。为方便摆放电脑，桌面高度则应降低。一些饭店的办公桌极大，上面放置传真机及打印机，配有调制解调器，并安装了更多的插座。座椅应更加舒适，至少应有轮子，高低最好能够调节，以满足客人办公和休息的需要。

出于对安全的考虑，国内大部分饭店在客房内不配备熨斗和烫衣板。但随着生活节奏的加快，客人越来越讲求效率和实用，他们不愿将衣物送洗衣房熨烫并不是出于对费用的考虑，而是出于方便的原因。因此，饭店应该考虑在客房内配备熨斗和烫衣板。

客房内配备电热水煲对方便客人及节省人力都有其积极的意义。在更新改造时应在恰当的位置留出电源插座。

2. 特色性

随着我国旅游事业的发展，饭店业已由卖方市场转为买方市场，传统的客房类型和格式化的装潢布置已很难以满足市场的需求，个性化的设计在更新改造中就显得尤为重要。

客房的特色性、个性化可从多方面、多层次加以体现。例如：客房的结构可以摆脱以双床标准间为主的模式；家具的设计可突破三连柜、两张圈椅加一茶几的呆板布局；风格上要体现当地的独特文化；硬件配套上要有创新，不一定非在客房卫生间配置浴缸，在一些饭店或某些楼层完全可以用淋浴房取而代之。

3. 文化性

更新改造方案的文化性主要体现在两个方面：一是对客人文化的尊重，体现以人为本的精神；二是客房产品本身要有主题，要反映一种文化，最好是以当地的文化为主题。

重视对残疾人需求的考虑。随着时代的进步，残疾人的生活日益受到人们的关注。饭店的门厅要有残疾人出入坡道，有专为残疾人服务的客房，还要考虑到在饭店公共区域设置残疾人卫生间，或在公用卫生间内设置残疾人的专用厕座。

客房走廊两边的房门相对，不太尊重客人隐私，应该错开。客房门的位置最好能内退，既给客人充分的隐私，又便于清洁客房时停放工作车。

装潢的色彩、用品的选择要反映出设计主题。

4. 艺术性

更新改造方案不仅应满足功能性的需要，而且更要有艺术品位。除了考虑色彩的搭配，还应重视用品的选择。

老饭店的客房走道较单调，更新改造中采取布置艺术品、配以射灯、对管道井进行处理（局部内凹）等措施，会在很大程度上改变其形象，营造良好的艺术氛围。

对于房内地面装饰，在局部区域采用石料或地板，改变满铺地毯的做法，其视觉效果和实用性会得到提高。

为克服卫生间的冰凉感，可考虑地面满铺尼龙地毯。

5. 实用性

更新改造方案要尽可能考虑到日后饭店运营的需要。

国内绝大多数饭店的电视受控于床头控制板，不仅投资大、维修费用高，而且不方便客人使用，也不利于客房服务工作。实际上遥控器完全可以解决电视的开关控制问题，没有必要画蛇添足，多此一举。一些饭店使用的床头触摸式电子开关控制板实际上并不方便，尤其是在夜间，大部分老年客人不习惯，也很不喜欢。

公厕及客房卫生间门背后安装衣物挂钩，可以大大方便客人。

客房及卫生间要有门停，否则易造成壁橱及浴缸被撞坏。

热水管要尽可能避免使用镀锌材料，以防止造成热水发黄。

客房卫生间不设地漏,可减轻空气中的异味,并在一定程度上减少蚊虫。

一些饭店大堂等公共区域的烟筒由大理石制成,装饰性较强,却忽视了存放垃圾的功能。

从满足客人需求的角度出发,饭店要考虑配备吹风机,至少要将其列入租借客用品中。

6. 经济性

经济性一方面表现在更新改造费用低,另一方面表现在运营费用低。

更新改造应由追求高档材料变为重视设计,其效果往往会更好,这对低星级饭店尤为重要。

对于经济型饭店来说,可以考虑取消部分客房浴缸而改用淋浴,从而降低建造成本,并相应地增加卫生间空间。

走廊灯应间隔控制,以节约用电。

窗台使用木质材料,经日光暴晒易脱漆变形,而采用石料则可避免这一问题。

7. 舒适性

(1)尽可能为客人提供宽敞的活动空间。高档客房面积由原先的 20 多平方米向更大的方向发展,不少高级饭店的客房面积已达到 50 平方米。然而,饭店不可能不计成本地扩大客房面积,可以通过设计上的变化,增加客房的可利用面积,这主要表现在改变传统的家具式样上。如设计可伸缩的写字台,将桌子制成有折板或抽屉夹层的式样,需要时可变成会议桌或餐桌;有些饭店取消客房中的梳妆台,这既增加空间,又与客房内的商务气氛相协调;还有些饭店收缩甚至取消大壁橱,改用开放式的挂衣架,或采用开放式的壁橱,以增加客房的空间或视觉空间。

(2)重视客房卫生间的设计和设备配套 。对于高星级饭店来说,应在可能的范围内扩大卫生间面积,卫生洁具可由原先的三大件(浴缸、面盆、马桶)向四大件(浴缸、面盆、马桶、净身盆)、五大件(浴缸、面盆、马桶、净身盆及淋浴房)发展;并向分室布局变化,如将卫生间分为三个区域,第一区是梳妆区域;第二区是封闭的淋浴、浴缸和抽水马桶;第三区是面盆、大小镜子,并配以明亮的灯光。有的卫生间还把抽水马桶单独隔离,既提高了隐秘性,又提高了卫生间的利用率。

卫生间的梳妆台镜子可采取防结露措施,并增设带放大功能的化妆镜,以方便女士化妆及男士剃须。在套房卫生间内除有电话分机外,还可考虑增加小电视,使客人随时可收看政治、经济新闻及客人关注的其他节目。在不安装小电视的卫生间内,也可接电视收音喇叭,使客人在卫生间也可了解电视节目的进展情况。

(3)提高客房照明亮度。客房的照明亮度尤其是供阅读的照明亮度有待提高,如果在行李架及马桶上方各安一盏灯,将会方便客人打点行李及上厕客人阅读。

(4)降低噪声。为降低噪声,卫生间排风宜采用管井集中排风。小冰箱最好选择吸收式的环保产品,它的最主要特点是丝毫没有噪声。

(5)重视水压设计。要重视水压的设计,避免出现水压过低尤其是靠近顶部的楼层水压过低的情况。水压过低会使洗澡的享受变为受罪,从而大大降低饭店产品的质量。

(6)注意细节问题。很多细节问题会影响到客房的舒适度。例如,越来越多的饭店为客人提供私人保险箱、互联网接口及不间断电源,如果在更新改造时能留出恰当的位置,则会大大方便客人。

8. 安全性

近年来,国家有关部门针对饭店安全出台了一系列法规,更新改造正好为饭店在这方面的整改提供了一个机会。

在更新改造时应对客房内的消防设施予以高度重视。客房走道及其他公共区域的火灾疏散指示灯应安装在墙的下方,以利于逃生时看到。

应淘汰机械门锁系统,转而使用电子门锁系统,使客房的安全性得到加强。

要配置客房门闭门器,消除安全隐患。

卫生间增加紧急呼人按钮,可以方便老、弱、病、残客人。

客房开关的负载在设计上要留有余地,以避免造成跳闸现象。

9. 易操作性

为使饭店更易于清洁和保养,更新改造时应特别注意以下问题:

(1)防尘。不让尘土进入大楼,要比清洁已经带进大楼里的尘土容易得多,通向大楼的走道表面应该是毛糙的,这样便可以吸住尘土。走道中间稍微拱起,这样水和冰就不易被带入大楼。此外,还应在大厅入口处设置格栅,格栅应铺满整个入口,横条与人流成直角,疏密得当,既保证尘土掉入下面的凹井中,又不易卡住鞋跟,如果入口装固定的格栅不方便,可使用防尘地垫。

(2)公共区域工作间。公共区域工作间应大小合适、设备齐全,以方便清洁工工作。但遗憾的是,有相当一部分饭店在平面设计时往往会忽略公共区域工作间。有些饭店尽管考虑了工作间,但工作间太小,水池装在墙上使用不便,门朝里开而放不下手推车或其他任何设备。

理想的工作间应该是6英尺×9英尺大小。水池装在地面上,一面墙上有挂钩,上面可挂很多用品(诸如吸尘器零件、软管和百洁刷盘等)。湿拖把可挂起,水往水池里滴。工作间内还应有一个两层货架,下层放化学清洁剂和其他较重的东西;上层可以放置面巾纸、卷纸、荧光灯管和百洁刷盘一类的东西。货架下面可放置操作推车、吸尘器和其他清洁工具。

(3)铺地。铺地选错地砖会加大清洁工作的难度。卫生间、厨房和其他一些灰尘较多、常需打扫的地方用瓷砖最为理想。瓷砖不论是形状还是颜色选择性很大,如选用恰当,则会非常赏心悦目。某些区域不一定非用地毯,一些餐厅可用花岗岩或强化复合木地板。

(4)色彩。地面最理想的颜色应该是和灰尘颜色相近。尽量不用单色地面,单色地面的缺陷是地面清洁或吸尘后会留下痕迹。理想的地毯色彩应该由三四种中间色组成,或者花图案。弹性地面也有两种色彩混合组成,一种基调色彩有点或有条,另一种色彩相夹其间。深色条纹可以掩盖橡胶鞋跟擦破地面留下的痕迹。

三、客房更新改造的实施与控制

将设计与装潢施工分开的做法是保证客房更新改造正常进行的关键。规范的设计为装潢施工的乙方确定了明确的施工标准,图纸的细节、规格、数量都有明确的标示,对于施工细节标准的解释权在于甲方。

传统的"交钥匙"统包法倚重于乙方的自觉性,而以赢利为目的的乙方是很难自我约束的。他们为甲方义务设计,不收设计费,但是却保留了对设计方案的解释和修改权,他们可能会经常通知甲方:某某材料现在市面缺货,建议用另一种材料,而所建议的这种材料价钱更低;某某造型放在这里不好看,建议换成别的造型,而事实上他们根本做不到;某某地面用花岗岩太滑了,建议用水磨石,而事实上是因为他们想要推销手头的积压材料。一个工程下来,这样的修改层出不穷,为的就是千方百计降低成本,获取最大利润。对此,外行的"甲方"确实防不胜防。

设计图由另外的专业公司设计,会更多地考虑饭店的实用效果和甲方的意愿,比起施工单位的考虑更加诚恳,更具有专业水准。个别细节的变换对于设计师的经济收益影响不大,他没有将花岗岩换成水磨石的动机和必要。

施工验收时,设计图更是成了"尚方宝剑"。验收工作也简单得多,该用的用了没有、用够没有、质量达标了没有,一目了然,不合要求的地方显而易见,施工方根本无法抵赖。这就是标准化的施工管理方法。

实行监理是客房更新改造工程质量的重要保障。对工程质量实行监理制,是国际上工程管理的重要手段。我国在重大工程项目上已开始实行监理制,但在饭店业的更新改造上能实实在在发挥监理作用的并不多。大多数饭店依靠筹建处的工程人员,他们的专业能力受到方方面面的限制,很难承担起专业的监理工作。而专业的监理员会按程序对工程质量进行检查,并做详细的记录,发现问题立即下达书面报告,督促施工单位按章行事,从而使整个施工有序地进行。

专业、高效率的改造班子是客房更新改造成功的基础。改造班子的负责人最好是由饭店总经理担任，工程部经理是班子成员。除此之外，饭店相关部门尤其是客房部的负责人，要经常到所辖区域察看，对工程的质量随时提出自己的看法。

筹建改造班子肩负着使工程保质保量、按时竣工的重任。在施工期间，要充分发挥设计师、监理员及饭店有关部门负责人的作用，同时还要协调好施工单位间所出现的问题。工程进度表是控制进度的重要工具，筹建改造班子应要求施工队根据甲方的要求制定出合理的工程进度表，并在施工过程中确保进度的落实。工地协调会能协调各施工队伍出现的问题，工程越临近结束，这样的协调会越频繁，在开业前甚至每天都要召集这样的协调会。

工程验收是工程质量控制的最后一关。客房部管理人员理所当然地要参与验收，他们的参与可在很多细节上使装潢质量达到设计的效果，并方便日后对所查出的问题进行跟踪检查。

本章小结

1. 客房部开业筹备工作千头万绪，“确定客房部的管辖区域及责任范围”等 11 项工作是开业筹备的主要任务，也是开业筹备工作的基本步骤，在此基础上进行进一步细化，就可以成为工作的指导方案和操作计划。

2. 客房的更新改造也要以市场需求为导向，不能简单地为更新而更新、为改造而改造。通过更新改造，既要使客房的面貌焕然一新，更要使客房产品更有个性、更有特色、更具竞争力。

复习与思考

1. 客房部开业筹备工作的任务有哪些？各项任务的要求是什么？
2. 制定一份模拟开业筹备计划。
3. 如何组织客房部的试运行？
4. 你是如何看待“客房的更新改造就是对客房设备的更换和对客房面貌的改变”这一观点与做法的？
5. 成功的更新改造应该符合哪些要求、达到哪些目的？
6. 在对客房更新改造工程进行监控的过程中，应该着重注意哪些问题？

第15章

客房部预算的编制与控制

课前导读

作为经营部门,客房部经营管理的最终目的就是要实现一定的经济效益。客房部预算就是以货币形式做出的客房部一定周期内经营活动和经济效益的详细的综合性计划。科学地编制、严格地执行和控制预算,就能使客房部经营过程中的各项费用开支得到有效的控制,最大限度地保证客房部利润目标的实现,使客房部的日常经营活动始终以预算为中心,以利润为目标,杜绝经营过程中的"经验"、"灵感"等主观盲目性的决策,从而提高客房部的经营管理水平。而预算的编制与控制又是一项比较复杂的工作,因此,增强预算管理意识、掌握预算编制与控制的理论和方法,并用这些理论与方法指导实际工作是本章的重点。

教学目标

- 认清预算管理的意义,增强经营管理工作中的预算管理的意识
- 了解预算的种类,掌握编制预算的方法
- 了解预算控制的主要环节以及预算控制的手段与方法
- 学会对预算控制结果进行考核

第一节　客房部预算的编制

一、预算的意义

预算就是以货币形式反映出来的计划,是企业对将来某经营周期内的经营活动和经济效益所做出的详细的、综合的计划。

客房部经营活动的最终目的是实现一定的利润,提高客房部乃至整个饭店的经济效益。为了保证利润目标的实现,客房部应加强对其经营活动的预算管理,即

在经营周期开始前,对客房部在经营期间内各种人力、物力和财力等资源的来源和使用情况以财务数据的形式提出计划指标、编制客房部预算、加强“事前”控制;在整个经营期间,实施各种管理措施、运用各种管理手段,保证经营活动按预算正常运行,进行“事中”控制;通过对经营期间的经营活动和经济效益的考核与分析,揭示影响客房部经济效益的具体原因,同时明确责任,并为修订下一个经营周期的预算提供依据,强化“事后”监督。这样,就能使客房部经营过程中的各项费用开支得到有效控制,最大限度地保证客房部利润目标的实现,使客房部的日常经营活动始终以预算为中心,以利润为目标,杜绝经营过程中的“经验”、“灵感”等主观性的决策,从而全面提高客房部的经营管理水平。

客房部加强预算管理对提高经营管理水平的重要意义主要体现为:

(1)制定目标,明确职责。在预算的编制过程中,客房部的经管人员必须对下一个经营周期内的各项经营活动做出计划,预测各项收支,并在确定客房部经营总目标的同时,明确各个职能岗位和各个环节的分目标,使客房部各层次管理人员都能明确预算执行过程中各自的职责,以预算来指导和控制经营期间的各项经营活动。

(2)科学安排,加强控制。为了保证经营总目标和分目标的实现,客房部的各级管理者要制定实现目标的具体计划和措施,对经营活动事先做好组织安排,协调各职能岗位和各环节的工作,科学、合理地使用人力、物力和财力等资源,加强对经营中各种资源利用及消耗的控制,以使用最少的投入取得最佳的经济效果。

(3)鼓舞士气,提高效率。客房部在制定经营目标时,还应制定出考核办法和奖惩制度。经过科学、合理的预算所制定的经营目标应是各级管理者和全体员工经过努力可以实现的目标。这样,就能充分调动全体员工的积极性,明确客房部的预算目标及实现这一目标所要采取的措施,密切配合,相互协调,提高效率,主动地、创造性地完成利润目标。

(4)提供预算执行情况考核的依据。经营周期一结束,就应将预算执行的实绩与预算进行对比,分析差异,做出业绩评价,而事先编制的预算则是考核客房部实际工作成绩的准绳。

由此可以总结出客房部实施预算管理的步骤,并构成一个个预算管理的周期:

步骤一:制定科学、合理的目标。客房部制定的经营目标,既要有一定的高度又必须从实际出发,充分考虑各种主观和客观因素。所谓科学、合理,即所定的目标应该是全体员工经过努力能够实现的,既保证其权威性,又具有可操作性。

步骤二:制定实现目标的计划。

步骤三:考核、评价实绩,分析原因,明确责任。在预算的执行过程中,应不断地对预算执行的实际结果与预算目标进行对比、评价,及时发现问题、找出原因、明确责任,以便采取必要的措施,改进工作,保证客房部经营目标的顺利实现。

步骤四:采取必要措施,及时改进今后的工作。这是客房部各级管理人员修正其经营管理工作的过程,也是提高其经营管理能力的过程,更是对客房部加强预算管理的最深远的意义之所在。

步骤五:总结经验,改进预算管理工作,提高预算管理水平。这是预算管理周期中的最后一个环节,也预示着下一个预算管理周期的开始。通过总结经验、改进工作,就能够不断地提高客房部以及整个饭店的预算管理水平。

二、预算的编制方法

(一)预算的种类

1.按预算的时间跨度,可分为长期预算和短期预算

长期预算通常为1~5年,其内容与企业的长期发展等重大举措有关。

短期预算一般以1年为周期,其内容与企业的日常经营活动有关,目的是提高经营管理水平,最终实现企业的长期预算目标。为了加强预算管理,短期预算通常保持与企业会计年度一致,一般还把年度预算按需要分解为季度预算或月度预算,甚至更小单位的预算,以便对预算执行情况进行评估与分析,及时调整经营活动,确保预算的顺利完成。

客房部实施预算管理,一般应编制短期预算,保证目标明确,分阶段、按步骤地完成经营任务。

2.按预算编制的目的与内容,可分为资本预算和经营预算

编制资本预算的目的是对企业的资金做出计划安排。因而其内容是企业长期使用的资产的采购计划和所需资金的供应来源。

编制经营预算的目的是提出经营目标,促使企业加强经营管理,提高经济效益,因此,其内容是营业收入和营业费用开支项目的预测指标。

客房部应通过编制与执行经营预算来强化经营管理。至于资本预算,则通常由饭店统一编制。

3.按预算涉及的范围,可分为部门预算和总预算

部门预算针对某一特定部门而编制,因此,所有内容均只与某部门有关;总预算则是企业各部门预算的汇总,既包括各部门经营指标,又包括各类资本预算。

提供给客房部进行预算管理的预算应以客房部部门预算为主。

综上所述,客房部应编制本部门年度(一般还要细分为季度和月度)经营预算。

(二)预算编制的程序

由于编制经营预算的目的是帮助饭店各级管理人员和全体员工明确经营目标及实现这一目标的计划与措施,以便对经营活动和经营效益加强控制,所以,各级管理者和全体员工均应关心、参与经营预算编制的全过程。

编制经营预算应经过一个由下而上、再由上至下的过程。具体步骤如下:

(1)确定经营周期内的经营目标。一般包括销售指标、费用指标和利润指标等。

(2)收集资料,并进行分类与评价。这项工作要求很高,工作量也很大。客房部经营预算编制人员,必须广泛收集同行的有关资料,并征求本部门各级管理者和员工的意见。

(3)由各部门自行编制部门经营预算草案。

(4)在部门经营预算草案的基础上,由饭店财务部门编制整个饭店的经营预算。

(5)经过饭店财务预算会议或常设的预算委员会讨论、协调与修改,最终确定饭店经营预算和包括客房部在内的各部门经营利润指标。

(6)将饭店经营利润指标和部门经营利润指标下达给各部门。并就部门预算草案修改的原因做出充分的解释,使部门各级管理者和员工认可新的预算。

(7)各部门将预算指标分解,下达给各层次管理者和员工。客房部经营预算中的销售指标,应分解给销售部门和前厅部,费用指标则主要应下达给部门内各级管理人员和各岗位、各环节的员工,做到职责明确。

(8)与预算编制相配套,制订预算执行业绩的奖惩制度,责、权、利挂钩,实行目标管理,充分发挥预算的控制作用。

(9)经饭店总经理或董事会批准后实施。

(三)预算编制的方法

1.固定预算法

预算的编制方法很多,传统的编制方法称为固定预算法。它是根据客房部下一个经营周期内业务发展情况和经营活动计划,不考虑经营期内经营活动可能发生的各种变化而编制预算的方法。

固定预算法以客房部历史经营资料为基础,按预定的下一个经营周期的销售量、费用开支和利润目标的增长率或递减率,来编制客房部下一年度和年度内各月份的经营预算。预算一经确定,在经营周期内预算执行过程中,一般不再对预算指标做任何的修改,具有相对固定性。

用固定预算法编制客房部经营预算简便易行,但缺乏科学性、先进性和实用性。因为饭店业市场变化莫测,影响饭店经营的内外部因素很多,饭店的经营目标应随着经营活动的变化而改变。为了实现经营目标,客房部各级管理人员和员工也应及时地调整控制措施。所以,用固定预算法编制的客房部经营预算不能很好地发挥经营的控制职能,更不能作为衡量客房部经营实绩的标准。

2. 滚动预算法

滚动预算法又称连续预算法,即预算期是连续不断的,始终保持某个固定的期限。具体操作时,可按季度或月份编制滚动预算。

以客房部年度月滚动预算为例,在客房部经营预算执行了一个月后,应对客房部的预算执行结果进行评价与分析,并考虑到各种经营因素的变化,及时地调整原定的客房部年度经营预算指标,并在原来的年度预算期末,后续下一个月的经营预算,使预算期始终保持在12个月。

采用滚动法编制经营预算的优势是:

(1)保持了预算的连续性和完整性,并且促使经管人员制定或关注饭店的经营目标,思考饭店经营的未来,迫使各级管理人员和员工始终"向前看"。

(2)促使各级管理人员始终对经营活动做周密的考虑和详细的计划,确保饭店的经营活动以利润为目标,以预算为中心。

(3)通过不断地调整原预算,使预算更符合饭店经营的实际,提高了它的实用性,既有利于调动各级管理人员和员工的积极性,更有利于发挥预算在饭店经营管理中的控制作用。

因此,客房部在编制客房部经营预算时应采用滚动预算法。它不但能提高客房部预算编制的水平,更能提高客房部经营管理的水平。

(四)客房部经营预算的编制

客房部的经营预算由营业收入预测、营业费用预测和营业利润预测构成。

1. 营业收入预测

营业收入预测是客房部经营预算编制工作的起点,营业费用预测和营业利润预测都是在此基础上进行的,所以,必须尽力保证营业收入预测的精确性。

营业收入较难预测,客房部可利用历史经营财会数据、参考同规模客房部的预测平均值,并综合考虑自身的经营能力、预算期的经营计划、现实经济状况和市场竞争因素等,最后做出预测。

在预算期内,直接影响客房部的经营能力和营业收入的内部因素有:

(1)某类客房可供出租的间数;

(2)可供出租的某类客房的出租率;

(3)可供出租的某类客房的平均房价;

(4)预算期内的营业天数。

在进行客房部营业收入预测时,可以在综合考虑了各种因素后,直接预测出预算期内的营业收入指标；也可以充分利用上述四个因素，先运用下列公式进行预测，再根据各种外部因素进行调整，最终将营业收入预测数据确定下来。

$$\text{客房部某类客房营业收入}=\text{该类客房平均房价}\times\text{该类客房可供出租间数}\times\text{该类客房出租率}\times\text{预算期营业天数}$$

例：某饭店客房部每天可供出租标准双人房为 100 间，预计该类客房年平均出租率为 60%，该类客房的平均房价为 200 元/间天。

$$\text{该饭店标准 2 人房年营业收入}=\text{标准 2 人房平均房价}\times\text{标准 2 人房日可供出租间数}\times\text{标准 2 人房年平均出租率}\times\text{年营业天数}$$

$$=200\text{ 元/间天}\times100\text{ 间}\times0.6\times365\text{ 天}=438\text{ 万元}$$

客房部可以用同样的方法，预测出其他类型客房的年营业收入，将各种类型客房的年营业收入预测数据相加，即可得到客房部的年营业收入预测总数。

用这种预测方法来编制客房部营业收入预测需要更多的信息，对预算编制人员而言，在操作时会增加很多工作量，也会带来很大的难度。但在上面的公式里，各类可供出租的客房数和预算期营业天数是预算编制时就可以确定的，只有客房出租率和某类客房的平均房价是未知的。它们会受饭店经营情况、市场竞争和客房利用率等因素的影响，经常发生变动，客房部应根据各种相关因素的变化对客房出租率和平均房价的影响，利用上述公式，重新预测客房部的营业收入，并及时地调整客房部经营预算中的营业收入数据。

2. 营业费用预测

为了获得营业收入，客房部经营过程中会发生各种人力、财力和物力的耗费，在饭店财务核算时，称之为客房部的营业费用。客房部的各项费用开支通常有：

管理人员和员工的工资及各项福利费开支；各种物料消耗；低值易耗品的摊销；固定资产折旧；各项维修费用；水、电费开支；洗涤费；邮电费；运杂费；差旅费；燃料费；广告费；保险费等。

此外，客房部还要依法缴纳以营业税金为主的各项税金和基金。在有些饭店里，客房部还被要求分摊饭店的部分共同性费用，如管理费用等。

上述各项费用的开支水平直接影响着客房部的盈利能力，因此，在编制客房部经营预算时，同样需要精确地做出营业费用的预测。

我们不难发现，随着客房部经营活动的开展，在一定经营期间和一定业务量范围内，各项费用开支会随着业务量的增减变化而发生不同情形的变化。有的费用开支不受业务量增减变化的影响，总额始终保持不变；有的随业务量的增减，总额随之呈正比例变化；更有的总额的变化与业务量的增减不存在任何数量关系，呈无规律变化形态。在编制客房部经营预算时,如果能了解各项费用开支的以上习性,掌握了各项费用开支与业务量之间存在的数量关系,就能够较精确地预测客房部的营业费用了。

(1)固定成本的预测

固定成本是指一定经营期间和一定业务量范围内,总额随着业务量的变化而始终保持固定不变的各项费用开支。

客房部经营中的一部分营业费用属于固定成本。它们通常有:管理人员的工资及福利费、固定资产折旧费、保险费、处于合同期内的广告费和支付的租金等。它们都有着共同的特性,即总额不受经营情况的影响,始终保持固定不变。

要预测客房部的固定成本,就应该利用客房部的历史财会数据,参考同行的水平,并根据客房部在预算期内的经营策略和计划,确定其预算指标。预算指标确定后,在经营条件不变时,预算期内的固定成本总额始终保持不变。

例:某饭店客房部上一个经营期内的管理人员工资及福利费开支为 10 万元,若该客房部无意对此项开支做改动,在编制下一个预算期的经营预算时,其管理人员工资及福利费开支应为多少?

很显然,管理人员工资及福利费开支属于客房部的固定成本,其总额不受下一个经营期内的业务量增减变化的影响,所以,其金额仍然应为 10 万元。

在客房部经营过程中,固定成本并不会永远保持不变,它们或者会因为某一经营期间管理人员做出的某项决策而发生变化,如增减广告费开支;或者因为业务量的增减超出了某一范围,需要增减员工而引起工资和福利费开支增减等。这些因素会导致固定成本总额发生变化,预测时应加以考虑。

(2)变动成本的预测

变动成本是指在某一经营期间和一定业务量范围内,随着业务量的增减,总额随之发生近乎于正比例变化的各项费用开支。

客房部提供给客人的一次性消耗用品的耗费和营业税金等基本属于变动成本。

例:某饭店客房部为客人提供的一次性消耗品定额平均为 25 元/间天。

该类物品消耗的总额,随着客房销售量的增加而发生变化。

客房出租间天数	单位定额(元/间天)	成本总额(元)
0	25	0
10	25	250.-
100	25	2 500.-
1 000	25	25 000.-

可见,变动成本总额与业务量之间存在着正比例关系,因此,当客房部的营业收入预测已完成,并且在预算期内的客用一次性消耗品定额不变,我们就能确定该饭店客房部变动成本总额与业务量之间的比例关系,再运用下列公式预测客房部预算期内的变动成本总额:

某销量下的变动成本总额 = 销量 × 单位变动成本

例:某客房部预计预算期内的客房出租间天数为 43 800 间天,该客房部客用一次性消耗品的年消耗额为多少?

年变动成本总额 = 年销量 × 单位变动成本
= 43 800 间天 × 25 元/间天 = 109.50 万元

变动成本总额与业务量之间存在正比例关系的前提条件是在某一经营期间和一定业务量范围内,单位变动成本不变。当单位变动成本变化后,这个比例关系一定会改变。客房部经营过程中,由于受各种因素的影响,单位变动成本很难保持不变,在进行变动成本预测时必须意识到这一点,及时地调整单位变动成本,以保证变动成本预测的精确性和权威性。

(3)半变动成本的预测

客房部经营过程中的费用开支与业务量之间并不存在直接的比例关系,如水费、电费、邮电费、员工工资及福利费等,随着业务量的变化,绝大部分费用开支的总额均呈无规律的变化,但如果仔细分析的话,费用开支又大多与业务量之间存在着部分联系,其发生额随业务量的增减而发生变化的方式有:

①阶梯式。即当业务量在一定范围内时,某些费用开支总额固定不变,但当业务量超过某一范围后,费用总额会随即发生规律性、跳跃性的变化。与固定成本相比较,这一类成本的总额保持固定不变的业务量范围较小,如按工作量计酬的员工工资支出。当客房部的客房出租间天数在某一较小范围内波动时,客房部不需增减客房清扫员的人数,客房清扫员的工资总额基本保持不变;但当客房出租间天数超出一定范围后,客房部必须增加客房清扫员,这时,客房清扫员的工资总额会随着业务量的增加而发生近乎正比例的变化;在这一客房出租间天数附近的业务量范围内,客房清扫员的工资总额又暂时保持相对固定;但当客房部的业务量再次突破某一范围后,客房清扫员的工资开支总额,又会随着发生近乎正比例的变化……

如果用数学模型来描绘这类费用的变化情形,会呈现阶梯状。

②坡式。在客房部经营过程中,不论经营情况如何,绝大部分公用事业费用始终会发生,如水费、电费和邮电费等。只是当业务量为零时,其发生额会较低,这是基数;当业务量逐渐增加后,其总额会随之发生近似于正比例的变化。

如果用数学模型来描绘这类费用的变化情形，会呈山坡状。

③折线式。这一类费用开支与业务量之间不存在明显的规律性数量关系，随着业务量的增减变化，总额时高时低，如客房部的差旅费开支。

用数学模型来描绘这类费用的变动情形，会表现为无规律的折线。

上述三种类型的费用开支，当业务量在较小范围内固定不变时，其总额保持不变；但当业务量超出这一较小范围时，其总额就随之发生近似于正比例的变化。从总的趋势来看，随着业务量的增减变化，上述各项费用开支的总额会随之变化，但其中，又始终有保持固定不变的成分，所以，我们称这三种类型的费用开支为半变动成本。

客房部进行阶梯式半变动成本预测时，可以借鉴同类企业的资料，结合本客房部的实际情况，依据收入预测数据，用类似于变动成本预测的方法来进行预测。对于折线式半变动成本，由于业务量与其不存在数量关系，就必须换一种业务活动基数来进行预测，如前述的差旅费，以出差人天为基数，在预定差旅费标准后，用出差人天数来进行预测，也可以通过预定客房部年度总额的方法进行预测，而对于在半变动成本中占绝大多数的坡式半变动成本，则要困难得多。因为不论业务量如何，它们始终有一个不变的基数，在此基数上，随着业务量的增加而成正比例变化。于是，我们就必须先分析出其固定不变的基数和随着业务量的增减而发生的变动规律，然后才可以进行预测。

通常，我们必须依赖于客房部的历史财会数据，借鉴同行的平均水平，再结合客房部预算期内的经营计划等来进行预测。最易懂、最易行的预测方法是高低点法。

例：客房部近五个正常经营年份的水费发生数额和业务量的相关资料如下：

表 15－1　客房部近 5 个正常经营年度水费开支资料

月　份	出租间天数	水费(元)	月　份	出租间天数	水费(元)
1月	3 590	8 500. -	7月	2 310	8 250. -
2月	3 400	8 490. -	8月	2 510	8 300. -
3月	2 690	8 300. -	9月	3 830	8 700. -
4月	3 020	8 290. -	10月	4 900	8 900. -
5月	3 110	8 430. -	11月	2 620	8 400. -
6月	2 800	8 300. -	12月	3 210	8 500. -
			合计	37 990	101 360. -

我们可以运用高低点法，来分析该客房部水费开支水平与其业务量之间存在

的数量关系。

第一步:求平均变动率

观察上列数据,很容易看出,客房部的水费开支总额随着业务量的增减而增减。在全年中,10 月份业务量最大,平均出租客房4 900间天,水费开支也最高,为 8 900 元;7 月份业务量最小,平均出租客房 2 310 间天,发生水费开支 8 250 元,也为全年各月份中之最低。全年各月份发生水费开支最大差额为 650 元(10 月份的 8 900 元,7 月份的 8 250 元),是由业务量最大差异(10 月份4 900间天,7 月份 2 310间天)2 590间天引起的。运用全年业务量最高点和最低点的两组数据,可以观测出客房部水费开支总额随业务量增减变化而发生变动的规律,即求出全年水费平均变动率。

$$\text{水费年平均变动率}=\frac{\text{业务量最高点水费}-\text{业务量最低点水费}}{\text{业务量最高点}-\text{业务量最低点}}$$

$$\text{即:消费年均变动率}=\frac{8\ 900\text{ 元}-8\ 250\text{ 元}}{4\ 900\text{ 间天}-2\ 310\text{ 间天}}\approx 0.25\text{ 元/间天}$$

即客房部平均每多出租 1 个间天的客房,水费就会增加 0.25 元。

第二步:求变动部分

水费开支是典型的半变动成本。所以任何时候其总额都应由两个部分组成,即当业务量为零时的固定基数,和随着业务量增减而增减的变动部分,可以用下列等式来表示:

$$\text{水费总额}=\text{固定基数}+\text{变动部分}$$

我们任选最具代表性的业务量处于最高或最低点时的一组数据来讨论。从上列一组数据得知,当客房部业务量在最低点 2 310 间天时,月水费总额为 8 250 元。在第一步中,通过求平均变动率,我们已经得知该客房部水费平均变动率为 0.25 元/间天,那么,当业务量为最低点 2 310 间天时,客房部的水费应比固定基数增加多少呢? 我们可以用下列公式求出:

$$\text{变动部分}=\text{业务量变化幅度}\times\text{平均变动率}$$

$$\text{即:变动部分}=(2\ 310\text{ 间天}-0)\times 0.25\text{ 元/间天}=577.50\text{ 元}$$

即因出租了 2 310 间天客房,客房部的水费在固定基数上增加了 577.50 元。

第三步:求固定基数

该客房部出租 2 310 间天客房时,水费为 8 250 元。而从第二步的计算结果又可得知，由于出租客房 2 310 间天，客房部的水费在其固定基数上增加了 577.50 元。作为半变动成本，水费的总额应用下列等式表达：

水费总额 = 固定基数 + 变动部分

即：水费中的固定基数 = 水费总额 - 变动部分

本例中，客房部水费固定基数 = 8 250 元 - 577.50 元 = 7 672.50 元

我们又得到了客房部近年来水费月平均固定基数为 7 672.50 元。

通过以上三个步骤，我们分析出了该客房部水费开支水平与业务量之间的数量关系，用公式表示为：

某业务量时的水费 = 7 672.50 元 + 0.25 元/间天 × 业务量

用高低点预测法完成客房部营业收入预测后，就可以运用水费计算公式，预测不同业务量下的水费总额。同样，用这种方法对其他半变动成本进行预测，我们就可以将客房部的各项费用开支分解为固定和变动两个部分。

高低点预测法是从一组数据中用业务量最高点和最低点的两组代表性数据来发现半变动成本的变动规律的。其缺点是不够精确，但只要坚持使用具有代表性的数据（如：正常年份、月份的业务量最高点和最低点的数据），并且方法正确，也不失为一种计算简便、迅速的预测方法。

进行半变动成本分析的方法还有散布图法和最小二乘法等。前者运用数学平面几何中坐标图上的散布图，来描绘半变动成本与业务量之间的关系。其优点是直观，缺点则是不够精确，受人为因素影响较大。后者是充分运用一组数据中的所有数据，如上例中 12 月份的数据，从中发现半变动成本与业务量之间的变动关系，所以，其预测结果是最精确和最可信的。但这种预测方法必须要经过一系列复杂的数学运算，因而，预测速度较慢，如果借助计算机，将很容易实现。本书中将不对散布图法和最小二乘法做详细的介绍。

3. 经营利润预测

在完成了营业收入预测和营业费用开支预测后，我们即可运用下列公式进行客房部经营利润的预测：

客房部某业务量时的利润 = 该业务量时的营业收入 - 该业务量时的各项费用开支

经上述预测，由客房部自行编制的部门经营预算草案即可完成。

但在编制经营预算时，客房部预算期内的目标利润通常已经确定。从客房部

经营预算编制的三个步骤可以看出，客房部预算期内的营业收入和营业费用开支水平直接决定着客房部的获利能力，影响其经营的效益。客房部经营过程中的收入、费用和利润之间存在着相互依存、相互影响的关系。如前面所做的分析，在经营条件不变的前提下，客房部营业收入、营业费用开支中的绝大部分都与其业务量之间有着密切的关系，于是，在编制经营预算时，有必要再对客房部经营过程中的成本、业务量和利润之间的关系做进一步的研究，从而帮助我们编制客房部的经营预算，在管理会计学中称作“本—量—利”分析。

如前所述，客房部经营中发生的各项费用开支，与其业务量之间存在着固定、变动和半变动三种关系，在“本—量—利”分析前，必须先运用半变动成本分解的方法，将客房部的营业费用开支分解为固定和变动两个部分，然后，再利用营业收入与利润之间的关系、费用开支与利润之间的关系，对客房部进行盈亏平衡点分析和目标利润分析。

(1)盈亏平衡点分析

盈亏平衡点又称保本点，指客房部正常经营中正好处于不盈不亏状态时的业务量。盈亏平衡点的表现形式有两种：一种用实物量来表示，称保本销售量；另一种则以货币形式表示，称保本销售额。

在客房部编制经营预算时，保本点是一个很重要的经营指标。它应是客房部经营的业务量最低限。当实际业务量高于保本点时，客房部将获取一定的利润；而当实际业务量低于保本点时，客房部无疑将发生亏损。

在编制客房部经营预算时，除应对客房部的营业收入和营业费用开支进行预测外，还可对其进行盈亏平衡点分析，预测预算期内客房部的保本业务量(额)。通过对保本业务量(额)可行性的分析，来预测客房部经营目标的可行性。

保本点预测是利用客房部经营过程中成本、业务量和利润之间的相互关系，再将客房部的各项费用开支按成本习性分解为固定和变动两部分后进行的。因此将客房部经营中的各项费用开支进行固定、变动两部分的分解，是必做的准备工作。其分解方法已在费用开支预测时做了详述。下面主要介绍保本点的预测方法。

由于保本点就是盈亏平衡点，因此，当客房部业务量达到保本点时：

$$\text{客房部年营业收入} = \text{客房部年固定成本总额} + \text{客房部年变动成本总额}$$

客房部的营业收入和变动成本总额，都与其业务量之间存在着数量关系，因此，上式可写成：

$$\text{客房部年客房出租间天数} \times \text{平均房价} = \text{客房部年固定成本总额} + \text{客房部年客房出租间天数} \times \text{单位变动成本}$$

这里的单位变动成本指客房部每出租 1 个间天客房而发生的变动成本额。

将上式整理后，就可推导出：

$$\text{达到保本点时客房部的年客房出租间天数}=\frac{\text{年固定成本总额}}{\text{平均房价}-\text{单位变动成本}}$$

例：客房部经营预算编制人员分析出客房部的年固定成本总额为 511 万元，预算期内的平均房价将为 200 元/间天，单位变动成本将为 60 元/间天。预测客房部保本点的方法如下：

$$\text{客房部保本年销量}=\frac{\text{年固定成本总额}}{\text{平均房价}-\text{单位变动成本}}$$

$$=\frac{5\ 110\ 000\text{元}}{200\text{元/间天}-60\text{元/间天}}=36\ 500\text{间天}$$

$$\text{客房部保本日销量}=\text{保本年销量}\div 365$$

即：客房部保本日销量 = 36 500 间天 ÷ 365 = 100 间天

这个计算结果告诉我们，当预算期内客房部日出租客房 100 间天时，就可达到盈亏平衡点，而当日销量超过 100 间天时，即可盈利。

为了使保本点分析的结果更好地指导客房部的实际经营活动，还可以将盈亏平衡点进一步量化。

例：上述客房部预算期内预计每日可供出租的客房数为 200 间天，要使客房部经营达到盈亏平衡状态，平均客房出租率应为多少？

$$\text{保本客房出租率}=\frac{\text{保本日客房出租间天数}}{\text{日平均可供出租客房间天数}}\times 100\%$$

$$=\frac{100\text{间天}}{200\text{间天}}\times 100\%=50\%$$

即客房部在预算期内，只要平均客房出租率达到 50%，就可达到盈亏平衡状态，而当客房出租率超过 50%时，客房部就会有利可图。

(2)目标利润分析

客房部预算期内的经营目标绝不只是达到盈亏平衡状态，而是要实现预期的目标利润，并追求经营利润的最大化。如前所述，客房部在编制经营预算时，往往已经确定了预算期的目标利润。我们可以运用“本—量—利”分析法，对客房部的目标利润进行分析，将目标利润分解为目标业务量，通过对目标业务量的分析，来判断目标利润的可行性，并明确要实现目标利润，必须在经营期内做出哪些努力。

当客房部希望获得一定的目标利润时：

$$\text{客房部的年营业收入} = \text{客房部的年固定成本总额} + \text{客房部的年变动成本总额} + \text{客房部年目标利润}$$

考虑到客房部的营业收入和变动成本总额都与其业务量之间存在数量关系，上式可写成：

$$\text{客房部年客房出租间天数} \times \text{平均房价} = \text{客房部年固定成本总额} + \text{客房部年客房出租间天数} \times \text{单位变动成本} + \text{客房部年目标利润}$$

将上式整理后，可推导出：

$$\text{客房部达到目标利润时的客房出租间天数} = \frac{\text{年固定成本总额} + \text{年目标利润}}{\text{平均房价} - \text{单位变动成本}}$$

例：上述客房部希望获得年利润255.50万元，其平均客房出租率应为多少？

$$\text{客房部目标年销量} = \frac{\text{年固定成本总额} + \text{年目标利润}}{\text{平均房价} - \text{单位变动成本}}$$

$$= \frac{5\ 110\ 000\text{元} + 2\ 555\ 000\text{元}}{200\text{元/间天} - 60\text{元/间天}} = 54\ 750\text{间天}$$

$$\text{客房部目标日销量} = \text{目标年销量} \div 365$$

$$= 54\ 750\text{间天} \div 365 = 150\text{间天}$$

$$\text{客房部目标平均出租率} = \frac{\text{目标日客房出租间天数}}{\text{日平均可供出租客房间天数}} \times 100\%$$

$$= \frac{150\text{间天}}{200\text{间天}} \times 100\% = 75\%$$

客房部经营预算编制人员就应该运用这个计算结果，分析、判断客房部在预算期内能否实现平均出租率75%，如果能够实现这个经营指标，经营预算中的目标利润在正常情况下就可以实现。同时，预算编制人员还应利用分析结果，为客房部各级经管人员提出实现预算目标的重要经营指标：平均出租率必须达到75%。

上述盈亏平衡点分析和目标利润分析，都是在预算执行期内，客房部的年固定成本总额、平均房价和平均单位变动成本等都不变的前提下进行的。但这些数据在客房部实际经营过程中，由于各种相关因素的影响，都可能会发生变化。如由于饭店高层管理者的某项决策而导致年固定成本总额发生增减；由于市场竞争因素，导致平均房价变化；由于物价等因素，导致平均单位成本变化等。因此，客房部经营预算编制人员必须及时地调整相关数据，重新进行客房部盈亏平衡点和目标利润的分析，以便得出更为准确的预测结果，编制滚动经营预算，更好地指导客房部的经营管理工作。

第二节 客房部预算的控制

为了使客房部有明确的经营目标,必须编制科学、合理的滚动经营预算。但如果只有好的预算而无有效的控制,还是无法实现经营目标。当经营预算最终确定下来后,客房部的各级管理人员必须在预算期内的预算执行过程中制定各种严格的制度,实施行之有效的措施和手段,执行科学合理的程序,对客房部的经营活动加强管理和控制,确保客房部经营预算目标的实现。

由于决定客房部经营效益的要素有两个:客房部经营过程中发生的营业收入,及为了获得营业收入而发生的各项费用开支。所以,客房部经营预算的控制应从营业收入控制和营业费用开支控制两方面来进行。

一、营业收入的控制

客房部营业收入主要是通过出售客房使用权这一产品来实现的。但在经营过程中,客房部只是充当着客房使用权的"生产加工者"的角色;而客房使用权的销售职责通常是由饭店总台接待员来承担的;客房使用权销售收入的结算工作,则是由总台收银员来承担。这种产品的"生产"、销售和结算职责,分别由不同部门(人员)承担的职责区划模式,符合财务控制的要求,为实施客房部营业收入控制,做好了内部控制机制上的准备,但也给客房部营业收入控制带来了一定的难度。因为这种模式决定了单靠客房部本身,无法实施对其营业收入的控制,它必须由客房部、前厅部(总台)和财务部相互配合、协调,才能得到很好的控制效果,保证客房部经营预算的完成。

在客房部经营活动中,应主要在以下几个业务环节采取各种措施和手段,来对其营业收入加强控制,防止营业收入的流失,实现营业收入的最大化。

(一)加强预付款管理

当客人在总台办理入店手续时,总台接待员应区分客人选择的付款方式,做好客房部客房出租收入和其他营业部门营业收入的预收款收取工作,加强客房部营业收入的"事前"控制。

饭店所能接受的付款方式主要有:现金付款方式;信用卡付款方式;转账支票付款方式;转账付款方式;凭单付款方式。

在客人可能选择的几种付款方式中,从安全、稳妥和快捷的角度出发,饭店更乐于接受前两种付款方式。对于承诺使用转账支票付款的绝大部分单位,和选择使用转账、出具付款凭单的所有单位,饭店的销售和财务信用人员应事先与其签订具有法律效力的付款协议，详细列明付款细则，明确经办人和责任人。对于选择使用转账支票、转账或凭单付款方式的客人，总台接待员应首先了解客人的身份、明确客人的付款单位，然后再根据饭店与其付款单位签订的付款协议内容，区分自费消费项目和协议消费项目，最后按饭店的预付款收取标准收取客人自费消费项目的预付款。

(二)实施账单控制

总台接待员在办理完客人入住手续后，应根据客人的“入住登记单”等资料，为每位住店客人建立“总账单”。客房部的营业收入是通过客人的总账单反映出来，并最终得以实现的。总账单既是客人结账付款的凭据，又是财务核算的依据，因此，它应是客房部加强营业收入“事中”控制的主要书面凭据和中心。为此，必须首先完善总账单的控制制度：

(1)总账单必须专门印制，每一份均能自动复写。

(2)总账单上必须印有流水序号，并按序号连号使用账单，严格办理账单领用登记和注销号制度。

(3)总账单作废时，必须在每一联账单上加盖“作废”章后，收回整份账单。

(4)制定并执行严格的总账单遗失赔偿制度，严格控制总账单的流失。

制定了严格的总账单管理制度后，为了充分发挥总账单对客房部营业收入的控制作用，在客房部经营过程中，还应进一步采取各种措施和手段，对客人入住总账单的建立、客人住店期间总账单的记录和客人离店根据总账单结账等环节的具体操作程序加强管理与控制。有些饭店为了真实地了解账单控制制度的执行情况，还委派“神秘客人”到饭店进行明查暗访，发现账单使用和管理中存在的问题，进一步完善收入控制，以减少客房部营业收入的流失。

(三)加强优惠、折扣控制

客房销售过程中灵活使用优惠、折扣政策，会有利于客房销售，但如不加以控制，超过一定限度，就会影响客房部的销售收入。加强优惠、折扣控制的措施主要应有以下几点：

(1)饭店应制定客房销售优惠与折扣的权限。

(2)饭店应规定发生优惠、折扣业务时，经办的管理人员应留下书面凭据。

(3)饭店应要求财务夜审人员审核每笔优惠、折扣业务的合理性和真实性。

(四)强化夜审的控制职能

如前所述，客房部产品的制作加工、销售和结算等三个职能，分别由饭店的客房部、前厅部和财务部三个相互独立的部门来承担。它们彼此既相互联系又相互牵制。这种关系本身便能起到相互监督的作用，可以在一定程度上杜绝客房销售过程中舞弊、逃账、漏账事件的发生。但如果只有制度的制定和执行，而无严格的监督，久而久之，在制度的执行过程中，难免会出现松懈与漏洞；加上有些饭店客房销售与结算由总台接待员独自承担，更会使客房销售收入控制出现“盲区”。因此，还应完善财务夜审制度，对预付款管理制度、账单管理制度和优惠、折扣控制制度的执行情况加强监督，提高客房销售收入控制的效果，确保客房部营业收入预算目标的实现。

实施客房销售夜间审核的主要目的是逐日审核客房销售业务记录的完整性和销售收入结算的准确性，及时地抑制客房销售过程中发生的舞弊、逃账、漏账行为，避免发生客房销售收入的流失，确保客房销售收入“颗粒归仓”。为此，客房销售夜审工作应从以下几个方面进行：

(1)总台夜间接待员按楼层编制“房租日报表”，将其与客房部客房中心夜间值班员统计的当日客房使用情况进行核对，保证客房销售记录的准确性与一致性。

(2)总台夜间接待员还应将“房租日报表”与夜审员统计的当日客房销售收入进行核对，保证客房销售收入记录的准确性与一致性。

(3)夜审员应对当日发生的每一笔客房销售优惠、折扣业务进行审核，确保优惠、折扣制度的执行。

(4)夜审员还应了解客人的欠款余额，及时提供信息给客房销售结算人员，加强客人欠款的催收，避免发生逃账损失。

通过以上夜审工作，能及时发现并纠正客房销售中的各种失控行为，修改客房销售收入记录与结算中的差错，保证客房销售业务每天都在有序和严格的控制中进行，使客房部的营业收入得到有效的控制。

二、营业费用开支的控制

客房部的营业费用是指客房部经营过程中，为了获得营业收入，在其部门内发生的各项人力、财力和物力的耗费。因此，在客房部的营业收入得到有效控制的同时，必须要加强对其营业费用的控制，才能使客房部的经营目标得以实现，才能保证客房部经营预算的顺利完成。

客房部营业费用的内容繁多，在各项开支中，有些是在预算期内总额基本保持不变的，如固定资产折旧、保险费和管理人员工资及福利费开支；也有些受饭店高层管理人员或客房部管理人员决策的影响，如广告费开支等；而更多的则是需要客房部各级管理者和全体员工通过努力来加以控制的。根据这些费用开支的性质和其在客房部经营中所发挥的作用，客房部应采取不同的措施、实施各种手段，来对客房部的营业费用开支加以控制。

(一)物料用品耗费的控制

客房部经营过程中会消耗大量的物料用品。由于这些物料用品的品种多,并且绝大多数单价均较低,很容易被忽视。但这些物料用品的消耗量一般都很大,如果缺少控制,就会导致客房部营业费用升高,整个客房部的经营效益下降。为实现客房部经营预算的目标利润,必须对客房部物料用品的耗费进行严格的控制。

物料用品耗费的大小受物料用品的消耗量和各种物品的单价两个因素的共同影响。所以,物料用品耗费的控制应从价格控制和用量控制两个方面来进行。通常,物料用品采购、验收和库存、领发环节的工作质量,对物料用品的价格因素影响较大,而用量则主要发生在客房部日常供应环节,因而,客房部物料用品的控制应从物料用品采购、验收、库存、领发和耗用几个环节分别进行。

1.采购环节的控制

加强客房部物料用品采购环节控制的主要目的,是以最合理的价格购入最符合客房部经营需要的物料用品。于是,物料用品采购环节的控制工作就应该围绕着控制的目的来进行。

物料用品的采购包括申购和订购两个步骤。饭店必须明确相关部门和人员的职责,并用“采购申请单”和“采购订单”来实现相互间的配合与控制。通常,采购人员不会非常了解客房部对物料用品的需求,但为了加强内部牵制,客房部经理又不可以直接参与采购。为了加强采购控制,饭店必须实行物料用品集中采购制度,即客房部所需要的物料用品,应由仓库保管员根据库存情况,并听取客房部经理的建议后,填写“采购申请单”,向采购部门提出采购申请。采购部接到采购申请后,应据以填写“采购订单”,并将“采购申请单”一联附后,经逐层审批后,再实施采购。

在各部门和人员严格按职责进行客房部物料用品采购的同时,对物料用品采购环节的控制,还应通过对采购的物料用品质量、数量和价格的控制来实现。目前,各家饭店为了强化采购环节的控制,经过多年的实践,摸索出了多种多样的采购方式,供货渠道也不断拓宽,比较成功的做法有以下几种:

(1)公开招标、择优采购。即饭店在供货商和公众的监督下,以规定的方式和程序,在保证质量的前提下,依据价格优势,对所需的物料用品进行采购。

用招标方式确定供货渠道和供货商,使采购过程和结果始终公开透明,通过公开、公正、公平的竞争,打破了垄断,避免了强买、强卖和欺行霸市,还抑制了个别采购人员的不正当行为,净化了采购环境,增加了透明度。所以,招标采购被称为“阳光下的交易”。

(2)联合采购。越来越多的饭店采用共同联手采购的方式采购物料用品,以量压价,有效地加强了对采购价格的控制。

(3)源头采购。为了减少中间环节,以最有利的价格采购客房部的物料用品,很多饭店坚持与大企业、大公司或大型超市发生业务联系,加大自采力度,掌握采购的主动权。

(4)实行供货商保证金制度。为了防止供货商的不正当竞争,在物品供应过程中发生有价无货、以次充好和掺杂使假等事件,使客房部物料用品采购陷入被动局面,有些饭店在与供货商签订供货协议时,要求供货商交纳一定金额的保证金,来制约其供货行为,一旦发生以上情况,就以供货商交纳的保证金来补偿饭店的损失。

各饭店在选择供货商时,除考虑物料用品的质量和价格因素外,还应综合考虑供货商的信誉、地理位置和财务状况等因素。为此,采购部应建立客房部物料用品供货商档案,建立供货商"第二梯队",在选择供货商时,实行淘汰制,以便更好地加强物料用品采购价格的控制。

2.验收环节的控制

验收环节的任务是保证采购部门购入的客房部物料用品的价格、质量和数量等均符合订货要求,是采购环节的监控环节,更是加强客房部物料用品耗费控制的重要保证。为了很好地发挥验收的监控作用,必须建立科学实用的验收体系和验收程序。

(1)验收体系

首先,必须委派诚实、反应敏捷、责任心强、对验收工作感兴趣、客房物料用品知识丰富的人员来承担客房部物料用品验收员的工作。

再者,为使验收员能独立行使其监控职能,验收员应是财务部的正式员工,由财务部经理直接领导,并在工作中得到采购部经理和客房部经理等的协助。

为保证验收人员忠于职守,防止其利用职权之便营私舞弊,财务部还应建立受理采购部门、供货商和客房部等投诉的制度,加强对验收环节的监督。

最后,饭店应备有专用的验收场地及专用的设备和工具。验收场地应设在物品进出较方便的地方,并靠近物品仓库。场地应足够大,以免货物堆积,影响验收。应定期校准验收设备和工具,保持精确度和良好的工作状态。验收场地还应备有"验收单"、"退货单"等单据,并保存有"采购订单"一联,以方便工作、提高效率。

(2)验收程序和方法

规定验收程序和方法,不仅可以避免验收中因人而异的随意性,还可保证验收工作循序渐进、验收内容全面而又节省时间。

科学的验收程序和方法应是:

①根据"采购订单"验收订购的物品,未订购的物料用品不予受理。

②依据“供货发票”检查物品的价格，符合订货要求后，再依据“采购订单”检查物品的质量和数量。若不符合订货要求，应办理退货。

③在验收合格的供货发票上签字，同时填写“验收单”。

④将验收合格的物料用品及时送存仓库，并请保管员在“供货发票”上签字。

⑤做《当日验收报告》，连同“供货发票”送交财务部相关人员。

验收环节还应做好防盗工作，保证购入的物料用品全部安全入库。

3. 仓储与领发环节的控制

仓储与领发环节介于物料用品采购环节与经营耗用环节之间，经过对物品采购与验收的控制后，仓储与领发环节的控制会直接影响客房部提供的物料用品的质量及客房部的费用和经营效益。良好的管理和严格的控制能保证物品的供应，控制流失、降低费用，保证预算目标的实现；而如果忽视了这个环节的控制，就会造成物品积压、变质、账目混乱，甚至会出现供应中断、贪污、盗窃等严重事故的发生。因此，必须明确仓储和领发环节的职责，制定并执行科学、合理的管理制度。

(1)仓储

在物料用品仓储中，合理的储存规范、有效的安全措施、严格的账目管理是保证控制效果的基本要点。因而，应从以下几个方面提出要求：

①订货要求。保证客房部物料用品供应是仓储工作的首要任务，为满足客房部经营的需要，仓库保管员必须严格按规定适时提出申购。

②入库要求。经过验收的物品都必须及时入库，避免毁损和散失，对一些储存期时间要求较高的物品，应在包装上注明入库时间等，并按时间顺序放置。

③存放要求。入库的物料用品应根据不同的性质和储存要求分类存放，以保证物品的质量。在存放中，既要重视储存的温度，又要重视湿度，还应特别注意对易燃、易爆和一些不可混杂存放的物品的管理。

④安全要求。仓储物料用品的安全控制应通过以下措施的实施来进行：定期盘点、加强账目核查、限制仓库进出人员、对储存区域配备专用锁系统和实行闭路电视监控等，其中，定期盘点制度应是仓储安全管理的基本措施。

(2)发料

发料环节控制的任务是在保证客房部物料用品得到及时、充分供应的前提下，控制领料手续和领料数量，并正确计算客房部物料用品的耗费。为此，物料用品发放必须遵循以下原则：

①物品发放实行“领料单”制度。在物品发放时，发料人员应坚持原则，做到没有“领料单”(见表 15-2)不予发放，不经审批的不予发放，有涂改或不清楚的不予发放，手续不齐全的不予发放，毁坏的不予发放。

表15-2 领料单

日期______

领用部门______ 注:一份领料单只填一类物品

编号	名称	规格型号	单位	数量		单价	金额
				请领数	实领数		
合计							

领用部门经理______ 领用人______ 保管员______

物料用品发放的控制,应得到客房部管理人员的配合。客房部管理人员既要把好领料的审核关,又要把住复核关。审核关的控制,是在填写"领料单"时做到:签字笔迹前后一致,不随意变换字体;将物品最后一项下面的空白栏划去,加强数量控制,以免浪费或流失。复核关的控制,是当物品从仓库领回后,管理人员要善于观察,并进行数量、质量的抽查,发现问题,立即追究责任,坚决堵塞领料过程中的漏洞。

②物品发放实行"先进先出法",保证物品的质量,避免变质、过期。

4.耗用环节的控制

客房部经营过程中耗用的物料用品有客用和非客用两种,其耗用的形式也分一次性和多次性两种。为了合理地对耗用进行控制,应分别采取不同的手段。

(1)客用消耗物品——定额控制

为了保证经营供应,对客用物品宜采用定额控制的方法,借助《客用消耗物品定额执行情况统计表》(见表15-3)来实施。

表15-3 客用消耗物品定额执行情况统计表

单位:元

楼层______ 本月客房出租间天数______

序号	物品名称	单位	每套客房定额			本月消耗定额	本月实际消耗	单价	本月节约(超支)	
			数量	消耗率	定额				数量	金额
	合计									

制表人:

具体执行步骤是:

①根据饭店规定的各类客房客用消耗物品的配备品种、规格和每套客房配备数量,填写序号、物品名称、单位和数量栏目。

②根据饭店各类客用消耗物品的历史消耗数据,结合目前的实情,制订每种物品的标准消耗率,填入"消耗率"栏。

③用数量乘以消耗率,得出每套客房各物品的标准消耗定额,填入"定额"栏。

④每月末,根据"客房出租报表",用实际客房出租间天数乘以不同类型客房的单位消耗定额,得到当月标准消耗定额,填入"本月标准消耗定额"栏。

⑤根据当月客用消耗物品的领用情况,计算各种物品的实际耗用数。

客房部从仓库领用客用消耗品时填写的"领料单"记录了领用数量。但为了方便日常供应,客房部客用消耗品的领取量通常为一周的用量,为了真实地核算客用物品的耗费,并加强对物料用品二级库的控制,客房部应在每月末进行一次二级库的盘存,与二级库管理人员核对账目,并用下列公式计算各类客用消耗物品的实际耗费量:

$$\text{本月实际耗费} = \text{月初二级库库存} + \text{本月仓库领用} - \text{月末二级库库存}$$

然后,将计算结果填入"本月实际消耗"栏。

⑥对比标准消耗定额和实际耗用数,填入"本月节约或超支数量"栏,并根据各类物品的单价,计算出本月客用消耗物品的节约额或超支额。

⑦根据考核结果,允许有一定幅度的波动,在保证服务标准、质量的前提下,对控制好的班组和个人予以奖励,对超过标准的给予一定的惩罚。

为了总结经验教训,并方便实施,客用消耗物品定额控制应按楼层分别进行。

(2)非客用一次性消耗品耗用——计划控制

非客用一次性消耗品的耗用对客房部的正常经营无直接影响,所以应严格地按耗用计划来加以控制。即根据客房部的营业收入预测,制订客房部预算期内非客用一次性消耗品的耗用计划,并要求在计划内耗用。正常情况下,不得超过计划耗用标准。控制的目的是促使相关人员精打细算,从而降低耗费。

(3)多次性物料用品消耗的控制

对客用多次性物料用品的耗费,宜采用标准损耗率来控制;而非客用多次性物料用品的耗费,除继续采用非客用一次性消耗品的控制方法外,饭店还可以进一步严格其领用制度,如实行以旧换新制度等。

(二)水、电、燃料等费用的控制

水、电、燃料等能源的耗费在客房部营业费用开支中占有很大的比例,对客房部的经营效益影响极大,除采取分装各楼层水表、电表等措施外,还没有效果很显著的控制措施,只能从日常管理的点滴小事抓起。如对水电费控制可采用杜绝“长流水、长明灯”现象,用节能灯具、节水龙头,禁止客人私用高能耗电器等措施;对燃料控制可采用加强液化气、柴油的采购质量和数量控制,严禁发生管道煤气、液化气、柴油等跑、冒、滴、漏事故等措施。此外,在饭店中开展绿色环保运动,既利于环保,还可以减少物品损耗,更可降低客房部的能源消耗。

对客房部水、电、燃料等费用开支一般只在编制经营预算时进行总额控制。

(三)人工耗费的控制

人工耗费在客房部营业费用中所占的比例越来越大,要控制客房部的人工耗费,客房部的管理人员必须做好以下工作:

(1)精确预测经营业务量,合理安排人员。

(2)加强业务培训,提高劳动生产率。

(3)根据员工的能力与特长,合理分配岗位,做到人尽其才。

第三节　客房部预算控制结果的考核

做好经营预算的编制、控制和考核工作,是客房部管理人员的主要职责之一。在完成了经营预算的编制、实施了经营预算控制后,客房部经营预算管理中最重要也是最有意义的一项工作,就是对经营预算控制的结果进行考核。

我们常用比较分析法来进行客房部经营预算的考核,比较分析的内容有绝对数比较分析和比重比较分析两类。

一、绝对数比较分析法

它是用绝对数将预算执行结果与预算目标进行对比,从而分析预算执行情况和经营管理水平的一种分析方法。经常以此方法来进行比较分析的绝对数指标有:客房部营业收入、营业费用和营业利润等。

通过以上绝对数指标的比较,可以掌握客房部营业收入、营业费用和营业利润预算目标的完成情况,从而分析出预算期内的经营业绩。

但是,客房部的经营业务量对客房部的营业费用有着直接的影响,因此,在对客房部进行营业费用控制结果的考核时,不宜仅仅用绝对数比较分析法,来片面地分析客房部营业费用控制的结果,而应同时考虑业务量因素,为此,我们还可以采用比重比较分析法。

二、比重比较分析法

用比重比较分析法进行客房部营业费用预算控制的考核，应分四个步骤：

(一)确定标准费用率

客房部标准营业费用率的制定，可以直接利用客房部经营预算中的相关数据，按下列公式计算后得出：

$$标准营业费用率=\frac{标准营业费用}{标准营业收入}\times 100\%$$

(二)计算实际营业费用率

客房部实际营业费用率应该用下列公式计算：

$$实际营业费用率=\frac{实际营业费用}{实际营业收入}\times 100\%$$

其中的实际营业费用和实际营业收入数据，均可从财务部提供的客房部经营报表中获得。

由于客房部经营中发生的营业费用内容很多，如果需要对客房部营业费用控制进行分类或逐项分析与考核，还可以分别确定每一类或每一项标准费用率，并计算每一类或每一项实际费用率。

(三)比较标准营业费用率和实际营业费用率，了解费用预算控制的结果

通过标准营业费用率和实际费用率的比较，可以了解它们之间的差异，掌握客房部营业费用预算的执行情况。

(四)对预算控制结果进行分析

客房部营业费用率的高低受营业费用和营业收入两个因素的共同影响，而客房部经营中发生的营业费用和营业收入又受到影响客房部经营的各种主观和客观因素的影响。所以，我们必须采用一定的方法，对客房部实际营业费用率与标准营业费用率之间的差异进行分析，找出引起差异发生的真正原因和相关因素，这种分析方法就是因素差异分析法，又称因素替代法。

因素差异分析法的分析步骤是：

第一步：确定影响预算数据变动的相关因素，并列出关系式；

第二步：对相关因素进行分析，确定其排列顺序，并按顺序替代相关因素；

第三步：计算各相关因素对预算数据变动的影响大小；

第四步：分析差异存在的原因，总结经验教训，并提出改进建议。

对客房部经营预算控制结果的分析，可以从引起差异发生的营业收入因素和

营业费用因素两个方面进行。

1. 营业收入因素分析法

例:某饭店客房部经营预算中的年标准营业收入为 876 万元,标准平均房价为 200 元/间天,预计年客房出租 43 800 间天;该客房部预算期内实际年营业收入为 843 万元,实际平均房价为 210 元/间天,实际年客房出租 40 150 间天。

(1)客房部营业收入计算公式为

实际营业收入 = 实际平均房价 × 实际客房出租间天数
= 210 元/间天 × 40 150 间天 ≈ 843 万元

(2)用经营预算中的标准平均房价和标准客房出租间天数,逐项替代上式中的房价和间天数因素

①用标准平均房价替代实际平均房价

营业收入① = 标准平均房价 × 实际客房出租间天数
= 200 元/间天 × 40 150 间天 = 803 万元

②用标准客房出租间天数进一步替代实际客房出租间天数

营业收入② = 标准平均房价 × 标准客房出租间天数
= 200 元/间天 × 43 800 间天 = 876 万元

即预算期内的标准营业收入应为 876 万元。

(3)计算平均房价因素和客房出租间天数因素对预算数据的影响

①平均房价因素的影响

实际营业收入 − 营业收入① = 843 万元 − 803 万元 = 40 万元

即由于实际平均房价高于标准平均房价 10 元/间天(210 元/间天 − 200 元/间天),使实际营业收入高于预计营业收入 40 万元。

②客房出租间天数因素的影响

营业收入① − 营业收入② = 803 万元 − 876 万元 = − 73 万元

即由于实际客房出租间天数少于标准客房出租间天数 3 650 间天(43 800 间天 − 40 150 间天),使实际营业收入低于预计营业收入 73 万元。

受平均房价和客房出租间天数两个因素的共同影响,该客房部实际年营业收入比预算中预计的少了 33 万元。

(4)分析差异存在的原因

比较和分析的结果告诉我们:如果预算期内的实际经营条件不变,该饭店在高价房推销方面取得了成功,客房的销售结构较好;但饭店在吸引客源方面,还未达到预期的要求。

预算考核分析人员应将以上分析结果以书面形式告知饭店的相关管理人员,以便在下一个经营周期内调整经营策略,采取针对性的措施,吸引更多的客人,并

总结客房推销方面的经验，在饭店内进一步推广，努力提高客房部的经营管理水平。

2.营业费用差异分析法

例：上述客房部预算期内的标准年客用棉织品损耗率为0.3%，标准损耗额为26 280元；预算期内实际损耗率为0.4%，实际损耗额为33 720元。

(1)客房部客用棉织品损耗额计算公式为

棉织品损耗额＝客房部营业收入×棉织品损耗率

实际棉织品损耗额＝客房部实际营业收入×实际棉织品损耗率

＝843万元×0.4%＝33 720元

(2)用预算中的标准营业收入和标准损耗率，逐项替代上式中的营业收入和损耗率因素

①用标准营业收入替代实际营业收入

棉织品损耗额①＝客房部标准营业收入×实际棉织品损耗率

＝876万元×0.4%＝35 040元

②用标准损耗率进一步替代上式中的实际损耗率

棉织品损耗额②＝客房部标准营业收入×标准棉织品损耗率

＝876万元×0.3%＝26 280元

即预算期内的标准棉织品损耗额应为26 280元。

(3)计算营业收入因素和损耗率因素对预算数据的影响

①营业收入因素的影响

实际损耗额－损耗额A＝33 720元－35 040元＝－1 320元

即由于实际营业收入低于预算33万元(876万元－843万元)，使棉织品实际损耗额低于预计标准损耗额1 320元。

②损耗率因素的影响

损耗额A－损耗额B＝35 040元－26 280元＝8 760元

即由于实际损耗率高于标准损耗率0.1%(0.4%－0.3%)，使棉织品实际损耗额高于预计标准8 760元。

受营业收入和损耗率两个因素的共同影响，该客房部实际棉织品损耗额比预算中预计的多了(8 760元－1 320元)7 440元。

(4)分析差异存在的原因

通过以上比较和分析，可以看出，该客房部客用棉织品实际损耗额与预算中的标准损耗额之间产生7 440元差异的主要原因，是棉织品实际损耗率比标准高了0.1%，致使实际损耗额比预算增加了8 760元。但该客房部该期实际收入额比预计的少了33万元，使实际棉织品损耗额比预算降低了1 320元。于是，由于损耗

率升高因素造成的损耗额的增加,被由于营业收入额的降低因素造成的损耗额的减少所抵消,使实际棉织品损耗额比预计的升高了 7 440 元。

比较和分析的结果提醒我们:该饭店客用棉织品损耗额提高,可能在棉织品使用管理方面存在问题,也有可能是棉织品的质量未达到客房部的质量要求。饭店应进一步查找原因,以不断地改进经营管理,提高经济效益。

本章小结

1. 加强预算管理对于整个经营管理过程和各项经营活动都具有非常重要的意义。

2. 加强预算管理就是要做好预算的编制、预算的控制和预算控制结果的考核。

3. 无论是预算的编制,还是预算的控制以及预算控制结果的考核,都要坚持原则,讲究科学,学会方法。

复习与思考

1. 什么是预算? 客房部加强预算管理的重要意义主要体现在哪些方面?
2. 预算管理包括哪几个步骤?
3. 什么是滚动预算法? 与固定预算法相比,滚动预算的优点是什么?
4. 什么是客房部盈亏平衡点? 进行盈亏平衡点分析有何意义?
5. 客房营业费用控制的措施有哪些?
6. 对客房部预算控制结果进行考核,常用哪些方法?

附录一

客房部岗位职责

一、客房部经理(见本书第一章第三节二、客房部岗位职责描述范例)

二、客房部副经理

(一)管理层级关系

1. 直接上级:客房部经理
2. 直接下级:客房部主管、客房部内勤。

(二)基本职责

协助客房部经理搞好客房部的运行与管理,在经理休假或外出时,代行经理职权。

(三)工作内容

1. 协助客房部经理制定部门工作计划和工作目标。
2. 参与客房部的决策。
3. 主持客房部的日常运转。
4. 负责员工排班,安排、审批员工休假。
5. 核算本部门的各项支出并及时向客房部经理报告。
6. 负责员工的考勤和考核,处理员工的违纪行为,制定薪金发放方案。
7. 参与制定岗位职责、工作程序和质量标准。
8. 参与员工招聘工作,督导客房部的员工培训。
9. 巡视检查,确保员工处于正常的工作状态,确保清洁保养和服务的质量标准。
10. 负责培训客房部主管领班。
11. 主持部门例会。
12. 处理客人及员工的投诉。
13. 注重学习,勇于创新,不断进取。

(四)任职资格要求

1. 具有专科以上学历或同等文化程度。
2. 精通客房部的基本业务。
3. 有一定的管理能力。
4. 有丰富的饭店客房部工作经验,并担任过客房部基层管理工作。
5. 有较强的沟通协调能力和良好的人际关系。

6.外语水平较高。
7.有良好的工作作风和生活习惯。
8.身体健康,有良好的形象和气质。

三、客房部内勤

(一)管理层级关系

直接上级:客房部经理、副经理

(二)基本职责

协助客房部经理、副经理处理具体的事务性工作,建立并保管部门各种文件档案资料。

(三)工作内容

1.负责客房部的文秘工作。
2.出席部门会议并做好记录。
3.负责客房部有关联络、接待工作。
4.领发本部门员工的薪金和劳保福利用品。
5.负责员工考勤、考核的统计。
6.必要时协助或代理客房中心联络员的工作。
7.完成经理、副经理交办的其他工作。

(四)任职资格要求

1.具有中专以上学历或同等文化程度。
2.具有一定的外语水平。
3.熟悉文秘工作,能使用现代化的办公设备。
4.熟悉客房部的基本业务。
5.乐观开朗,有良好的公关意识和较强的沟通协调能力,作风正派。
6.工作认真细致,有吃苦耐劳精神。
7.身体健康,形象、气质好。

四、客房中心主管

(一)管理层级关系

1.直接上级:客房部副经理
2.直接下级:客房中心联络员、客房部物品领发员。

(二)基本职责

在客房部副经理领导下,主持客房中心的运行与管理,充分发挥客房中心的职能。

(三)工作内容

1.督导客房中心联络员和物品领发员的工作。
2.协助客房部副经理落实客房部每天的工作计划。
3.负责客房部物资设备的档案管理。
4.负责客房部物品消耗的统计分析。
5.定期对客房部的物资进行盘点。

6.负责客房部报修项目的统计和落实。

7.掌握客房清扫整理的工作进度,必要时协助楼层主管调配人员。

8.代理客房中心联络员的工作。

9.完成客房部副经理或经理安排的其他工作。

(四)任职资格要求

1.具有中专以上学历或同等文化程度。

2.具有较强的外语会话和写作阅读能力。

3.思维敏捷,应变能力强。

4.乐观开朗,工作认真踏实。

5.善于组织、沟通和协调,有良好的人际关系。

6.业务全面,经验丰富。

7.身体健康,形象、气质好。

五、客房中心联络员

(一)管理层级关系

直接上级:客房中心主管

(二)基本职责

负责处理记录客房部的所有信息,统一安排、调度对住客的服务工作,负责失物招领事宜。

(三)工作内容

1.受理住客的服务要求并安排落实,做好记录。

2.与相关部门沟通协调。

3.掌握客情,为客房部人力调配、安排工作提供依据。

4.与总台相互通报,核实客房状况,确保客房状况的准确性。

5.监督本部门员工考勤打卡。

6.发放、收取及保管员工的工作报告单、工作钥匙、寻呼机。

7.接收、登记、保管客人的遗失物品,并做好招领工作。

8.协助客房部内勤处理事务工作。

9.完成主管安排的其他工作。

(四)任职资格要求

1.具有中专学历或同等文化程度。

2.口头表达能力强,语言流畅、清晰、准确,具有两门以上外语听说能力;普通话比较标准,能听懂国内的一些方言。

3.熟悉饭店的设施、服务项目、营业时间、电话号码等,能准确地解答客人的询问。

4.熟悉重要客人、长住客人、常客及一些特殊客人的基本情况,包括姓名、身份、单位、房号、生活习惯和服务要求、接待规格等。

5.反应敏捷,工作踏实细致,遇到问题能冷静对待、灵活处理。

6.具有一定的客房部工作经验,熟悉客房服务的程序和标准。

7. 能适应各种班次的排班要求。

8. 身体健康。

六、客房部物品领发员

(一)管理层级关系

直接上级:客房中心主管

(二)基本职责

负责部门物资的领取、收发和保管,控制楼层客用品及清洁用品的发放,进行成本核算。

(三)工作内容

1. 领发客房部的物资用品,并做好记录和统计。

2. 负责核对、编写客房固定资产。

3. 根据物品需要填写"物品申领单"。

4. 参与本部门的物资盘点工作。

5. 负责客房饮料的发放和保管。

6. 保持仓库整洁,物品存放符合安全标准。

7. 可代理客房中心联络员的工作。

8. 完成主管安排的其他工作。

(四)任职资格要求

1. 具有中专学历或同等文化程度。

2. 工作认真细致,熟悉账务管理。

3. 作风正派。

4. 具有良好的协作精神和一定的协调能力。

5. 熟悉客房中心联络员的业务。

6. 身体健康。

七、客房楼层主管

(一)管理层级关系

1. 直接上级:客房部副经理

2. 直接下级:客房服务员、楼层勤杂工

(二)基本职责

负责客房楼层的运行与管理,确保客房区域清洁保养和客房服务的质量。

(三)工作内容

1. 负责所管楼层的人员调配和工作安排。

2. 对下属员工进行培训、指导和考核。

3. 监督检查下属员工的工作,保证工作效率和质量。

4. 解决员工工作中遇到的疑难问题。

5. 处理客人的投诉。

6. 负责楼层设施、设备及用品的管理,保证设施、设备的完好有效,控制物品消耗。

7. 负责楼层与相关部门的沟通协调。

8. 负责楼层的安全。

9. 完成上级安排的其他工作。

(四)任职资格要求

1. 具有中专以上学历或同等文化程度。

2. 有较强的外语会话能力。

3. 精通客房的清洁保养和对客服务工作。

4. 具有很强的质量意识,能把好质量关。

5. 能独立解决服务工作中遇到的疑难问题。

6. 具有较强的培训能力,能胜任一般的培训工作。

7. 乐观开朗,善于处理人际关系。

8. 工作认真细致,吃苦耐劳。

9. 身体健康,形象、气质好。

八、客房服务员

(一)管理层级关系

直接上级:客房楼层主管

(二)基本职责

负责客房及楼层公共区域的清洁保养和对客服务工作,确保清洁保养和对客房服务质量。

(三)工作内容

1. 负责客房的日常清扫整理及临时整理。

2. 负责客房的计划卫生。

3. 负责客房用品的消毒。

4. 管理客房小酒吧。

5. 为住客开夜床。

6. 为住客提供优质服务。

7. 清扫整理楼层公共区域。

8. 保管楼层物资,控制物资消耗。

9. 检查报告待修项目。

10. 保证客房区域的宁静、安全。

11. 协助配合其他部门人员在客房区域的工作。

12. 完成主管安排的其他工作。

(四)任职资格要求

1. 具有高中文化程度或同等学力。

2. 能用外语进行对客服务。

3. 熟悉客房楼层工作业务。

4. 熟悉本饭店的基本情况。

5.掌握客房服务员必备的知识和技能。

6.乐观开朗,善于处理人际关系,有一定的应变能力。

7.自律守纪;相貌端庄,身体健康;能吃苦耐劳。

九、楼层勤杂工

(一)管理层级关系

直接上级:客房楼层主管

(二)基本职责

负责客房楼层的勤杂工作,协助客房服务员做好清洁保养和对客服务,提高客房工作效率。

(三)工作内容

1.搬运垃圾、布草以及家具设备。

2.补充楼层用品。

3.协助客房服务员进行重、难、险的清洁保养工作。

4.完成主管安排的其他工作。

(四)任职资格要求

1.男性,身体强壮。

2.具有初中以上文化程度。

3.能进行一般的外语会话。

4.能从事客房清扫整理和对客服务工作。

5.能吃苦耐劳。

十、公共区域主管

(一)管理层级关系

直接上级:客房部副经理

直接下级:公共区域清洁工

(二)基本职责

全面负责公共区域的清洁工作,制定并落实公共区域卫生清洁计划,努力对外拓展业务,为饭店创收。

(三)工作内容

1.制定并落实公共区域的各项工作计划。

2.负责公共区域员工的培训及工作安排。

3.巡视检查,确保在岗员工处于良好的工作状态,确保公共区域的清洁卫生标准。

4.与相关部门协调,做好有关场所及某些专项清洁工作。

5.接洽对外服务业务,确保质量和效益。

6.管理公共区域的清洁设备、工具和用品。

7.考核公共区域员工的工作。

8.完成上级交给的其他工作。

(四)任职资格要求

1.具有中专以上学历或同等文化程度。

2.精通饭店清洁保养业务。

3.能熟练操作各种清洁设备和工具,并能对设备、工具进行常规性的保养和简单维修。

4.熟悉各种清洁物料的用途和使用方法。

5.熟悉客房部的其他工作。

6.有经营意识和能力。

7.有较强的管理能力。

8.工作认真,能吃苦耐劳。

9.身体健康。

十一、区域清洁工

(一)管理层级关系

直接上级:公共区域主管

(二)基本职责

负责指定区域的日常清洁保养工作,确保清洁保养的质量标准。

(三)工作内容

1.按规定程序和规范对所管区域进行清洁保养,并达到规定的标准。

2.检查所管区域的设施、设备是否完好,如有问题及时报修。

3.做好回答客人询问等服务工作。

4.完成主管安排的其他工作。

(四)任职资格要求

1.具有初中以上文化程度或同等学力。

2.熟悉工作内容和要求。

3.掌握有关工作的专业知识和技能。

4.工作认真自觉,不怕苦、不怕脏。

5.熟悉饭店的基本情况,能回答客人的一般问题。

6.相貌端庄,身体健康。

7.在涉外饭店要能懂英语。

十二、打理工

(一)管理层级关系

直接上级:公共区域主管

(二)基本职责

负责饭店的各项清洁工作和对外服务。

(三)工作内容

1.负责饭店面层材料的清洁保养,如清洁地毯、洗地打蜡、洗软面家具等。

2.负责饭店某些特别的清洁工作。

3.除虫灭害。

4.负责店外营业性或协作性的清洁保养工作。

5.完成主管安排的其他工作。

(四)任职资格要求

1.男性,身体健康。

2.初中以上文化程度或同等学力。

3.精通饭店面层材料的清洁保养。

4.熟练掌握有关清洁设备、工具的操作使用方法。

5.熟悉各种清洁物料的用途和使用方法。

6.掌握各种专项清洁保养技术。

7.工作认真,能吃苦耐劳。

8.能上夜班。

十三、外墙、外窗清洁工

(一)管理层级关系

直接上级:公共区域主管

(二)基本职责

负责饭店建筑物的外墙、外窗清洁工作和对外服务。

(三)工作内容

1.清洗外墙、外窗。

2.负责饭店高、难、险的清洁保养工作。

3.从事店外营业性或操作性的清洁保养工作。

4.完成主管安排的其他工作。

(四)任职资格要求

1.男性,身体健康。

2.工作细致、谨慎,吃苦耐劳,能适应高空作业。

3.初中毕业以上文化程度。

4.受过专门训练,并经考核合格。

5.最佳年龄为20岁～40岁。

十四、夜班领班

(一)管理层级关系

1.直接上级:公共区域主管、饭店值班经理。

2.直接下级:夜班清洁工。

(二)基本职责

负责饭店夜间的清洁工作和客房夜间对客服务工作。

(三)工作内容

1.安排饭店夜间的清洁保养工作。

2.巡视检查夜班清洁工的工作状况和工作质量。

3. 巡视检查客房部所辖区域的清洁卫生和客房状况、当班员工的工作状况和工作质量。

4. 对客房部夜班服务员进行考核。

5. 完成上级安排的其他工作。

(四)任职资格要求

1. 具有中专学历或同等文化程度。

2. 熟悉客房部楼层及公共区域的工作规范、质量标准。

3. 有一定的外语会话能力。

4. 工作认真负责,能独立处理一般问题。

5. 在客房部工作两年以上。

6. 能上大夜班。

7. 最好是男性,身体健康。

十五、洗衣场经理

(一)管理层级关系

1. 直接上级:管理部副经理或经理

2. 直接下级:洗熨领班、洗衣服务员、接待员

(二)基本职责

负责洗衣场的运行管理,确保饭店布草、员工制服和客衣的洗烫质量,拓展对外业务。

(三)工作内容

1. 制定洗衣场的工作计划。

2. 制定洗衣场的工作程序和质量标准。

3. 制定洗衣场的规章制度。

4. 负责洗衣场员工的工作安排、培训和考核。

5. 负责洗衣场设备、物品的管理。

6. 控制洗衣场的成本费用。

7. 接洽对外经营及协作业务。

8. 保证洗衣场的正常运转。

9. 负责洗衣场的安全,严防事故发生。

10. 完成上级安排的其他工作。

(四)任职资格要求

1. 具有大专文化程度或同等学力。

2. 精通布草洗烫业务。

3. 熟悉洗衣场设备的性能、操作规范、维修保养要求及方法。

4. 熟悉各种洗涤用品的性能、使用和配制方法。

5. 有较强的管理能力和沟通协调能力。

6. 有经营意识和经营能力。

7. 熟悉客房部其他方面的工作。

8.身体健康。

十六、洗烫领班

(一)管理层级关系

1.直接上级:洗衣场经理

2.直接下级:洗熨工

(二)基本职责

负责洗衣场洗涤、熨烫工作,确保布草、制服、客衣的洗烫质量。

(三)工作内容

1.协助经理制定有关计划、规程和标准。

2.安排洗熨工的工作。

3.督导洗熨工操作。

4.负责质量检查,纠正质量问题。

5.控制洗涤用品。

6.负责有关设备维修保养计划的落实。

7.协助经理做好员工的业务培训,并对其进行考核。

8.完成经理安排的其他工作。

(四)任职资格要求

1.具有高中毕业以上文化程度或同等学力。

2.精通洗涤业务。

3.具有督导培训能力。

4.受过专业训练并经考核合格。

5.有中级以上技术等级并有上岗证书。

6.工作认真负责,能吃苦耐劳。

7.身体健康。

十七、洗衣场接待员

(一)管理层级关系

直接上级:洗衣场经理

(二)基本职责

负责处理客衣洗涤的一般事宜,汇总整理洗衣场各类报表、资料,做好内勤工作。

(三)工作内容

1.接答住客要求洗衣服务的电话,并做好记录。

2.安排洗衣服务员收送客人送洗的衣物。

3.将洗衣账单送收款处。

4.制作洗衣服务营业报表。

5.负责洗衣场的内勤工作。

6.完成经理安排的其他工作。

(四)任职资格要求

1. 具有中专学历或同等文化程度。

2. 有较强的外语会话能力,熟悉有关洗衣服务的专业术语。

3. 工作认真细致。

4. 能从事一般的文秘工作。

5. 身体健康。

十八、洗衣服务员

(一)管理层级关系

直接上级:洗衣场主管

(二)基本职责

负责客衣的收取和送回工作。

(三)工作内容

1. 负责住店客人洗衣的收取、点数、打码、核对、包装、送回服务。

2. 确保贵宾房及有特殊服务要求的客衣按时、按质完成。

3. 熟悉长住客的特殊要求,严格按规定的操作程序进行操作。

4. 做好环境卫生,定期清理打码设备。

(四)任职资格要求

1. 具有高中毕业或同等文化程度。

2. 具有一定的外语水平,能看懂国际标准洗涤符号及客衣洗涤特别要求,能识别并判断衣物面料及特性。

3. 工作认真仔细,责任心强。

4. 身体健康。

十九、布草房主管

(一)管理层级关系

1. 直接上级:客房部副经理或洗衣场经理

2. 直接下级:布草收发员、缝纫工

(二)基本职责

负责全饭店布草和员工制服的收发保管等工作,满足饭店的运转需要。

(三)工作内容

1. 制定饭店布草的配置标准。

2. 制定饭店布草的控制管理制度。

3. 制定饭店布草的收发程序。

4. 监督各部门布草的使用和保管。

5. 负责布草的盘点,统计分析布草的损耗情况并向上级报告。

6. 负责布草的报废和再利用工作。

7. 协助人事部做好员工制服的管理工作。

8. 制定布草更新补充计划并督促落实。

9. 负责布草房的安全。

10. 管理布草房的设备用品。

11. 完成上级安排的其他工作。

(四)任职资格要求

1. 具有高中毕业文化程度或同等学力。

2. 熟悉各部门布草及员工制服的配置情况。

3. 掌握布草知识,熟悉布草及制服的洗烫程序和质量标准。

4. 熟悉布草房的各项工作规程。

5. 工作认真负责,有一定的沟通协调能力。

6. 身体健康。

附录二

客房部常用表格

附表 1　客房服务员工作日报表

早班□

中班□

楼层________姓名________日期　　　____月____日　　　　　　　　　　　　　　晚班□

序号	状况	居住	清扫时间		补充消耗品										备注	特殊任务 特殊要求
			入	出	肥皂	手纸	洗发液	沐浴液	润肤露	牙具	购物袋	咖啡	拖鞋			
01	S															当日计划 卫　　生
02	L															
03	L															
05	VD															
06	VC															
07	S															
08	S														VIP	
09	L															经理指令
10	L															
11	OOO															
12	S															
15	S															
16	L															
17	S															

1. 作用

(1)分配工作任务。(2)记录工作情况。

2. 用法

(1)客房服务员上班时,由客房中心联络员分发。

(2)表上填有需整理的客房房号及状况。配有电脑的饭店可将电脑打印出来的客房状况、住客情况表一起交给服务员,不必在表上另外注明。

(3)服务员工作时,将此表置于工作车上指定的位置(注意隐蔽性),每做完一间房都须在表上填写有关内容。

(4)领班在巡查时,要随时了解服务员工作表上的情况,以便及时查房和处理问题。

(5)服务员下班时将此表与工作钥匙一起交客房中心。

(6)领班根据工作单上的记录,统计当天楼层客用物品的消耗情况。

(7)领班主管检查整理工作表后,将之存档供统计汇总及查阅。

附表 2　客房状况表

日期________ 楼层________

时间______ AM/PM 领班________

房	OOC 人数	VD	VC	OOO	备　注
01					
02					
03					
合计					

OOC = Occupied 住客房　V = Vacant 空房

OOO = Out of order 待修房　C/O = Check out 走客房

□总台　□收款　□空房中心　□楼层

1. 作用

(1)统计汇总客房状况。

(2)客房部与总台核实客房状况,提高客房状况统计的准确性。

2. 用法

(1)客房服务员每天定时对客房进行检查核实,并填写此表。

(2)服务员将填好的表交领班,领班检查汇总后交客房中心。客房中心联络员汇总后,留一份存档备查,其他几份送总台及收款处。

(3)客房中心与总台依据此表核对客房状况显示系统,如有差异及时检查纠正。

附表3　楼层领班工作单

日期__________　　　　清扫员__________

楼层__________　　　　楼层领班__________

房　号	状　况	检查时间		检 查 记 录	借用物品	房　号
		入	出			
01					加　床	
02					婴儿床	
03					枕　头	
04					毛　毯	
05					电吹风	
06					插　座	
07						
08						
09					今日客情	房号
10					贵　宾	
11					病　客	
12					特殊客人	
					长 住 客	

1. 作用

(1)提示作用。

(2)记录巡视检查情况。

2. 用法

(1)领班领取工作单后,要了解本区域当班的服务员、客房状况及有无其他情况等。

(2)领班根据服务员清扫整理客房的进程及时检查客房,随查随记录。

(3)及时检查已经整理完毕的走客房,如果合格,及时报客房中心,再由客房中心报总台。

(4)下班时将表上全部项目填好,交主管审阅,由客房中心汇总存档。

附表4　客房检查返工单

房号__________　日期__________　姓名__________

请完成以下工作:
完成后请交还,谢谢!
楼层领班(签名)__________

1. 作用

(1)指示服务员对客房未完成好的工作项目返工。

(2)考核评估服务员的依据。

2. 用法

(1)领班或主管将查房中发现的不合格项目列出,交有关服务员返工。

(2)服务员按单上所列项目返工,完成后交领班。

(3)领班凭此单进行复查。

(4)将此单与工作单放在一起。

附表 5　客房领班工作单

日期__________ AM/PM　　　　清扫员________　________

领班__________

楼层	房号	状况	床位	时间	检查记录	楼层	房号	状况	床位	时间	检查记录	借用物品	房号
	01						10					加　床	
	02						11					婴儿床	
	03						12					枕　头	
	04						13					毛　毯	
	05						14					电吹风机	
	06						15					插　座	
	07						16					椅　子	
	08						17						
	09						18						

1. 作用

考核记录服务员的工作实绩。

2. 用法

(1)领班为每个当班服务员准备一份考核表,并填上服务员所负责的房间号。

(2)查房时记录每一项目的实得分。

(3)用“100－1≤0”的制度评分,即如果某个项目有失误或不合格,扣除该项目的全部应得分。如果某间房总得分低于应得分的规定百分比,则该房间得分为 0。

(4)服务员当日考绩 分＝全部房间总得分之和÷客房总数＋小表所列的得分。

(5)领班及服务员在考绩表上签字后交客房中心,当天发布并存档。

(6)服务员每月考绩分＝当月得分总和÷月出勤天数,客房部以此核发奖金。

附表 6(1) 楼层主管工作单(正面)

姓名： ____年____月____日

交班内容		晨会内容	
住店 C/I VIP		计划卫生检查项目	
当日主要客情		领班及呼叫器号码	
楼层检查情况		工作安排	

附表 6(2) 楼层主管工作单(反面)

房号	房间检查情况	得分	房号	房间检查情况	得分
结束工作					
交班内容					
报修维修			备 注		

1. 作用。主管工作单与领班工作单的作用基本相同。

2. 用法。主管工作单的用法与领班工作单的用法也基本相同。

附表 7 维修通知单

NO.____________

报修日期____________ 报修部门____________

报修时间____________AM/PM 报 修 人____________

维修地点____________

维修项目____________

受 理 人____________

维修反馈

维修时间____月____日____时____分始至____月____日____时____分止

维修材料____________

、____________

备 注____________

____

维 修 人____________ 验收人____________

1. 作用

(1)报修部门向工程部报告待修项目,提出维修要求。

(2)留档备忘。

(3)维修人员前往维修的派工单。

(4)作为统计核算维修材料费用的凭据。

2.用法

(1)服务员发现需维修的项目,应及时做记录并报告领班,由领班或指定人员(客房中心联络员)负责填报。

(2)此单由两部分组成,上半部分作通知用,下半部分作信息反馈用。

(3)此单一式三份,一份留存,另两份送工程部。

(4)工程维修人员凭带此单进行维修,维修完毕后由楼层服务员或领班验收合格签字认可,再将此单带回工程部注销。

(5)紧急维修可先用电话通知,后补通知单。

(6)工程部凭此单向有关部门核算费用。

附表8 维修统计表

日期	房号	维修单号码	维修内容	维修结果	备注

1.作用

(1)与工程部核实维修情况并做备忘。

(2)送其他有关部门和人员(大堂副理、值班经理或运转总经理)。

2.用法

(1)每天由客房中心联络员制作统计表,一份送工程部,一份留存,其他送有关部门和人员。

(2)工程部根据此表核查当天维修情况,发现问题及时处理。

(3)饭店有关部门及人员及时了解、掌握当天的维修情况。

附表9 客房服务员工作考核表

服务员姓名________ ____年____月____日

项目	满分	得分	备注	项目	满分	得分	备注
房门	1			墙	1		
壁橱	2			地毯	4		
冰箱	2			空调	1		
三联柜	4			落地灯	1		
服务夹	2			卫生间门	1		
镜	2			镜	2		

续表

项　目	满分	得　分	备　注	项　目	满分	得　分	备　注
台　灯	1			脸盆台	4		
电视机	1			坐便器	4		
垃圾桶	1			浴　缸	6		
茶　具	1			地　面	4		
座　椅	1			浴　帘	2		
窗　台	1			垃圾桶	1		
窗　帘	2			五金件	4		
床头柜	1			毛　巾	3		
床头板	1			消耗品	3		
床	8			灯	1		
床头灯	1			维　修	2		
挂　画	1			总体印象	3		
仪表仪容	2			爱护设备	2		
服从分配	2			节约用品	2		
礼节礼貌	2			汇报问题	2		
迟到早退	2			操作规范	2		
团结互助	2			其　他	2		

当日得分＿＿＿＿＿　领班签名＿＿＿＿＿　服务员签名＿＿＿＿＿

附表 10　楼层服务员工作报告表

日期＿＿＿＿＿　楼层＿＿＿＿＿　姓名＿＿＿＿＿

房号	状况	床位	临时清理		进店时间	预计离店	结账时间	离店时间	送报纸	换茶具	检查小酒吧	重点宾客	租借物品	洗衣	维修项目	维修时间	做夜床	带走损坏物品	遗留物品	备　注
			入	出																
01																				
02																				
03																				

1. 作用

(1)分配工作任务。

(2)记录工作情况。

2. 用法

(1)楼层服务员上班时,由客房中心联络员分放此表。

(2)表上填有须整理的客房及状况等。

(3)楼层服务员在输送客房服务时及时做好相关记录。

(4)领班、主管检查时,要随时查看工作报告表上的内容,以便控制服务员的工作进程,发现问题及时处理。

(5)服务员下班时将此表与工作钥匙一起交客房中心。

(6)领班、主管整理检查工作报告表后存档,以供统计、汇总及查阅。

附表 11 夜班对客服务工作表

日期

夜班领班姓名	呼叫器号码	夜班服务员姓名	呼叫器号码	
房　号	时　间	内　容		呼叫器号码

1. 作用

(1)记录对客服务情况。

(2)留存备查。

2. 用法

(1)夜班服务员上班后,由客房服务员分发。

(2)服务员领取呼叫器后,在表上填上呼叫器号码及姓名。

(3)输送服务时及时填写相关栏目。

(4)服务员下班时将此表与工作钥匙、呼叫器一起交客房中心。

(5)领班、主管检查工作表后存档,供需要时查阅。

附表 12 楼层服务员工作考核表

______年______月______日

项　目	应得分	扣　分	项　目	应得分	扣　分
仪表仪容	2		公共区域卫生	6	
礼节礼貌	5		清洗公共卫生间	3	
服从分配	2		工作间保洁	3	
服务规范	4		消耗品统计	3	
团结互助	2		楼面安全	2	
爱护设备	2		专项清洁	4	

续表

项　　目	应得分	扣　分	项　　目	应得分	扣　分
节约用品	3		分送报纸	3	
汇报问题	2		维修保养	3	
迟到早退	2		保管分发物品	4	
遵章守纪	4		代办服务	2	
换洗茶具	6		布置工作车	3	
烧水送水	4		管理小酒吧	3	
为客人开门	3		迎送客人	3	
做 夜 床	8		清扫客房	3	
其　　他	4		合　　计		
总　得　分					

楼层________服务员________经理________

1. 作用。考核记录服务员的工作实绩。

2. 用法

(1)领班为每一位服务员准备一份考核表,检查时记录扣除的分数。

(2)用"100-1≤0"的制度评分,即如果某个项目失误或不合格,即扣除该项目的全部应得分。

(3)服务员当日考核分=各项目得分之和。

(4)领班及服务员签字后交主管,主管审核后交客房中心,当日发布并存档。

(5)服务员每月考绩分=当月得分总和÷月出勤天数,客房部以此核发奖金。

附表 13　宾客维修意见书

(饭店名称)

ROOM MAINTENANCE

亲爱的来宾:

欢迎您入住本店。为给您提供更加舒适、满意的居住条件,烦请就我们维修工作中所忽略之处,提出宝贵的意见。祝您居住愉快!

Dear Guest

Wont't you please help us maintain our rooms in the best possible condition by repairing little things that are wrong and that may have been overlooked by the Housekeeping or Maintenance Department.

Is there anything in the room that needs attention by our Maintenance man or Houseman.

房号(Room NO.)________　　日期(Date)________

多谢拨冗相助,并请将此单交往前台,以便尽快得以解决。

Please leave at Front Dest for prompt action. Thank you for your time.

1.作用

(1)广泛征求客人意见,使客人感到他(她)受到重视。

(2)及时发现问题,弥补饭店工作的不足。

2.用法

(1)此表一式两份,最好用无碳复写纸,一般放置在写字台上或文具类内。

(2)客人填写后可交前台或留在房中。

(3)服务员工作中发现填写过的意见表,及时将此表交有关人员处理。

(4)相关部门得到表后,及时查实维修。

附表 14 综合查房表

房号________

	完 好	清 洁	更 换	油 漆	维 修	遗 失	备 注
门——里面							
——外面							
——把手							
——锁							
——开头灵便							
——门框							
——窥镜							
——安全链清洁							
——位置完好							
——房价卡							
——疏散图示							
电灯开关							
门碰(门吸)							
空调箱——外部							
——里面							
——锁定							
——滤网							
壁橱——外面							
——里面							
——底面							
——横杆							

续表

	完 好	清 洁	更 换	油 漆	维 修	遗 失	备 注
——衣架数量							
位置正确							
干净无尘							
空调器——设定正确							
——网格							
行李架							
活动行李架							
床头柜及抽屉							
床——铺得好							
——床罩							
——毛毯							
——枕头							
——床垫衬							
——床垫——有标识并已翻转							
——床垫布							
——床架							
——床头板							
电话机——除臭剂							
——留言灯							
——房号							
——链盘标识图							
——听筒轮线							
——电话线							
——功能							
总开关							
扶手椅——架							
——饰布							
台灯							
画框							

续表

	完 好	清 洁	更 换	油 漆	维 修	遗 失	备 注
窗帘——位置正确							
——外观							
——拉线和轨道							
窗户——清洁							
——框子							
——窗台							
电视机/收音机							
电视机架							
写字台和抽屉							
镜子							
靠背椅——饰布							
——框架							
字纸篓							
梳妆台和抽屉							
概况							
地毯——特别是床下							
踢脚线							
天花板							
灯——瓦数正确							
——位置正确							
——清洁							
——灯罩							
——接触							
家具位置正确							
电线隐蔽							
霉湿							
气味							
连通间锁定							
卫生间							
门——外部							

续表

	完好	清洁	更换	油漆	维修	遗失	备注
——内部							
——框架							
——门碰							
——挂钩							
——疏散图示							
开瓶器							
垃圾桶							
电源插座							
镜子							
格架							
电灯							
梳妆台							
洗脸池							
塞子——清洁							
——有效							
龙头——清洁							
——出水							
毛巾架							
面巾纸盒							
手纸架							
挂钩							
座厕——冲水							
——座沿							
——座基							
——厕盆							
风孔							
浴帘							
——杆							
——钩							
晾衣绳							

续表

	完好	清洁	更换	油漆	维修	遗失	备注
浴缸——清洁							
——状况							
——防滑							
——龙头							
——气缸							
——拉手							
——塞子——清洁							
——有效							
——淋浴器							
——毛巾架							
——墙壁							
——地面							
——天花板							

日期____________ 检查者____________

1. 作用

(1)记录检查客房的情况。

(2)作为客房维修保养、设施设备更新改造的依据。

2. 用法

(1)供经理人员全面检查客房状况使用，如客房部经理一般每年至少两次会同工程部经理对客房设施设备状况进行全面检查时填写此表。

(2)每房一份表，随查随记录。

(3)发现问题及时处理，以保证客房处于完好的状态。

(4)此表一式三份，一份客房部留存，另两份交工程部及财务部。

附表 15 对客服务用品登记表

日期	房号	用品及序号	经手人	联络员	归还人	归还时间	接收人

1. 作用

(1)记录客人借用物品的情况。

(2)提示、备查。

2.用法

(1)客人借用物品时,服务员从客房中心领取借用物品并签名。

(2)客房中心联络员做好相关记录。

(3)服务员归还物品时,联络员同样须做相应的记录。

附表16　客房少损物品记录单

楼层　　　　　　　　　　　　　　　　　　　　　　　　年　月　日

序号	品名	单位	数量	当事人	少损原因	备注
制表	领班		经理			

1.作用

(1)记录客房少损物品情况。

(2)留存备查。

2.用法

(1)客房若有物品短缺或毁坏,当班服务员须查明原因,及时填写记录单,并将此单连同毁坏物品或残件一起交给领班。

(2)领班核实后,上报部门经理,部门经理核准签字后,少损物品作报损处理。

(3)此单一式三份,一份楼层留存,一份交客房中心存档,一份交财务部。

附表17　公共区域工作检查表

姓名	岗位	时间	检查情况

检查人__________　检查日期__________

1.作用

(1)记录巡视检查情况。

(2)考核公共区域服务员工作实绩。

2.用法

(1)领班、主管每天须多次巡视检查公共区域卫生及服务员的工作状态,随查随记录。

(2)下班时将全部项目填好后,交客房中心存档。

(3)客房部以此核发服务员奖金。

附表18 遗留物品登记表

日期	时间	地点	拾得物品名称及数量	拾交人	编号	联络员	保管员	领取人签名及证件号码	领取日期	备注

1. 作用

(1)记录客人遗留物品情况。

(2)失主查找领取遗留物品时备查。

2. 用法

(1)饭店通常规定,饭店员工无论在饭店任何区域拾到遗留物品,均需及时报告客房中心,当天交至客房中心。

(2)客房中心联络员做好相关登记后,将遗留物品交保管员保管。

(3)如有失主认领遗留物品,客房中心有关人员验明其证件后,请失主签名并登记证件号码、领取日期。

(4)在登记表上注销已被领取的物品。

附表19 客房小酒吧日报表

楼层＿＿＿＿＿＿ 领班＿＿＿＿＿＿

日期＿＿＿＿＿＿

品种/房号	拿破仑vsop	百龄坛威士忌	红牌苏联伏特加	甘露咖啡酒	必发达金酒	朗姆酒	青岛意丝琳	仙鹿小香槟	可口可乐	依云矿泉水	崂山矿泉水	青岛啤酒	进口啤酒	雪碧	橙汁	番茄汁	果汁饮料	各类小吃
01																		
02																		
03																		
上午																		
下午																		
小计 Total																		

1.作用

(1)记录客房小酒吧的消耗情况。

(2)统计小酒吧营业收入。

2.用法

(1)服务员每天定时检查补充客房小酒吧,将客人的耗用量填在账单上和工作表上。

(2)领班每天统计当天楼层客房小酒吧的消耗量填写此表,并凭此表给服务员补充小酒吧内的酒水、饮料及食品。

附表20 客房客用消耗物品申领单

楼层________　　　　日期________

品　名	单　位	申领数	实发数	备　注	品　名	单　位	申领数	实发数	备　注
沐浴液					棉　签				
洗发液					指甲锉				
护发素					香皂(大)				
润肤露					香皂(小)				
牙　具					圆珠笔				
浴　帽					牙　签				
拎　包					梳　子				
卷　纸					剃须刀				
面巾纸					棉　球				

领用人________　领班________　发货人________

1.作用

(1)凭此表领取客房易耗品。

(2)留存,做统计、分析、备案用。

2.用法

(1)客房服务员每天统计客用消耗品的消耗量。

(2)楼层服务员每周统计本楼层小仓库的消耗及现存情况,并按小仓库规定的配备标准提出申领计划,填好此表,由领班签字。

(3)中心库房根据申领表发放物品,并凭申领表做账。

(4)此表一式三份,一份楼层留存,一份交中心库房,一份交财务部。

附表 21 客房部员工签到单

日期________

上班时间	姓名	下班时间	姓名	备注

1. 作用

(1)用于客房部部门内部考勤。

(2)存档备查。

2. 用法

(1)此单放置在客房中心,每天一份。客房部员工上班后须到客房中心,在签到单上签到,下班时也须签字。

(2)每月由客房中心联络员汇总签到单,制作部门考勤表,并将考勤表交人事部。

附表 22 客房部钥匙领用表

日期__________

钥匙种类	领用人		领用时间	归回人		归回时间	接收人
	领班	服务员		领班	服务员		

1. 作用

(1)记录客房部员工工作钥匙领用情况。

(2)做好工作钥匙的领用管理。

(3)存档备查。

2. 用法

(1)此表由客房中心控制。客房部有关员工签到后需签领工作钥匙,下班时将钥匙归回客房中心。

(2)收到工作钥匙后,客房中心联络员须在"接收人"栏中签字。

(3)此表由客房中心定期收存、归档备查。

表23　员工排班表

日期	1	2	3	4	5	6	7	8	9	10	11	12	13	14	15	16	17	18	19	20	21	22	23	24	25	26	27	28	29	30	31
姓名	班次																														

1. 作用

(1)用于安排员工班次。

(2)记录员工每月的出勤情况。

2. 用法

(1)客房管理人员每月根据预测的客情、活动安排、工作量等情况，给下属员工安排次日的班次，注明休假、加班、替休等情况。

(2)每月底将次月的排班表交客房中心，存档备查。

附表 24 洗衣场主管工作单

日期__________ 姓名__________

交班内容		晨会内容	
人员安排		安全卫生	
设备状况		洗涤情况	
次日工作安排		备注	

1. 作用。 提示、记录。

2. 用法

(1)洗衣场主管领到工作单后，了解工作安排及洗涤情况。

(2)每班次巡视检查洗衣场多次，随查随记录。

(3)下班时将所有项目填好后交客房中心。

附表 25 每日布草申领(换洗)单

楼层__________ 日期__________

项目	送洗数量	洗衣场收数	布草房发数	申请人	多提	少取	备注
单人床单							
双人床单							
大号床单							
特大号床单							
普通枕套							
大号枕套							
大浴巾							

续表

项目	送洗数量	洗衣场收数	布草房发数	申请人	多提	少取	备注
小浴巾							
面巾							
地巾							
方巾							
洁袍							

申请人______ 交回人______ 检收人______ 领取人______ 签发人______

1.作用。记录、备忘。

2.用法

(1)每日内楼层领班根据当天送洗的脏布草及次日客情填写申领单。

(2)洗衣房收取脏布草检收后签字认可。

(3)通常采取“以一换一”的方式交换布草,即送多少脏布草换多少干净的。

(4)如果需要超额领用,应在申领单“多提”一栏中注明数量;布草房发放布草若有短缺,也应在“少取”栏目中注明。

(5)此单一式三份,楼层留存一份,一份布草房,一份洗衣房。

附表 26 大烫组工作单

日期______

	干净数合计	报损合计	需重洗合计	过水	返洗	返洗后干净数	报损	清点人
大台布	白							
	红							
中台布								
小台布								
口布	红							
	白							
床单	大							
	小							
枕套								

1. 作用。提示、记录。

2. 用法

(1)大烫组每一班次记录本班次熨烫的棉织品数量。

(2)熨烫、叠放布草时,应将有破损、污迹的分拣出来,并在表上做好相关记录。

(3)布草返洗后再记录相应栏目。

附表 27 每日制服送洗表

日期__________ 填表人__________

部门	职工编号	衣服		裤子		裙子		衬衫		领带		总件数	职工签名	备注
		收	发	收	发	收	发	收	发	收	发			

1. 作用。提示、记录。

2. 用法

(1)布草房收到送洗的员工制服后,查核签上数量。

(2)洗过后的干净制服员工领取后签字。

(3)每个月统计每个部门送洗的制服、汇总制服洗涤量,做好内部核算工作。

附表 28 布草报废记录单

品名__________ 规格__________ 申报人__________ 批准人__________

报废原因	数量	处理意见
无法除迹		
无法修补		
年限已到		
其他		
合计		年 月 日

1. 作用。记录、备忘。

2. 用法

(1)布草报废时,需由布草房填写报废布草的数量、报废原因,经布草房主管核对、客房部经理审批签字。

(2)此单一式三份,一份客房部留存,一份财务部、一份库房。

附表 29　布草盘点统计分析表

部门＿＿＿＿＿　盘点日期＿＿＿＿＿　制表人＿＿＿＿＿

品名	额定数量	客房		楼层布件房		洗衣房		盘点总数	报废数量	补充数量	差额总数	备注
		定额	实盘	定额	实盘	定额	实盘					

1.作用。记录、备忘。

2.用法

(1)布草盘点前准备好此表,由指定人员负责具体清点数量、填表。

(2)将实盘的总数和额定数进行比较分析,得出差额总数。

责任编辑：景晓莉

图书在版编目(CIP)数据

客房部运行与管理/支海成主编．—北京：旅游教育出版社，2003.6(2011.6)
高等职业教育饭店服务与管理专业教学用书
ISBN 978-7-5637-0935-9

Ⅰ.客… Ⅱ.支… Ⅲ.①饭店-商业服务-高等学校：技术学校-教材 ②饭店-经济管理-高等学校、技术学校-教材 Ⅳ.F719.2

中国版本图书馆CIP数据核字(2001)第18859号

教育部职业教育与成人教育司推荐教材
国家旅游局人事劳动教育司推荐教材
高等职业教育饭店服务与管理专业教学用书

客房部运行与管理

(第2版)

支海成　主编

出版单位	旅游教育出版社
地　　址	北京市朝阳区定福庄南里1号
邮　　编	100024
发行电话	(010)65778403 65728372 65767462(传真)
E-mail	tepfx@163.com
印刷单位	北京中科印刷有限公司
经销单位	新华书店
开　　本	787×960　1/16
印　　张	21.25
字　　数	346千字
版　　次	2003年6月第2版
印　　次	2011年6月第7次印刷
定　　价	27.00元

(图书如有装订差错请与发行部联系)